西方心理学大师经典译丛

主编 郭本禹

Martin E. P. Seligman

习得性无助

Helplessness

On Depression, Development, and Death

[美] 马丁·塞利格曼 著

李倩 译

中国人民大学出版社

·北京·

总译序

感悟大师无穷魅力　品味经典隽永意蕴

美国心理学家查普林与克拉威克在其名著《心理学的体系和理论》中开宗明义地写道："科学的历史是男女科学家及其思想、贡献的故事和留给后世的记录。"这句话明确地指出了推动科学发展的两大动力源头：大师与经典。

一

何谓"大师"？大师乃是"有巨大成就而为人所宗仰的学者"[①]。大师能够担当大师范、大导师的角色，大师总是导时代之潮流、开风气之先河、奠学科之始基、创一派之学说，大师必须具有伟大的创造、伟大的主张、伟大的思想乃至伟大的情怀。同时，作为卓越的大家，他们的成就和命运通常都与其时代相互激荡。

作为心理学大师还须具备两个特质。首先，心理学大师是"心理世界"的立法者。心理学大师之所以成为大师，在于他们对心理现象背后规律的系统思考与科学论证。诚然，人类是理性的存在，是具有思维能力的高等动物，千百年来无论是习以为常的简单生理心理现象，还是诡谲多变的复杂社会心理现象，都会引发一般大众的思考。但心理学大师与一般人不同，他们的思考关涉到心理现象背后深层次的、普遍性的

① 辞海．缩印本．上海：上海辞书出版社，2002：275.

与高度抽象的规律。这些思考成果或试图揭示出寓于自然与社会情境中的心理现象的本质内涵与发生方式；或企图诠释某一心理现象对人类自身发展与未来命运的意义和影响；抑或旨在剥离出心理现象背后的特殊运作机制，并将其有意识地推广应用到日常生活的方方面面。他们把普通人对心理现象的认识与反思进行提炼和升华，形成高度凝练且具有内在逻辑联系的思想体系。因此，他们的真知灼见和理论观点，不仅深深地影响了心理科学发展的命运，而且更是影响到人类对自身的认识。当然，心理学大师的思考又是具有独特性与创造性的。大师在面对各种复杂心理现象时，他们的脑海里肯定存在“某种东西”。他们显然不能在心智“白板”状态下去观察或发现心理现象背后蕴藏的规律。我们不得不承认，所谓的心理学规律其实就是心理学大师作为观察主体而“建构”的结果。比如，对于同一种心理现象，心理学大师们往往会做出不同的甚至截然相反的解释与论证。这绝不是纯粹认识论与方法论的分歧，而是对心灵本体论的承诺与信仰的不同，是他们所理解的心理世界本质的不同。我们在此借用康德的名言“人的理性为自然立法”，同样，心理学大师是用理性为心理世界立法。

其次，心理学大师是“在世之在”的思想家。在许多人看来，心理学大师可能是冷傲、孤僻、神秘、不合流俗、远离尘世的代名词，他们仿佛背负着真理的十字架，与现实格格不入，不食人间烟火。的确，大师们志趣不俗，能够在一定程度上超脱日常柴米油盐的束缚，远离俗世功名利禄的诱惑，在以宏伟博大的人文情怀与永不枯竭的精神力量投身于实现古希腊德尔菲神庙上“认识你自己”之伟大箴言的同时，也凸显出其不拘一格的真性情、真风骨与真人格。大凡心理学大师，其身心往往有过独特的经历和感受，使之处于一种特别的精神状态之中，由此而产生的灵感和顿悟，往往成为其心理学理论与实践的源头活水。然而，心理学大师毕竟不是超人，也不是神人。他们无不成长于特定历史的社会与文化背景之下，生活在人群之中，并感受着平常人的喜怒哀乐，体验着人间的世态炎凉。他们中的大多数人或许就像牛顿描绘的那般："我不知道世上的人对我怎样评价。我却这样认为：我好像是在海上玩耍，时而发现了一个光滑的石子儿，时而发现一个美丽的贝壳而为之高兴的孩子。尽管如此，那真理的海洋还是神秘地展现在我们面前。"因此，心理学大师虽然是一群在日常生活中特立独行的思想家，但套用哲学家海德格尔的话，他们依旧都是"活生生"的"在世之在"。

二

那么，又何谓"经典"呢？经典乃指古今中外各个知识领域中"最重要的、有指导作用的权威著作"[①]。经典是具有原创性和典范性的经久不衰的传世之作，是经过历史筛选出来的最有价值性、最具代表性和最富完美性的作品。经典通常经历了时间的考验，超越了时代的界限，具有永恒的魅力，其价值历久而弥新。对经典的传承，是一个民族、一种文化、一门学科长盛不衰、继往开来之根本，是其推陈出新、开拓创新之源头。只有在经典的引领下，一个民族、一种文化、一门学科才能焕发出无限活力，不断发展壮大。

心理学经典在学术性与思想性上还应具有如下三个特征。首先，从本体特征上看，心理学经典是原创性文本与独特性阐释的结合。经典通过个人独特的世界观和不可重复的创造，凸显出深厚的文化积淀和理论内涵，提出一些心理与行为的根本性问题。它们与特定历史时期鲜活的时代感以及当下意识交融在一起，富有原创性和持久的震撼力，从而形成重要的思想文化传统。同时，心理学经典是心理学大师与他们所阐释

---

① 辞海．缩印本．上海：上海辞书出版社，2002：852.

的文本之间互动的产物。其次，从存在形态上看，心理学经典具有开放性、超越性和多元性的特征。经典作为心理学大师的精神个体和学术原创世界的结晶，诉诸心理学大师主体性的发挥，是公众话语与个人言说、理性与感性、意识与无意识相结合的产物。最后，从价值定位上看，心理学经典一定是某个心理学流派、分支学科或研究取向的象征符号。诸如冯特之于实验心理学，布伦塔诺之于意动心理学，弗洛伊德之于精神分析，杜威之于机能主义，华生之于行为主义，苛勒之于格式塔心理学，马斯洛之于人本主义，桑代克之于教育心理学，乔姆斯基之于语言心理学，奥尔波特之于人格心理学，吉布森之于生态心理学，等等，他们的经典作品都远远超越了其个人意义，上升成为一个学派、分支或取向，甚至是整个心理科学的共同经典。

三

这套“西方心理学大师经典译丛”遵循如下选书原则：第一，选择每位心理学大师的原创之作；第二，选择每位心理学大师的奠基、成熟或最具代表性之作；第三，选择在心理学史上产生过重要影响的一派、一说、一家之作；第四，兼顾选择心理学大师的理论研究和应用研究之作。我们策划这套“西方心理学大师经典译丛”，旨在推动学科自身发展和促进个人成长。

1879 年，冯特在德国莱比锡大学创立了世界上第一个心理学实验室，标志着心理学成为一门独立的学科。在此后的一百多年中，心理学得到迅速发展和广泛传播。我国心理学从西方移植而来，这种移植过程延续已达百年之久[①]，至今仍未结束。尽管我国心理学近年取得了长足发展，但一个不争的事实是，我国心理学在总体上还是西方取向的，尚未

① 在 20 世纪五六十年代，我国心理学曾一度移植苏联心理学。

取得突破性的创新成果，还不能解决社会发展中遇到的重大问题，还未形成系统化的中国本土心理学体系。我国心理学在这个方面远没有赶上苏联心理学，苏联心理学家曾创建了不同于西方国家的心理学体系，至今仍有一定的影响。我国心理学的发展究竟何去何从？如何结合中国文化推进心理学本土化的进程？又该如何进行具体研究？当然，这些问题的解决绝非一朝一夕能够做到。但我们可以重读西方心理学大师们的经典作品，以强化我国心理学研究的理论自觉。“他山之石，可以攻玉。”大师们的经典作品都是对一个时代学科成果的系统总结，是创立思想学派或提出理论学说的扛鼎之作，我们可以从中汲取大师们的学术智慧和创新精神，做到冯友兰先生所说的，在“照着讲”的基础上“接着讲”。

心理学是研究人自身的科学，可以提供帮助人们合理调节身心的科学知识。在日常生活中，即使最坚强的人也会遇到难以解决的心理问题。用存在主义的话来说，我们每个人都存在本体论焦虑。“我是谁，我从哪里来，我将向何处去？”这一哈姆雷特式的命题无时无刻不在困扰着人们。特别是在社会飞速发展的今天，生活节奏日益加快，新的人生观与价值观不断涌现，各种压力和冲突持续而严重地撞击着人们脆弱的心灵，人们比以往任何时候都更迫切地需要心理学知识。可幸的是，心理学大师们在其经典著作中直接或间接地给出了对这些生存困境的回答。古人云：“读万卷书，行万里路。”通过对话大师与解读经典，我们可以参悟大师们的人生智慧，激扬自己的思绪，逐步找寻到自我的人生价值。这套“西方心理学大师经典译丛”可以让我们获得两方面的心理成长：一是调适性成长，即学会如何正确看待周围世界，悦纳自己，化解情绪冲突，减轻沉重的心理负荷，实现内心世界的和谐；二是发展性成长，即能够客观认识自己的能力和特长，确立明确的生活目标，发挥主动性和创造性，快乐而有效地学习、工作和生活。

我们相信，通过阅读大师经典，广大读者能够与心理学大师进行亲密接触和直接对话，体验大师的心路历程，领会大师的创新精神，与大师的成长并肩同行！

郭本禹

2013 年 7 月 30 日

于南京师范大学

献给我的父亲，阿德里安·塞利格曼（Adrian Seligman，1906—1972），他曾与无助感斗争多年。

再序

习得性无助包含三个相互关联的要素：首先是一个重要结果不受控制的环境；其次是放弃反应；最后是形成相应的认知，即预期所有自主行动都无法左右结果。本书剖析了最早发现习得性无助的人类和动物实验，介绍了无助理论及其四种实际应用，即人类的抑郁、焦虑、儿童发展和猝死，最终推导出克服无助的方法。

本书首次出版时，我以为那是一个终点，起码也算暂告一段落。但我想错了，那是一个开端。自其面世，17 年以来，针对个人控制领域的研究增长了 10 倍之多。我在这篇再序中，列出了部分在我看来较为突出的新发现。

首先，我将概述社会科学的研究趋势，厘清本书的研究背景。然后，我将介绍无助理论的一个重大变化。我会从抑郁、成就和生理健康三方面总结无助和“解释风格”（explanatory style）的新研究。最后，我将展望一下个人控制心理学下一个 17 年的发展。

社会科学的研究趋势

近几十年来，我们对人类行为做出的合理解释发生了翻天覆地的变化。25 年前，我还是个心理学系研究生时，人类的行为只被看作环境的产物。当时最流行的一种解释是，人的行为要么受内驱力“推动”，要么受外部事件“拉动”。虽然对内在推力和外在拉力的具体释义，每种理论略有分歧，但大体上主流理论全都支持这一观点。弗洛伊德学派认为未解决的童年冲突驱动着成年后的行为。斯金纳一派认为，行为只有得到外部强化，才会重复发生。动物行为学家认为行为源自我们基因中的固定行为模式。而以克拉克·赫尔为代表的行为主义者则认为，我们的行动是为了降低内驱力，满足生理需求。

自 1965 年起，以前大行其道的行为解释迎来转变，环境对行为的影响力变得越来越弱。四种不同的研究思路最终殊途同归，纷纷抛弃外力，将自我导向作为解释人类行为的首要途径。

- 1959 年，诺姆·乔姆斯基对斯金纳的代表作《言语行为》进行了猛烈批判。乔姆斯基辩称，一般性的人类行为，尤其是语言，绝不是靠强化过去的语言习惯而产生的。他认为，生成性是语言的根本特点：哪怕是以前从未讲过或听过的句子（譬如，“你腿上有只紫色的希拉毒蜥”），人们也能立刻理解。
- 杰出的瑞士儿童心理学家让·皮亚杰，成功地说服了全世界（美国最后才心悦诚服），我们可以科学地研究儿童的心智发展。
- 1967 年，以乌尔里克·奈瑟尔和乔治·米勒为代表的认知心理学家，开始令那些摆脱了行为主义教条的年轻实验心理学家神往。认知心理学认为，人类的心智活动是可以测量的，我们可以利用计算机的信息加工模型，研究人类的心智活动。
- 行为心理学家发现驱力和需求不足以全面解释动物和人类的行为，他们开始引入认知（即思维）来解释复杂行为。本书首次出版时就介绍并总结了这一趋势。

因此，及至20世纪70年代末，主流的心理学理论已将关注的重心从环境的影响力，转移至个体的期望、偏好、选择、控制和无助。

心理学界的这一质变也密切影响着我们的心理转变。科学技术、大规模生产和大规模分销的长足发展，使无数人能在很大程度上选择自己的生活，进而控制人生。这些选择深刻影响了我们的思维习惯，绝大部分人喜欢上了这种控制感。我们身处的社会赋予了社会成员前所未有的权利，极其重视个体的幸福与痛苦，崇尚自我，个人的自我实现不仅是种正当追求，更近乎一项神圣的权利。

无助理论修正后最重大的一项转变，就是将自我以及个人对祸福的解释作为理论的重心。

解释风格

哪种习得性无助是暂时的，哪种是终身的？哪种无助会波及全球并足以摧毁所有人的努力，哪种具有地域性？哪种情况我们怪罪自己，哪种情况我们埋怨外界？

20年前，这些问题一直困扰着我和同事。1978年，《变态心理学杂志》（*Journal of Abnormal Psychology*）刊印专刊为无助理论开辟辩论场，讨论本书中存在争议的观点。为回答学界向我们提出的疑问，无助理论发生了重大变化，这个过程我们称为“修正”（reformulation）。

你觉得自己为何会遭遇那些大大小小的不幸呢？容易放弃的人习惯认为：“都是我的错，我注定倒霉一辈子，我做什么都没有用。”另一些不肯向厄运低头的人则认为：“不过是环境使然，一切很快就会过去，何况生活中还有很多比这更重要的东西。”

你对祸福的解释方式，就是你的“解释风格”，它不仅仅是你在面对成败时的信口之言，更是你在童年期和青少年期养成的一种惯性思维。你的解释风格直接源自你对自身价值的看法——不论你自认大有可为还是一无是处。你是否会受无助之苦，正取决于这一中介因素。

个体的解释风格包含三个关键维度：永久性、普遍性与人格化。

永久性：永久还是暂时

容易放弃的人相信祸事临头的原因是永久的——坏事还会接连不断地发生，左右他们的生活。而可以抵抗无助的人则认为坏事都是一时之祸。

永久（悲观）	暂时（乐观）
“我彻底完蛋了。”	“我太累了。”
“节食减肥根本没用。”	“我要是出去吃饭，就减不了肥。”
“你老是唠叨个没完。”	“我一不打扫房间，你就唠叨。”
“我的老板是个混蛋。”	“老板心情不好。”
“你什么都不跟我说。”	“你最近都不和我说话。”

如果你惯用“总是”和“从不”来解释坏事，认为它是永久的，那么你属于持续悲观型。如果你惯用“有时”和“近期”来解释坏事，倾向于使用限定词，将坏事归咎于一时之过，则属于乐观型。

为什么说永久性维度尤其重要呢？失败无疑会使人暂时陷入无助，仿佛挨了一记重拳，很痛，但这种疼痛会自行消散，有些人甚至立马就能摆脱。在他们看来，厄运只是暂时的。另一些人则沉湎于伤痛，任其沸腾、翻搅，形成积怨。这类人在数天乃至数月后仍不能自拔，哪怕他们所经历的只是一次小小的挫折。要是受到重创，他们极可能一蹶不振。

普遍性：普遍还是特定

持久性是时间维度，普遍性是空间维度。

有个案例可供参考：一家大型零售公司裁减了会计部的半数员工，其中就包括诺拉和凯文，两人都为此郁郁寡欢。好几个月他俩都没心情再就业，也不愿去报税或是做任何与会计有关的事。但除此之外，诺拉仍是个活泼可爱的妻子。她维持着正常的社交生活，健康状况良好，每周坚持锻炼三次。相反，凯文却垮掉了，对妻儿不理不睬，夜复一夜忧思难寐。他拒不参加集体活动，说自己不想见人。什么笑话都无法逗乐他。整整一个冬季他的感冒都没好，而且还放弃了慢跑的习惯。

有些人能将他们的烦恼束之高阁，继续生活，哪怕他们的工作或是感情之类的大事突遭变故。而对另一些人来说，生活牵一发而动全身，稍有差池一切就都土崩瓦解。

归根结底，遭受挫折后，那些倾向于对失败做出**普遍**解释的人，会破罐破摔放弃一切。而做出**特定**解释的人可能会对自己的失败感到无助，但在生活的其他方面仍能坚定地向前看。

以下是对坏事做出的一些或普遍或特定的解释：

普遍（悲观）	**特定（乐观）**
“所有老师都偏心。”	“塞利格曼教授偏心。”
“我总招人厌。”	“他讨厌我。”
“读书无用。”	“这本书毫无用处。”

诺拉和凯文都对他们的问题做出了永久解释，在这一点上，两人同样悲观。被裁员后，他俩都消沉了**很长一段时间**。但在普遍性维度上，两人的解释风格截然不同。凯文被开除后，觉得自己**一无是处**。诺拉则认为坏事各有各的原因，她被开除后，只觉得自己**不适合做会计**。

在修正无助理论的过程中，我们对个体是否会陷入无助做了三个基本预测：

- 首先是针对永久性的预测，永久性维度决定了个体消沉的时长：对坏事做出永久解释会导致陷入长期无助，做出暂时解释则有助于尽快重整旗鼓。
- 其次是针对普遍性的预测：普遍解释会使无助感泛化至多种情境，而特定解释只会在最初的挫折情境中造成无助。

人格化：内在还是外在

第三个预测针对的是人格化维度。

坏事发生时，我们可能责怪自己（内化），也可能责怪他人或环境（外化）。失败后自责的人自视较低，觉得自己一文不值、招人厌恶、身无长技。失败后责怪外在因素的人不会妄自菲薄，总的说来，他们比前者更自尊自爱。

对坏事做出内在解释往往会导致低自尊。

内在（低自尊）	外在（高自尊）
“我真笨。”	“你真笨。”
“我打不好牌。”	“我牌运不顺。”
“我没有安全感。”	“我成长的环境太穷了。”

抑郁

将这些维度整合起来，不难发现经历无助体验后，有一种解释风格尤其会导致自我挫败，即内在、永久、普遍的解释。这种解释风格最为悲观，做出这种解释的人一旦失败，再怎么努力，也极可能在很长一段时间持续表现出习得性无助的症状，彻底丧失自尊。这种长期的无助就是抑郁。修正后的无助理论对此做出了一大核心预测：具有悲观解释风格的人，遭逢厄运后可能抑郁。相反，具有“乐观”解释风格的人，遭逢厄运后能抵抗抑郁。

若果真如此，那悲观就是引发抑郁的一个高危因素，好比吸烟是引发肺癌的高危因素，性情暴戾、作风强硬是引发冠心病的高危因素。

过去10年，我一直在验证这一预测。我和同事从最简单的研究方法着手，向数千名抑郁患者发放调查问卷，他们都身患不同程度的抑郁。我们发现，抑郁患者普遍悲观。该结果一致性程度很高，频频得到验证，甚而有元分析称，需要多达1万项负面研究才能质疑这一发现。

但这并不代表悲观会导致抑郁，它只表明抑郁患者既抑郁又悲观而已。假设是抑郁导致了悲观（逆转因果链），或是别的东西（譬如大脑里的化学物质）同时引发了二者，我们也能观测到抑郁和悲观之间的这种相关性。最后，倾听悲观者的自述，也是诊断抑郁的方法之一。如果病人自觉一无是处，这种悲观的解释就会成为我们下抑郁诊断的一个依据。因此，悲观的解释风格和抑郁之间可能只是一种循环关系。

为证明悲观会导致抑郁，我们需要找一组未患抑郁的被试，证实经历过天灾人祸后，其中的悲观者比乐观者更容易抑郁。最理想的方法是：在密西西比州墨西哥湾沿岸找一个小镇，先测试每位居民的抑郁程度和解释风格，然后静候龙卷风来袭。龙卷风过境后，我们就去观察哪些人消沉地瘫倒在地，哪些人振作精神重建家园。不过，这项“自然实验”面临着伦理和资金上的双重困难。所以，我们必须另想办法验证二者的因果关系。

我的一个大二学生艾米·塞梅尔（Amy Semmel）解决了这个难题，她指出有些“自然灾难”其实近在咫尺，每学期都会先后两次袭击我的学生，没错，就是考试。9月份开学后，我们先测试了所有学生的抑郁程度和解释风格。10月，期中考试前夕，我们询问学生他们认为多少分算“考砸”了。多数学生认为B+就算失利。这一预期对实验没有影响，因为我的课平均成绩是C，换言之，大部分学生能成为有效的实验被试。一周后，期中考试如期举行，学生们隔周就收到了成绩单——以及一份抑郁量表。

30%的学生（根据他们自己对失利的界定）期中考试考砸了，变得十分抑郁，30%在9月的测试中表现得很悲观的学生也陷入了抑郁，而既悲观又考试失利的学生中有70%变得抑郁了。因此，预先的悲观加上失败的经历是抑郁产生的条件。事实上，对考试失利做出永久和普遍解释的学生，直到12月我们再次重复这一实验时，他们依然抑郁。

另一个适合“自然实验”的严酷环境是监狱。我们测试了男性囚犯入狱前后的抑郁程度和解释风格。因为狱中自杀屡见不鲜，所以我们想预测哪些囚犯最可能抑郁进而自杀。令人吃惊的是，刚入狱时竟没有人患有重度抑郁。而令人难过的是，出狱时几乎每个人都身患抑郁。有人可能认为监狱本身就是这样的地方，但在我看来，监禁期间似乎发生了一些非常伤人的事。不管怎样，我们再次成功预测了谁最易抑郁——那些入狱时就很悲观的人。换言之，悲观是滋长抑郁的沃土，环境恶劣时尤其如此。

以上种种发现都表明，悲观是抑郁的原因。现在我们完全可以在厄运降临之前，就准确预测出哪些人最可能抑郁。

另一种验证悲观是否会导致抑郁的方法是长期研究同一群人，观察他们人生的不同阶段，即纵向研究。我们追踪调查了400名三年级学生，每年分两次测量他们的解释风格、抑郁程度、学习成绩和人际状况，直到他们升入七年级。我们从统计数据上发现，三年级测试时就很悲观的孩子在这四年间最容易抑郁，并且长期抑郁。而乐观的孩子不会这样，即便一时抑郁，也能尽快恢复。如遇重创，譬如父母分居或离异，悲观的孩子极易一蹶不振。我们在青年人身上，也发现了同样的规律。

成就

无助理论本质上是种成就理论，因为无助会严重削弱我们的自主反应。无助理论的一大核心观点是，容易无助的悲观者在学业、运动和事业上所取得的成就会低于他们应有的水平。过去10年，这一预测已得到验证。

学业

1983年，我们测试了300名宾夕法尼亚大学大一新生的解释风格。然后我们静候他们考完第一次期中考试和长达两周的期末考试。我们等着这些高中时的全优生，自行去发现名牌大学里的激烈竞争。我们等着一些人自甘沉沦，一些人奋起迎战。

第一学期结束时，相比他们各自的高考（SAT）成绩、高中毕业成绩和成就测试的预测，整整三分之一的学生要么进步惊人，要么退步明显。300名新生中有20人的成绩远低于预测，还有80人的成绩远高于预测。余下200人的成绩与过去基本持平。能够适应新环境、超常发挥的新生，入学时基本都很乐观。而发挥失常的新生，入学时都很悲观。

运动

1988年10月，在伯克利市的游泳赛季拉开帷幕之前，50名男女校游泳队的队员接受了我们的解释风格测试。同时我们还让教练预估了每个队员在本赛季中的表现，其中重点评估队员的抗压能力。

我们很快发现了一些连教练也不知道的事。教练对队员的抗压预测与队员自身的乐观指数毫无相关性。解释风格测试的得分真能预测游泳比赛的输赢吗？

为解答这一问题，每次比赛教练都会评估队员的参赛情况，看他们的表现是“次于预期”还是“优于预期”。我们只统计队员表现“次于预期”的次数。悲观者发挥失常的次数是乐观者的两倍。乐观者充分发挥了他们的潜力，而悲观者无法展现出自己的真本事。

解释风格能否准确预测游泳队队员面对无助和失败时的反应呢？

为验证这一点，我们在控制情境下模拟了失败体验。赛季结束后，我们让每个队员全力以赴地游一次他们最擅长的项目。然后，由教练告知队员成绩，所告知的成绩会比队员的实际成绩慢1.5秒至5秒（依距离而定）。我们选定这个数值是因为它既能打击队员（有位队员事后像婴儿一样摇摇颤颤地在角落里坐了20分钟），又不至于被识破。稍事休息后，每位队员必须竭尽全力地再游一次。不出我们所料，悲观者的成绩变差了。其中有两名游泳健将均是悲观主义者，他们的100米成绩下降了整整2秒，而这2秒往往是决定胜负的关键。乐观者要么发挥正常，要么还有所提高。有几名乐观的队员二次下水时速度快了2到5秒，同样拉开了足以左右成败的差距。

事业

我们选了一个经常与无助打交道的职业来验证我们的理论：人寿保险推销员。推销保险，十之八九会遭到客户的拒绝，而且多半拒绝得相当粗暴决绝。1985年初，全美1.5万名大都会人寿保险公司的求职者均填写了解释风格问卷和职业发展量表，职业发展量表是预测职业成就的标准量表。

大都会人寿保险公司有两个目标。一是按照以往的标准，聘用1 000名通过职业发展量表筛选的保险推销员，公司的聘用决策并不参考这1 000人的解释风格。而我们只想看看，在这支“正规军”中，乐观者的销售业绩是否照样能超过悲观者。

大都会人寿保险公司的第二个目标则要冒险得多。我们决定组建一支由乐观者构成的“特殊军”——这类求职者在职业发展量表上的得分稍逊一筹（得分为9至11分），但在解释风格问卷中的得分却位居前列。我们聘用了百余名未能通过职业测试而到处碰壁的求职者，他们不知道自己是“特殊推销员”。如果这组推销员根本无法胜任工作，大都会人寿保险公司将损失300万美元的培训费。

接下来的两年里，我们追踪监控了这些推销员的表现，情况如下：

第一年，“正规军”中的乐观者的销售业绩高于悲观者，但也仅高出8%而已。第二年，乐观者将差距扩大到31%。

至于“特殊军”，他们干得出色极了。他们第一年的销量比“正规军”中的悲观者高出21%，第二年则高出57%。他们的业绩甚至比“正规军”头两年的平均销量还要高出27%。事实上，他们的销量最少也能与“正规军”中的乐观推销员平分秋色。

我们还发现，乐观的推销员在不断地超越悲观的推销员。原因何在？无助理论认为乐观举足轻重，是因为它能让人坚持下去。起初，销售能力、动机和坚持到底的毅力三者一样重要。但时间一久，推销员不断遭到拒绝，毅力终将成为决定性因素，这种模式已得到科学验证。

生理健康

无助和解释风格研究的最后一个新兴的应用领域是生理健康。我们的预测与此前探讨抑郁和成就时一样，经历过无助的悲观者会比乐观者病得更重，甚而早逝。

在此介绍一项重要研究：20世纪30年代中期，威廉·格兰特基金会（William T. Grant Foundation）曾研究过健康人群的成年生活。研究发起人有意追踪一组天资优异的男性被试，解析成功和健康的决定因素。为此他们连续5年在哈佛大学筛选新生，从中寻找身强体壮、智识过人、善于社交的男性被试。经过多项测试，他们选中200人展开追踪研究，约占1939级至1944级学生总数的5%。时至今日，这批人已年近古稀，50年来一直全力配合这项艰巨的研究。他们每5年接受一次全面体检，还要定期接受采访，没完没了地填写各种问卷。他们为揭开成功和健康的秘诀，提供了最宝贵的资料。

这些人中的乐观者会比悲观者活得更健康、更长寿吗？

为找出答案，我们决定采用“随机信封法”。我们浑然不知被试是哪些人，也不清楚他们现在的健康状况。格兰特研究主管乔治·瓦利恩特（George Vaillant）随机抽取了一半人（99人）作为被试，他将这些人从二战战场上凯旋后（1945—1946）写下的文字资料交予我们研究。这批资料内容翔实，充满了或悲观或乐观的解释风格：

“那个海军上将愚蠢至极，把战舰都搞沉了。”

“我和那些大兵完全处不来，他们看不惯我出身哈佛。”

我们绘制出每位被试青少年期结束时的解释风格，发现60岁时的健康状况与25岁时的乐观程度密切相关。步入中年后，悲观者比乐观者更早患病，而且病得更重，及至45岁二者的健康状况已是天差地别。45岁之前乐观对健康没有影响，25岁时的健康状况普遍能保持到45岁。但45岁之后，男性的身体状况开始自然衰退。而衰退的速度和程度，可以从被试25岁时的悲观程度预测出来。此外，即便我们把被试的自我防御方式和25岁时的身心状况输入电脑程序，乐观仍旧是保持健康的决定性因素，它决定了被试45岁之后20年的健康状况。如今这批被试刚刚步入老年，在接下来的10年里，我们终将弄清乐观是否真能带来更长寿、更健康的人生。

个人控制心理学的未来

无助感作为个人控制的核心组成部分，能有效预测抑郁、低成就和健康不良，未来定会涌现出更多相关研究。此外，借助认知疗法预防无助的技术，将来也很可能应用于预防抑郁、提高成就感和改善健康状况。

但研究个人控制领域也存在负面影响，我想在结笔之际敲响一记警钟。

美国步入个人控制时代已有些年头了。东欧也很可能紧随西欧和美国一道陷入猖獗的个人主义之中。自我被粉饰太过，个体面临无数纷繁复杂的选项。决策、选择、期望、偏好，自我的方方面面都是关键变量。蓬勃发展的个人控制心理学正顺应了这一潮流，而重视自我的新无助理念，还只不过是研究这种现状的其中一条路子而已。

现实生活中的个人控制以及致力于理解这种个人控制的心理学，未来将如何发展？我认为这种发展是有底线的。我们社会盛行的肆无忌惮的个人主义，极可能导致自取灭亡的严重后果，而东欧也许还将重蹈我们的覆辙。

首先，一个社会将个人主义鼓吹到当下的高度，抑郁的蔓延必势不可挡。抑郁的发病率在近两代人身上增长了10倍之多，罪魁祸首可能正是个体的无助，因为抑郁是个体长期无助的结果。如果个人主义会令人抑郁，那么将个人主义奉为圭臬的做法理当式微。

其次，另一个更重要的因素是生命的无意义感。我无意费力不讨好地去定义人生的意义，但是具备意义感的一个必要条件就是必须依附于某种超越自我的存在。时至今日，人们很难诚心诚意地信仰上帝，很难肩负起家国重任，也很难融入一个源远流长的大家族，如此也就找不到人生的意义。换言之，自我本身是一个没有意义的所在。

如果个人主义极易诱发抑郁和无意义感，那我们势必要付出代价。什么代价？一种可能是名不副实的个人主义逐渐消失；另一种更可怖的可能是为摆脱抑郁、重获意义感，我们缴械投降，交还个人主义为我们赢得的自由，放弃个人控制和个体关怀。20世纪，社会以如此灾难性的方式自病自医的例子比比皆是。

此外，也还有一种更富希望的可能，那就是利用个人主义的力量。修正后的无助感和个人控制理论中提及的自我，通常指的是自我完善。或许借由这种循序渐进的进步，我们膨胀的自我也将看清，过度关注自我，虽短期受益，长期却会自取灭亡。一旦认识到抑郁和无意义感都源于过度自我关注，那么站在利己的角度上，个体也可能主动选择降低自我的重要性。或许我们可以继续相信个体的价值，但减少对自身舒适度的关注，这样我们才有余力去依附那些超越自我的存在。

倘使幸运，未来个人控制心理学与所谓的“社会”心理学之间或许能找到一种平衡。

1992年3月9日

于宾夕法尼亚温尼伍德

参考文献

Abramson, L.Y., Metalsky, G. I., and Alloy, L. B. Hopelessness Depression: A Theory-Based Process-Oriented Sub-type of Depression. *Psychological Review*, 1989, 96, 357–372.

Abramson, L.Y., Seligman, M. E. P., and Teasdale, J. D. Learned Helplessness in Humans: Critique and Reformulation. *Journal of Abnormal Psychology*, 1978, 37, 49–74.

Chomsky, N. Review of *Verbal Behavior. Language*, 1959, 35, 26–58.

Kamen, L. and Seligman, M. E. P. Explanatory Style Predicts College Grade Point Average. Unpublished manuscript, University of Pennsylvania.

Peterson, C. and Seligman, M. E. P. Causal Explanations as a Risk Factor for Depression: Theory and Evidence. *Psychological Review*, 1984, 91, 347–374.

Peterson, C., Seligman, M. E. P., and Vaillant, G. Pessimistic Explanatory Style as a Risk Factor for Physical Illness: A Thirty-five-year Longitudinal Study. *Journal of Personality and Social Psychology*, 1988, 55, 23–27.

Robins, C. Attributions and Depression: Why Is the Literature So Inconsistent?. *Journal of Personality and Social Psychology*, 1988, 54, 880–889.

Seligman, M. E. P. and Schulman, P. Explanatory Style as a Predictor of Performance as a Life Insurance Agent. *Journal of Personality and Social Psychology*, 1986, 50, 832–838.

Seligman, M. E. P. *Learned Optimism*. New York: Knopf, 1991.

Seligman, M. E. P., Nolen-Hoeksema, S., Thornton, N., and Thornton, K.M. Explanatory Style as a Mechanism of Disappointing Athletic Performance. *Psychological Science*, 1990, 1, 143–146.

Sweeney, P., Anderson, K., and Bailey, S. Attributional Style in Depression: A Meta-analytic Review. *Journal of Personality and Social Psychology*, 1986, 50, 974–991.

序

投身心理学的缘故多种多样，有些人着迷于体系的精妙，有些人着迷于物种的习性，还有一些人着迷于控制他人行为的可能性。而我之所以将心理学视作毕生事业，只为深入理解一个物种——人类。

这话出自一名学习理论家兼比较心理学家之口未免老套，但却是肺腑之言。虽然我花了很多时间研究人类以外的物种，琢磨单一的心理过程，但我也是一名临床心理学家，在实验和治疗两种环境下，我观察并接触过许多人。实验与临床是我工作中相辅相成的两面，因为我相信剖析其他物种的单一心理过程与理解人类的复杂心理过程之间是融会贯通的，乃至一脉相承。可以说这也是本书的主题之一，即尝试运用理论和实验发现，从多方面解析人类的无助感。

75 年来，实验心理学家固守在各自的实验室里做出过许多承诺。他们承诺研究单一的心理过程、低等物种和高度控制的实验情境，最终将有助于解决现实问题，尤其是治疗人类的精神疾病。接下来，我将试着兑现这一承诺。

鉴于本书的大部分资料源自实验，在此有必要先简述一下伦理问题。我在书中介绍的许多实验可能都有些残酷，特别是用非科学的眼光来看：鸽子被迫忍饥挨饿、犬只遭受电击、大鼠溺于冷水、幼猴与母猴骨肉分离，而且所有实验动物均被关入笼中，剥夺自由。诸如此类的做法合乎道德吗？在我看来这些做法不仅无可厚非，而且对于那些始终致力于减轻人类痛苦的科学家来说，不这么做才真是情理难容。我认为，每位科学家在进行动物实验前都应扪心自问一个问题：这种动物即将忍受的痛苦和损伤，将来能否极大地减轻人类的痛苦和损伤？若答之肯定，则实验合理。

凡是接触过重度抑郁或精神分裂症患者的人，都对他们的痛苦深有感触。有些人认为人类不应该拿动物做实验，这种观点实际上忽视了自己同胞的痛苦。放弃动物研究，无异于听任千百万人继续受苦。大多数人及其宠物能活到今天，都得归功于过去的医学动物实验。倘若没有那些研究，小儿麻痹症将猖獗至今，天花仍肆意蔓延夺人性命，恐惧症依旧无可救药。而至于本书涉及的研究，我相信我们对抑郁、焦虑、猝死的解析及其防治之道的掌握，足以证明我们实施的动物实验的合理性，正是这些动物实验促成了我们的理论。

这本书耗费了10年之久，包含了许多人的心血，他们或与我合作实验，或出谋划策，或慷慨赐教，或给予我各种各样的支持。在此，请容我按时间顺序聊表谢意。

1964至1967年，我受国家科学基金会资助在宾夕法尼亚大学心理学系读研。在理查德·所罗门（Richard L. Solomon）和布鲁斯·奥弗米尔（J. Bruce Overmier）的引导下，我头一回对无助现象产生了兴趣。布鲁斯与拉塞尔·利夫（Russell Leaf）合作完成第一轮实验后，开始与刚入学的我进行合作，那一年他即将研究生毕业。同年，我和史蒂文·迈尔（Steven F. Maier）针对无助感展开了长达三年的共同研究。我们完成了首轮专门研究无助感的实验后，提出了本书的理论基础。詹姆斯·吉尔（James Geer）随后与我俩一道攻克了无助感的治疗。那三年间，太多人给予过我们帮助，指正过我们的手稿，为我们指点迷津，我恐怕无法一一道尽。这其中包括：弗朗西斯·欧文（Francis Irwin）、罗伯特·雷斯科拉（Robert Rescorla）、布鲁克斯·卡德尔（J. Brooks Carder）、亨利·格雷特曼（Henry Gleitman）、文森特·洛洛尔多（Vincent LoLordo）、弗兰克·诺曼（Frank Norman）、约瑟夫·沃尔普（Joseph Wolpe）、阿诺德·拉扎勒斯（Arnold Lazarus）、杰克·卡特林（Jack Catlin）、林恩·哈蒙德（Lynn Hammond）、戴维·威廉姆斯（David Williams）、莫里斯·维特拉斯（Morris Viteles）、尼古拉斯·麦金托什（Nicholas MacKintosh）、伊莱贾·洛夫乔伊（Elijah Lovejoy）、菲利普·泰特尔鲍姆（Phillip Teitelbaum）、拉里·斯坦（Larry Stein）、保罗·布雷迪（J. Paul Brady）、朱利叶斯·维希纳（Julius Wishner）、马丁·奥恩（Martin Orne）、彼得·麦迪逊（Peter Madison）、约瑟夫·伯恩海姆（Joseph Bernheim）、露西·特纳（Lucy Turner）、杰·韦斯（Jay Weiss）、薇薇安·帕斯卡尔（Vivian Paskal）、保罗·罗津（Paul Rozin）、贾斯汀·阿伦弗里德（Justin Aronfreed）、阿尔伯特·佩皮通（Albert Pepitone）。还有我最该感谢的理查德·所罗门，正是他保荐我申请博士学位。

1967 至 1969 年，我在康奈尔大学任教，继续研究无助感。在此期间，我的一众学生就是我主要的合作伙伴与智囊团，如罗伯特·雷德福（Robert Radford）、丹尼斯·格罗夫斯（Dennis Groves）、苏珊娜·约翰逊·塔菲尔（Suzanne Johnson Taffel）、布鲁斯·塔菲尔（Bruce Taffel）、詹姆斯·约翰斯顿（James C. Johnston）、苏珊·米内卡（Susan Mineka）、查尔斯·艾夫斯（Charles Ives）、多萝茜·布朗（Dorothy Brown）、欧文·福斯特（Irving Faust）、莱斯莉·施奈德（Leslie Schneider）、安妮·罗巴克（Anne Roebuck）、布鲁斯·迈耶（Bruce Meyer）、乔安妮·黑格（Joanne Hager）、克里斯·里斯利

（Chris Risley）、查尔斯·托马斯（Charles Thomas）、玛乔丽·布兰德里斯（Marjorie Brandriss）、罗恩·赫尔曼（Ron Hermann）、理查德·罗辛斯基（Richard Rosinski）和玛莎·扎斯洛（Martha Zaslow）。此外，史蒂夫·琼斯（Steve Jones）、乌尔里克·奈瑟尔（Ulric Neisser）、哈里·莱文（Harry Levin）、弗雷德·斯托尔尼茨（Fred Stollnitz）、布鲁斯·哈尔彭（Bruce Halpern）、卡尔·萨根（Carl Sagan）、史蒂夫·艾姆伦（Steve Emlen）、兰迪·加里斯特尔（Randy Gallistel）、杰罗姆·布鲁纳（Jerome Bruner）、戴维·托马斯（David Thomas）、亨利·阿尔克（Henry Alker）、亚伯·布莱克（Abe Black）、罗伯特·布拉什（F. Robert Brush）、拉塞尔·丘奇（Russel Church）、巴隆·坎贝尔（Byron Campbell）、埃里克·雷纳伯格（Eric Lenneberg）和尼尔·米勒（Neal Miller）都曾为我出谋划策，提点我，斧正我的手稿，书中不少观点都是在与他们交流合作时萌发的。直至1970年，我的研究一直由美国公共卫生署项目MH16546拨款资助。

我的学生向我指出，我们的实验与临床病症密切相关，尤其是抑郁和焦虑。他们建议我专程去学习精神病理学，并实际接触一些精神病患。于是，1970年我离开康奈尔大学，转投宾夕法尼亚大学精神病学系。阿伦·贝克（Aaron T. Beck）和阿尔伯特·斯顿卡德（Albert J. Stunkard）不仅一直资助我的研究，作为导师他们更是不断鞭策着我。那一年我学到了很多精神病学的知识，也正式着手撰写本书。在此期间，指点过我的老师有迪恩·舒伊勒（Dean Schuyler）、詹姆斯·史汀奈特（James Stinnet）、伊戈尔·格兰特（Igor Grant）、埃伦·伯曼（Ellen Berman）、保罗·布雷迪、伯顿·罗斯纳（Burton Rosner）、鲁本·克朗（Reuben Krone）、约瑟夫·门德尔斯（Joseph Mendels）、艾伦·弗雷泽（Alan Fraser）、莱斯特·鲁波斯基（Lester Luborsky）、汤姆·托德（Tom Todd）、亨利·巴克拉克（Henry Bachrach）、罗歇尔·格尔曼（Rochel Gelman）、彼得·布里尔（Peter Brill），以及斯蒂芬妮·卡瓦诺（Stephanie Cavanaugh）和吉姆·卡瓦诺（Jim Cavanaugh）夫妇。我的研究自 1970 年起由公共卫生署项目 MH19604 拨款资助，除此，还要感谢路易丝·哈珀（Louise Harper）于 1970 至 1971 年间提供的经济支持。

1971 年，我很高兴获得终身教职重返宾夕法尼亚大学心理学系。在这里我时时刻刻都能收获智识上的启发，系里无人不是我的良师益友。四年来，我非常有幸能遇见这样一批学生和同事：威廉·米勒（William Miller）、伊扎克·宾尼科（Yitzchak Binik）、戴维·克莱因（David Klein）、唐纳德·广户（Donald Hiroto）、罗伯特·罗塞里尼（Robert Rosellini）、林恩·艾布拉姆森（Lyn Abramson）、琳达·库克（Linda Cook）、格温妮丝·贝格雷（Gwynneth Beagley）、罗伯特·汉纳姆（Robert Hannum）、彼得·瑞帕波特（Petcr Rapaport）、詹姆斯·约翰斯顿、苏珊·米内卡、丽莎·罗森塔尔（Lisa Rosenthal）、迈克尔·古特曼（Michael Gurtman）、拉里·克莱顿（Larry Clayton）、戴安娜·斯特兰奇（Diana Strange）、迈克尔·科扎克（Michael Kozak）、哈罗德·库兰德（Harold Kurlander）、埃伦·芬策尔（Ellen Fencil）、玛莎·斯托特（Martha Stout）和雪莉·法恩（Sherry Fine）。

在构思本书的过程中，还有一些人给过我相当中肯的意见和帮助，如艾伦·科尔斯（Alan Kors）、朱迪·罗丁（Judy Rodin）、杰瑞·利维（Jerre Levy）、乔治·哈里斯（T. George Harris）、乔伊斯·弗莱明（Joyce Fleming）、埃德·班菲尔德（Ed Banfield）、罗伯特·诺齐克（Robert Nozick）、马克·亚当斯（Mark Adams）、杰拉尔德·戴维森（Gerald Davison）、哈罗德·库什纳（F. Harold Kushner）少校、巴里·施瓦茨（Barry Schwartz）、埃尔坎·甘祖（Elkan Gamzu）、迈克尔·帕里什（Michael Parrish）、凯拉·弗里德曼（Kayla Friedman）、凯特·奥黑尔（Kate O'Hare）、珍妮特·格林伯格（Janet Greenberg）、戴维·罗森汉（David Rosenhan）、迈克·达马托（Mike D'Amato）、佩兰·科恩（Perrin Cohen）、艾伦·特格（Alan Teger）和黛比·凯姆勒（Debby Kemler）。

弗里曼公司（W. H. Freeman and Company）的海沃德·罗杰斯（W. Hayward Rogers）和劳伦斯·埃尔鲍姆联合公司（Lawrence Erlbaum Associate）的劳伦斯·埃尔鲍姆（Lawrence Erlbaum）是出版界的两位行家里手，多亏他们的鼓励，我的初稿才得以完成。巴里·施瓦茨、菲尔·津巴多（Phil Zimbardo）、乔纳森·弗里德曼（Jonathan Freedman）和爱德华·班菲尔德对我的手稿提出了深中肯綮的意见，不胜感激。在此我还要特别向本书的编辑，弗里曼公司的安德鲁·库德拉西克（Andrew Kudlacik）致谢。同时也感谢在过去几年里，一直耐心细致地为本书默默付出的维多利亚·雷伯恩（Victoria Raybourne）、多萝西·林恩（Dorothy Lynn）、玛格丽特·瓦格纳（Marguerite Wagner）、南希·萨瓦赫（Nancy Sawnhey）、林恩·布雷姆（Lynn Brehm）、卡洛琳·苏普利（Carolyn Suplee）和黛博拉·穆勒（Deborah Muller）。

还有一个人——我的妻子凯瑞（Kerry），逐字逐句地把这本书翻来覆去地看过好多遍，还做了很多修订。在我著书的十年里，她始终支持我、鼓励我、信任我，我的感激之情无以言表。我的母亲艾琳（Irene）、孩子艾米（Amy）和戴维（David）给我的爱，虽然有时会让我忍不住分心，却无疑令这段历程更加有滋有味。

马丁·塞利格曼

1974 年 8 月

目 录

第一章 概述 1

抑郁

最近，有位中年女性来找我做心理治疗。她说，每天光是要活下去就无比艰难。若是心情太糟，她甚至都起不了床，丈夫晚上回来时，她还穿着睡衣，晚饭也根本没做。她时常哭泣，即便情绪稍有好转，也不断被失败感和无用感侵袭。像购物或打扮这等小事都显得异常艰难，所有小麻烦似乎都变成了无法逾越的障碍。我赞扬她的美貌，建议她出门买件新衣服。她答说：“太难了，我做不到，去商场得坐公交穿城，我没准会迷路。况且即便到了商场，我也买不到合适的衣服。反正我人老珠黄，还买什么衣服？” 2

她走路、说话都慢吞吞的，愁容满面。但直至去年秋天以前，她都还活泼好动，既是城郊家庭教师协会（PTA）的会长、人见人爱的持家主妇、网球运动员，同时还是位业余诗人。随后发生了两件事：她的一对双胞胎儿子离家上大学去了；她的丈夫在公司升任要职，经常出差在外。如今她烦恼着自己是否还有活下去的价值，一度闪过一次性服下整瓶抗抑郁药的念头。

金牌女孩

南希以优异的高考成绩升入大学，高中时她担任过班长和毕业致辞学生代表，还是个出尽风头的啦啦队队长。她想要的一切都触手可及，轻轻松松就能取得好成绩，男孩都争先恐后地向她大献殷勤。她是独生女，颇受双亲溺爱，任何一个心血来潮的想法，父母都会立马满足。她的成功是他们的胜利，她的失败亦是他们的痛苦。朋友给她起了个绰号叫“金牌女孩”。

我认识她那年她读大二，“金牌女孩”已不复存在。她说她觉得空虚，对什么都麻木不仁。学校的课程很无聊，整个升学制度都像是一场打压她创造力的阴谋，上学期她得了两个 F。她换过一个又一个男伴，现在和一个辍学生同居。每次发生关系后，她都觉得自己像在任人宰割，很下作。他们的关系岌岌可危，但她无动于衷，心里唯有对对方和对自己的蔑视而已。她曾大量使用软性毒品，一度沉沦其中，但现在纵是毒品，也令她提不起兴趣。

她主修哲学，深受存在主义吸引：她和其他存在主义者一样，认
3 为生命是荒谬的，人必须自己创造意义，这种观念令她深为绝望。她参与过妇女解放和反越战运动，试图以此创造自己的人生意义，当她发现一切皆属徒劳后不禁心如死灰。我说她以前是个天赋异禀的学生，现在也照样是个有魅力、有价值的人，她痛哭着说：“你也被我骗了。”

焦虑与不可预测性

就在我写这段文字的时候，《纽约时报》周日版旅游板块的读者来信栏里正有一场论战。[1] 争论的内容看似有些小题大做，但却具有重要的理论和实践意义。塞缪尔斯女士写信向《纽约时报》投诉她此前

搭乘的一架从洛杉矶飞往纽约的波音 747 客机。航班飞抵落基山上空时，她正等着供应午餐，机舱广播突然宣布出于“运营方面的原因”，本次航班将在芝加哥临停。几分钟后，客舱内再次传来飞行员的广播：“有些乘客想弄清楚‘运营原因’究竟是什么意思。我们的一个发动机出了故障，安全起见必须中途着陆。不过请放心，哪怕只剩下两个引擎，我们其实也能航抵纽约。”

塞缪尔斯女士在信中投诉称，那通广播事关重大，而既然乘客早已花钱将处理险情的决定权交给飞行员，乘客就不必知道自己面临的险境，反正他们根本无能为力，只会吓得血压飙升罢了。她最后问道：“假设飞机真像飞行员保证的那样安全无虞，有多少读者会和我一样反感那通毫无必要的广播呢？与此同时，要是飞行员什么都不说，又有多少人觉得这侵犯了他们的公民权利呢？”结果很有趣，绝大多数回应者表示，要是遇险，他们希望完全知情。

童年挫折 4

维克托的母亲和朋友都认为年仅 9 岁的维克托智力超群。他在费城一所黑人公立学校里念三年级，但他的老师却一点儿也不觉得他聪明。维克托在家活泼好动、反应敏捷、妙语连珠，而且外向开朗。每每和伙伴们一起在外玩耍，大家总一致选他当头儿。尽管他的个头比其他孩子矮小一些，但他的魅力和想象力完全可以弥补他的身高劣势。可他在课堂上的表现，却很成问题。

在幼儿园和小学一年级上阅读课时，维克托起步很慢。他非常好学，但就是无法把书面文字串联成句。起初他颇下过一番苦功，无奈收效甚微。他积极主动地回答问题，但总是答错。他错得越多，就越不愿去尝试，渐渐在课堂上变得沉默寡言。升入二年级后，他非常喜欢上音乐和美术课，但一轮到阅读课就郁郁寡欢。老师为他开过一阵子小灶，但很快他俩不约而同地都放弃了。这一回他有心要学好阅读，可只要一看到单词卡或拼读书，他不是消沉地生闷气，就是叛逆地发脾气。这种态度开始感染他的整个在校生活，令他在灰心丧气和调皮捣蛋之间来回摇摆。

去年夏天发生了一件不可思议的事。附近一所大学的两名心理学家，专程到学校里来教一些“学习困难”的孩子阅读。维克托自然也在其列，而且依旧没有取得任何进步。单是看见黑板上写了一句话，就足以令他故态复萌。随后研究人员改变了教学方法，他们在黑板上写下一个汉字，并讲解这个字意为“刀”，维克托立马就学会了。下一个字意为“锋利”，维克托也学会了。数小时后，他已经开始阅读
5 用汉字代表的英文句段了。夏天结束后，研究人员返回了大学。维克托掌握了 150 个汉字，但仍无法用英文读写。他表现得越不守纪律，新来的老师就越觉得他智力发育迟缓。

心因性猝死

1967 年，一位惊慌失措的女性在她 23 岁生日前，冲进巴尔的摩市医院求助。她与另外两个没有血缘的女孩在同一助产士的帮助下，先后于奥克弗诺基沼泽降生，当天正是黑色星期五。助产士给这三个孩子下了诅咒，说第一个孩子活不过她的 16 岁生日，第二个活不过 21 岁生日，第三个活不过 23 岁生日。第一个女孩 15 岁时死于车祸，第二个女孩在 21 岁生日当晚，卷入夜店里的一场斗殴，身中流弹而亡。现在轮到第三个孩子了，她战战兢兢地等待着死亡的逼近。医院半信半疑，同意她留院观察。翌日一早，就在她 23 岁生日的前两天，她死在了医院的病床上——死因不明。[2]

以上这些案例有何共通之处？它们都体现了人类身上的无助现

象。读者读完本书若能更好地理解以上案例，我也就如愿以偿了。在此先概括一下每一章的主旨和结论，了解全书概要。

要探讨诸如猝死、抑郁、焦虑与危险预测、童年挫折与动机发展之类的问题，读者必须首先掌握无助理论的相关概念。下一章我们将在学习理论的基础上，定义并分析无助和不可控性的概念。厘清主要 6
概念后，读者将在第三章看到研究无助感的实验范式。实验室里的无助实验能诱发三种缺陷：削弱反应的动机，妨碍对反应有效的认知，造成以抑郁和焦虑为主的情绪障碍。

在第四章，我整合基本无助实验中出现的动机、认知与情绪障碍，提出了一个完整的理论。此外，该理论还为我们指明了无助的防治之道。读者将在验证无助理论的过程中发现应对的方法，并了解无助理论的替代学说和生理研究。本章对相关概念和实验基础做了全面论述，以便读者在阅读本书后半部分时，深入剖析抑郁、焦虑、动机发展和心因性猝死。

第五章主要论述人类的抑郁，借由观察和实验两种方法，探讨现实生活中的人类抑郁与实验室中的无助之间有着不可否认的相似之处。本章提出了一个抑郁理论及相应的防治方法。运用该理论，我预测那些“金牌”青少年很容易抑郁，若童年时期无须做出反应就能过得顺风顺水，成年后他们会无法应对压力，从而陷入抑郁。

第六章的主题是由不可预测性和不可控性所引发的焦虑。不可预测性是不可控性的近亲，其定义涉及之前探讨过的无助现象。人们偏好可预测事件胜于不可预测事件，不可预测事件所带来的压力和焦虑远大于可预测事件，严重扰乱了人和动物的行为。恐惧和惊慌会引发重度胃溃疡。本章提出了一个将安全需求与不可预测性联系起来的理 7
论，并同其他替代学说进行了比较。在了解了无助与焦虑的基础上，读者能够运用该理论弄清焦虑的治疗原理。系统脱敏对于治疗焦虑性神经症相当有效，我结合安全信号假说与无助理论，深入剖析了这种行为疗法的治疗模式。

第五章和第六章分别介绍了由不可控性和不可预测性所引发的抑郁和焦虑**状态**（states）。而无助会造成怎样的长期影响或**特质**（trait）影响呢？婴儿一生下来就活在无助之中，并逐渐学会掌控生活中的要紧事。第七章探讨的正是不可控性和不可预测性，对儿童动机和情感发展的影响。读者将站在无助理论的角度，审视医院病（hospitalism）、失去母亲的幼猴、反应与反馈无法同步的小猫、自尊的发展、过度拥挤的影响以及学业受挫的情况。虽然**自我力量**（ego strength）与**胜任力**（competence）都是与个人控制息息相关的概念，但我认为反应与结果间的同步性对个体的健康发展更为重要。我将在本章中探讨贫困带来的无助，分析个体的控制感与自由感之间的关系。

无助不仅与童年时期动机受挫的经历有关，还会在生命的尽头对人产生意想不到的影响。心因性猝死正是本书最后一章（第八章）的主题。我认为无助是人和动物意外猝死的常见诱因。读者将看到加勒比地区的巫术死亡、蟑螂屈服致死、养老院的管理模式引发的死亡、孤儿院里的婴儿因依赖性抑郁而死、野鼠突然溺亡以及动物园里的动
8 物死亡率居高不下。我们在第二章定义过的不可控性，可能恰是解释这些非同寻常却又真实存在的现象的关键。

基于动物实验所产生的理论，首先被用于解释相关实验研究，而后再拓展到解释生活中的真实现象。本书的思路亦复如是，前半部分建构的概念和实验基础，将在后半部分应用于实际，用以应对现实生活中的抑郁、焦虑、动机受挫和猝死。

第二章 可控性 9

无助是遭遇不可控事件后的一种常见心理状态。事件不可控意味着什么？控制感在有机体的生命中处于何种地位？我们的直观感受是个很好的切入点：当我们对一件事无能为力、做什么都无济于事时，这件事就不可控。我们先借助几个案例来剖析这种直观感受。然后我才能给不可控性下一个严格的定义，进而明确各式各样的无助现象，其中有些现象颇为不可思议。

你5岁大的女儿突然从后院冲回家来，她尖叫不止，血水顺着她的腿直往下淌。你是个称职的家长，懂一点急救常识，你抱着她好言安抚，平息她惊恐的尖叫。然后你洗净她膝盖上的污泥，看到一个不大不小的伤口。你清理了伤口，按压止血。处理伤口时，女儿再度啜泣起来，于是你给她讲了自己6岁时划伤手臂的经历，打消她的不 10
安。很快，她停止了啜泣。你为伤口消了毒，用绷带包扎起来。血止住了，你的小女儿重展笑颜。

在这个简单的例子中，你能全面把控孩子的状况。你采取措施平息她的尖叫，清洗并包扎伤口，促使伤口正常愈合。在此期间，你还给她讲了一个故事，巧妙地抚平她的恐惧，减轻她的痛苦。要是没有你的干预，情况恐怕不容乐观。

再来看看这个例子的后续。当晚，你被女儿的哭喊声惊醒——她高烧不退，腿部肿胀，伤口处蔓延着红血丝。你急忙带她去看急诊，然而整整三个小时，护士、护工和医生都来去匆匆，没人搭理你。你的小女儿哭闹不休，大汗淋漓。无奈之下，你拦住过路的一个实习生，询问候诊时间过长的原因。但他不肯跟你解释，跑开了，只告诉你要耐心候诊。你走到导诊台，发现你到诊时填写的就诊表遗失了，于是你又填了一张。最终直至早上七点，医生才将你的女儿领入检查室，半小时后，她出来了。医生告诉你，他给她打了一针，除此没再多做任何解释，就去给下一个病人看诊了。数小时后，你的孩子康复了。

在这个后续中，你的大部分举动是白费功夫。医护人员没注意到你的困境，弄丢了你的就诊表，拒绝解答你的疑惑，孩子在没有你的帮助下康复了。整个过程都不可控，你的任何自主反应均独立于事情
11 的结果。最后这句话恰好严格地界定了不可控性，**自主反应**（voluntary response）与**反应-结果相互独立**（response-outcome independence）正是定义中的两个关键概念，二者息息相关。

自主反应

植物和大多数低等动物无法控制环境中的事件，它们只能对其做出反应而已。郁金香的根向下生长远离光照，茎则向上生长沐浴阳光。阿米巴变形虫遇见食物会伸出伪足裹住它，然后围绕食物流动。为何我认为这类反应不是自主反应呢？为何不能说这些行为对有机体的生存环境产生了控制呢？因为这些行为不具备可塑性——当行为与结果之间的**关联性**（contingency）发生变化时，它们不会随之改变，只要有相应的刺激就一定会触发这类行为。如果研究者试图扭转阿米

巴变形虫进食时的这种关联性，只在它**放弃**围绕食物流动的情况下才给予食物，纵然屡屡进食失败，阿米巴变形虫还是无法改变自己的行为。同理，即便研究者只在地表向阳处浇水，也无法使郁金香的根倒着向上生长。简而言之，唯有奖惩机制能够改变的行为，才是**自主反应**。[1]

这类反应的特点是如果行为得到奖励，我们就会重复去做；反之如果受到惩罚，我们就会抑制行动。对奖惩机制不敏感的反应，我们称为反射、盲目反应、本能或向性（tropisms）。我是否会在下文中使用“泡菜”一词是种自主反应：如果你出资百万要求我使用“泡菜”一词，我肯定会用，没准还会多用两三次作为回馈。而如果使用
“泡菜”一词会遭到强烈的电击，我定然不会用。反之，光线照射瞳 12
孔时，瞳孔的收缩并非自主反应。即便你给我百万美元不许我收缩瞳孔，光线一照，它还是会缩紧。[2]

操作性条件反射（operant conditioning）就是一种只关注自主反应的学习理论研究途径，由桑代克首创，经斯金纳完善后流行于世。虽然这一领域的来龙去脉对初学者而言有些匪夷所思，但操作主义学说隐含的基本前提其实很简单：操作主义者认为研究受奖惩机制影响的工具性或“操作性”反应（因其能“操纵”环境故名）的规律，就能发现自主行为的普遍规律。操作性反应的概念对我的定义至关重要，我并不是对大鼠按压控制杆获取食物或者鸽子啄击按键获取食丸这类实验本身感兴趣，而是这一概念与我所说的自主反应如出一辙。若有机体无法做出能够控制结果的操作性反应，该结果就具有我所说的**不可控性**。

操作性条件反射研究的是自主反应，而学习理论的另一种主要研究途径——巴甫洛夫条件反射，亦称经典条件反射——就只关注非自主反应。在典型的巴甫洛夫条件反射实验中，被试会先听到一个提示音，随后受到有痛感的短暂电击。提示音即是条件刺激（CS），电击

是非条件刺激（US），电击造成的疼痛反应是非条件反应（UR）。被试听到提示音后，就预期会遭受电击，开始心跳加速、汗流加剧。这套预期反应就是条件反应（CR）。条件反应不能控制电击这点至关重要，不管出汗与否，被试都会遭受电击。巴甫洛夫条件反射实验与操
13 作性条件反射实验的区别，就在于被试是否无助。经典条件反射中的任何反应或条件作用，都不能改变 CS 和 US。而操作性条件反射中，肯定存在能够获得奖励或减轻惩罚的特定反应。换言之，操作性条件反射实验中的被试可以做出控制结果的自主反应，但在巴甫洛夫条件反射实验中他是无助的。

反应独立与反应关联

自主反应受到奖励后会频繁出现，遭到惩罚则逐渐消退。如果反应会招致明确的奖惩结果，那么究竟是奖是惩，无疑依据反应而定。但如何准确定义**反应依赖**（response dependence）与**反应独立**（response independence），却是现代学习理论面临的一大深层次问题。

学习理论最初是基于最简单的学习假设建立起来的。行为与结果呈现出何种关系时，人和动物会进行学习？最初的答案十分浅显：唯有有机体做出反应后立即受到奖惩，才会发生学习行为。譬如，你每天早上 9 点准时踏进办公楼大堂，然后在 30 秒内按下电梯按钮，30 秒后电梯来了，如此日复一日。

反应与结果的这种简单配对，被称为**连续强化**（continuous reinforcement），我们能够习得的关联性远不止这一种。即便你做出反应后，没得到任何结果，学习仍会发生。例如，某日你按下电梯按钮，电梯却没有来（兴许是停电了）。显然，你不会一直杵在那儿，不停地按电梯，不一会儿你就会去爬楼梯。这种学习过程被称作**消退**

（extinction）：曾经产生过某一结果的反应，现在失效了。因此学习 14
理论家认为，有机体做出反应后能够习得两种“神奇瞬间”：反应与结果显著匹配或显著不匹配。我之所以将这种关联性称为神奇瞬间，旨在强调其瞬时性。这两种关联性最为基本，它们有如摄影一般咔嚓定格，无须整合复杂的时间信息就能轻易完成编码和储存。

但这一模型并不能全面解释有机体的学习行为。20 世纪 30 年代末，汉弗莱斯和斯金纳先后发现了**部分强化**（partial reinforcement）或称**间歇强化**（intermittent reinforcement），情况不由变得复杂起来。[3] 譬如，周一和周二早上你按下电梯按钮，电梯来了，周三周四你照样按下按钮，电梯却没有来，到了周五，它又能正常运作了。假设电梯最终彻底坏掉了，你在不知情的情况下还会继续尝试多少天，才肯死心直接爬楼梯？如果你之前得到的是部分强化，你会继续尝试好几个星期才肯放弃；但若此前你得到的一直是连续强化，要不了几天你就会作罢。

人和动物轻易就能学会自己的反应只能断续触发结果，而一旦习得这种关联性，反应就很难消退。为了调节这种状况，需要启用一种更复杂一点的机制：将显著匹配与显著不匹配这两种情况整合起来，得出一个均值。即是说，有机体不仅能学会“始终”和“从不”，也能学会“有时”和“可能”。图 2-1 概括了这种关系。

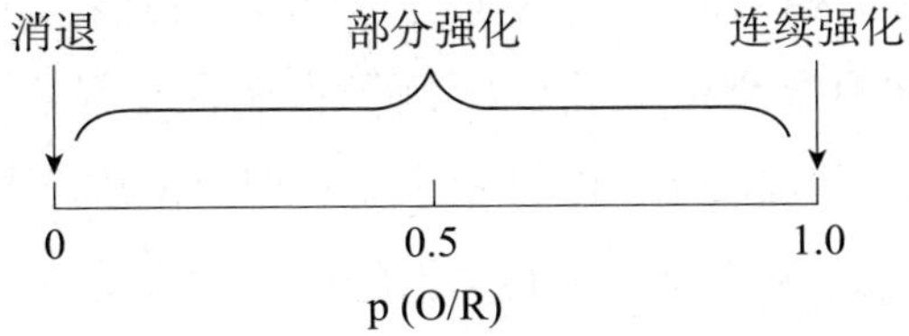

图 2-1 做出反应（R）后结果（O）出现的概率

你没做出反应，结果却自行出现了，情况又会如何呢？在部分强
化和两种最基本的关联性中，不会出现**没做**反应却得到了强化的情 15

况。然而有机体有能力习得更复杂的情况，认识到即便不做反应，结果也会发生。操作性条件反射理论将这种关联性称为 DRO（differential reinforcement of other behavior）——**其他行为的差别强化**（见图 2–2）。[4] 回到之前的例子，一天早上你只在电梯前站了 30 秒 [5]，并未按下按钮，电梯竟还是来了。如果电梯自此更改了设置，不按按钮才会到来，虽然你可能需要适应一段时间，但你终将学会克制自己按电梯的习惯。除了显著匹配与显著不匹配外，反应与结果之间又出现了两种神奇瞬间：你未做出反应，却仍得到了强化；你未做出反应，也未得到强化。一如显著匹配与显著不匹配，这两种情况也可以断续出现。譬如之后 10 天，你一次也没按电梯，其中 7 天电梯来了，剩下 3 天毫无响应。

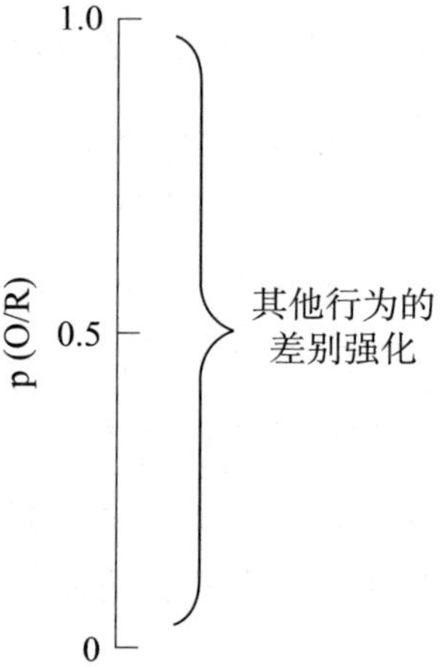

图 2–2　不做反应（R）时结果（O）出现的概率
无 R 简记为 R̄。

16

如果有机体只能分别学习做出反应的结果和不做反应的结果，那么这种学习机制仍相当简单，然而具备相应学习能力的有机体，实则可以同时习得这两个维度。我们的例子中还存在最后一种复杂情况：有时你按下按钮，不出 30 秒电梯就来了；但有时你不按按钮，它也可能 30 秒就来了。这四种神奇瞬间每天随机发生在这部电梯上：按下按钮 / 电梯来了、按下按钮 / 电梯没来、不按按钮 / 电梯来了、不按按钮 / 电梯没来。请问你的反应和电梯到来之间是种怎样的关系？你会发现不论你按不按按钮，电梯都可能会来。这就是反应独立的核心内涵。

任意一对反应与结果均存在四种神奇瞬间，每种瞬间出现的概率，都可以用**反应关联区**（response contingency space；图 2–3）中的一个点来表示。横轴即 x 轴，代表 p(O/R)；纵轴即 y 轴，代表 $p(O/\bar{R})$（见图 2–1 和图 2–2）。

请注意反应关联区中的那根 45° 线，线上的任何一点都意味着不论是否做出反应，结果出现的概率不变。若不管是否发生特定反应，结果出现的概率始终相同，则结果**独立于**该反应。当这种情况适用于所有自主反应时，结果就具有**不可控性**。

17

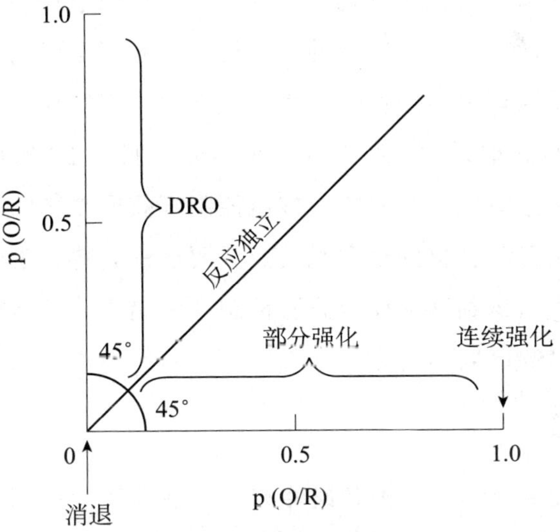

图 2–3　反应关联区

相反，如果做出反应后结果出现的概率不同于不做出反应时的概率，则结果**依赖于**反应，具有**可控性**。45° 线之外的任何一点都代表着一定程度的可控性。譬如，假设你一旦把手伸进饼干罐，我就会打你的手，这时你完全有能力控制自己挨不挨打：你伸手拿饼干，挨打的概率是 1，但你不伸手，就不会挨打。而要是不论你拿不拿饼干，我都会打你的手，挨打就具有不可控性，你就是无助的。

现在，我们终于能水到渠成地界定无助发生的客观条件：若结果的出现独立于所有自主反应，人或动物在这类结果面前就是**无助的**。

在阐明这一定义的过程中，我所运用的学习理论比早期学习理论家的观点复杂一些。有机体不仅能认知到，它的反应会产生一个概率
18 性结果以及它不做反应也会产生一个概率性结果，它还可以将二者整合在一起。这意味着有机体能够在时序上整合四种神奇瞬间，对反应与结果的关联性做出整体估计。

虽然关联性学习解释起来比神奇瞬间学习更为复杂，但并不代表关联性学习的心理过程也一定更繁复。形式上的复杂性与心理上的复杂性未必相互对应。人和动物在实际生活中认识事件独立于反应，是种相当基本、简单且不可或缺的学习行为。它甚至可以是种下意识的学习行为，不需要完整的认知过程：我 2 岁半就知道，下个星期天下不下雨与我的愿望无关。我对此一清二楚，哪怕 20 年后，我才懂得反应独立的抽象概念。大鼠学会按压控制杆获取食物的同时，必然也认识到摆动尾巴与食物的获取无关。只要认识到特定反应能控制相应结果，就等于认识到其他反应无法控制这一结果。不能学会这点的动物，属于可怜的适应不良者。

迷信实验

接下来我要介绍的理论和研究有一个基本假设：有机体可以认识到结果不可控。然而也有大量文献持相反观点。1948 年，斯金纳进行了一项实验，每隔一小段时间就向饥肠辘辘的鸽子投下一粒食丸。鸽子的行为对食丸的掉落没有影响，食丸的掉落不可控。实验结束时，斯金纳观察到每只鸽子都产生了一些非常明显的**反应**：一只不断啄击，另一只在笼子中央跳来跳去。他声称这是种迷信行为，类似有
19 些人认为从梯子下面穿过不吉利，宁肯绕着走。

斯金纳认为食丸掉落时，鸽子碰巧做出的任何行为都能得到强化，从而增加该行为出现的频率。如此，食丸再度掉落时，鸽子极可能重复刚才的行为。此处存在一种偏激的神奇瞬间理论：唯有做出反

应后立即得到强化，才算有效的神奇瞬间；而若强化物出现前没有做出反应，也不会造成反应的消退。这种观点暗含一大前提，即动物（和人）无法认识到他们的反应独立于强化物。

我将举出一系列反例说明有机体不仅能学会反应独立的情况，而且学会后还会出现可怕的后果。然而我们要如何解释斯金纳的研究成果呢？虽然人类无疑会做出真正意义上的迷信行为，但我认为这些鸽子的行为不具有普遍性，而是斯金纳人为选用的这一物种和他采用的特殊强化模式所致。他的实验与其说是基于强化的工具性学习实验，毋宁说是经典条件反射实验。研究表明，当食物以较短的时间间隔定期出现时，鸽子会表现出一些非任意反应，这些反应具有高度生理预设性。[6] 斯塔登和西迈尔哈格重新解析了鸽子的迷信实验，他们发现鸽子做出的这些反应只是它们在饥饿和求食时的惯常反应。[7] 这些反应并非迷信行为，食物与反应同步的巧合并未引起鸽子的重视。相反，这些反应都是非自主的**物种特异性反应**，就像狗在等待开饭时不自觉地舔嘴一样。

我认为在限制条件下出现与反应无关的结果，可能引发恰好能适应该结果的物种特异性反应，形成经典条件反射。这类反应极易和“迷信”的工具性反应混淆。不过之后我们将会看到，这类反应的结 20
果是无助。而无助的动物和人并未在自身反应与强化物之间建立起任何迷信联系，相反，他们会表现得异常被动。

我们已经界定了事件不可控的客观条件。不可控性会对行为、认知和情绪造成各种各样的干扰：狗、大鼠和人类经历创伤后变得消极被动，他们无法解开简单的辨别问题，还会患上胃溃疡；猫经历创伤后难以协调自己的动作；大二学生经历创伤后竞争性下降。下一章我们将详细了解不可控性的实验范式，不可控性正是引发无助的条件之一。

21 # 第三章 实验研究

10 年前，史蒂文 · 迈尔、布鲁斯 · 奥弗米尔和我在研究恐惧条件反射与工具性学习的关系时，意外发现了一种惊人的现象。[1] 我们把杂交犬绑在巴甫洛夫吊床上，先发出提示音再施以电击，形成经典条件反射。电击会造成中度疼痛，但不致受伤。起初我和同事忽略了巴甫洛夫条件反射的关键特征：作为 US 的电击是不可逃脱的，好在我们很快就意识到这一点。狗的任何自主反应，包括摇尾巴、在吊床上挣扎、吠叫等统统无法影响电击。电击的释放、中止、时长和强度全由实验人员决定。（这些条件符合不可控性的定义。）接受过不可逃脱的电击后，受试狗被转移至穿梭箱。箱子用挡板分作两个隔间，被
22 试可以从一个隔间跳跃至另一隔间，以中止或**逃脱**电击。如果被试在电击释放之前完成跳跃，也能**回避**电击。我们本打算将这些狗训练成躲避电击的能手，进而测试经典条件反射中的提示音对回避反应的影响。但我们目睹了一些奇怪的现象，为帮助读者理解其中的怪异之处，我得先介绍一下狗如果没有接受不可逃脱的电击，会出现怎样的典型反应。

将一只未经实验处理的狗放入穿梭箱，首次遭受电击时，它会疯

狂乱窜，直至碰巧跃过挡板，避开电击。再次测试时，被试依旧乱奔乱跑，但能比上次更早跃过挡板。短短几次测试后，它已驾轻就熟，完全掌握了逃避电击的方法。经过 50 次测试后，被试变得游刃有余，冷静地站在挡板前，一看到电击信号，就从容不迫地跃过挡板，再不会受到电击。

接受过不可逃脱电击的被试，其表现则截然不同。首次电击时它和普通狗的反应相差无几，在穿梭箱里乱窜了 30 秒。但紧接着它不动了，出人意料地趴了下来，小声地呜咽着。1 分钟后，我们中止了电击，这只狗终究未能跃过挡板逃避电击。第 2 次测试时，它又如法炮制。先挣扎一小会儿，不出几秒它似乎就放弃了，只是被动地承受电击。在随后的测试中，被试始终未能成功逃避电击。这就是我们发现习得性无助的实验范式。

实验证据表明，有机体经历不可控的创伤后，再次面对创伤时其反应的动机会受到削弱。而且，即便做出反应成功脱困，被试也很难
学会、感知和相信反应有效。最后，被试还会情绪失衡：多方测量发 23
现，抑郁和焦虑会占据主导地位。总的来看，无助造成的动机障碍比其他障碍更为显著，所以我将先详细解析这一点。

无助削弱触发反应的动机

狗的习得性无助

狗无助时的行为，足以代表多数物种面对不可控情境时的反应。我们通过如下实验范式，观测到诱发在狗身上的习得性无助现象[2]：首日，我们将被试绑在吊床上，施以 64 次不可逃脱的电击，每次电击时长 5 秒，强度 6 毫安（中等疼痛）。电击前没有任何征兆，也无任何规律可循。24 小时后，被试被转移至双向穿梭箱中接受有电击信

号的逃脱-回避训练：为躲避电击，被试必须跳过箱中挡板，从所在隔间跃至另一隔间。任何一侧隔间均可能发生电击，所以不存在绝对安全的**区域**，但只要做出跳跃或穿梭**反应**，就一定能安然无恙。每次测试开始前会发出相应的信号（调暗灯光），这一信号会一直持续到当次测试结束。信号发出 10 秒后将给予电击，如果被试在此期间跃过齐肩高的挡板，信号旋即中止，不会释放电击。如果被试在发出信号与释放电击之间的这段缓冲期内未能完成跳跃，就会持续给予 4.5 毫安的电击，直至其跳过挡板方休。要是被试在信号发出 60 秒后仍未跳过挡板，测试自动中止。

24 1965 至 1969 年间，我们让大约 150 只狗接受了不可逃脱的电击，进而研究其行为。其中三分之二（约 100 只狗），均陷入无助。这些被试纷纷表现出我先前描述的那一系列令人吃惊的放弃之举。余下三分之一则完全正常；就像普通狗一样，它们能有效地逃避伤害，轻易学会在电击释放前跃过挡板自保。所有被试的实验结果非此即彼，没有中间态。无助的狗在测试期间，偶尔也会碰巧跳过挡板。而且，要是被试一直坐在箱子左侧不断遭受电击，待一组测试结束后开启右侧箱门，被试往往会立即跃过挡板，彻底逃离穿梭箱。由此可见，这些无助的狗生理上完全具备跳过挡板的能力，它们的问题只可能出现在心理上。

有趣的是，在数百只接受穿梭箱训练的普通狗中，约有 5% 并未接受不可逃脱电击的预处理，就已然表现得很无助。我认为一只没受过任何预处理的普通狗是否早已习得无助，以及经历过不可逃脱电击的实验狗能否避免无助，都与其进入实验室之前的生活经历休戚相关。下一章论述预防习得性无助的方法时，我会进一步详述相应的防治之道。

不同的实验条件都能轻而易举地诱发狗的无助感。任何一项电击参数均不影响实验，我们尝试过多种电击频率、强度、密度、时长和

时序模式，都产生了同样的实验效果。此外，在给予不可逃脱的电击
前，是否发出信号也无关紧要。最后，不论不可逃脱电击的预处理和
逃脱–回避训练在何种设备中进行，实验结果均保持一致。也就是说，
穿梭箱和吊床可以互换使用。若先在穿梭箱内给予被试不可逃脱的电
击，随后转移至吊床，训练被试用头部按压触控板阻止电击，被试仍
表现出无助。而且接受过不可控的电击后，被试不仅无法彻底逃脱电 25
击，甚而也无法阻止和回避单次电击。奥弗米尔（Overmier, 1968）
在吊床上给予被试不可逃脱的电击后，将它们转移至穿梭箱，训练它
们在信号发出后，抢在电击释放前完成跳跃，以回避电击。不过被试
绝无彻底逃脱的可能，如果它未在缓冲期内完成跳跃，挡板就会封
死，从而必然遭受不可逃脱的电击。无助的狗放弃了回避，一如它们
此前放弃逃脱一样。故而无助狗对待电击信号的反应，就像对待电击
本身一样消极。

离开穿梭箱后，无助狗与普通狗的行为仍有所不同。当实验人员打开饲养笼要带走一只普通狗时，它可不会乖乖配合：它狂吠起来，跑进笼子深处，拒绝任人摆布。相较之下，无助狗则萎靡得多，消沉地瘫在笼子里，顶多偶尔翻下身子，姿态顺从，不会抵抗。

三元实验

我们要如何证明习得性无助并不是生理创伤所致，而是由无法控制生理创伤造成的呢？换言之，我们要如何证明无助是种心理现象，而不仅仅是生理上的问题？

有种简单而精妙的实验设计，能将可控性的影响与受控制的刺激的影响分离开来。**三元实验**（triadic design）采用三组被试：第一组接受特定反应能控制结果的预处理；第二组为**共轭**（yoked）组，接受与第一组完全一样的物理结果，但共轭组被试的任何反应均无法改变结果。第三组不接受预处理。之后，所有组别都将进行新的任务测试。

26 三元实验能直接检验我们的假设：造成无助的原因不是电击，而是认识到电击不可控。[3] 以下是三元实验的两个实例。在第一个实验中，三个实验组各有 8 只受试狗。[4] 逃脱组的被试在吊床上接受训练，学习用鼻子触碰面板中止电击。共轭组被试承受与逃脱组全然相同的电击次数、时长和模式。共轭组与逃脱组的唯一区别仅在于是否拥有控制电击的仪器：共轭组触碰面板并不能中止电击。对照组在吊床上不接受电击。

吊床预处理 24 小时后，三组被试均在穿梭箱中接受逃脱-回避训练。逃脱组和对照组在穿梭箱中表现良好，都能轻易跃过挡板。相形之下，共轭组的反应明显慢于逃脱组和对照组。8 只狗中有 6 只一次也没能避开电击。因此，致使被试逃脱失败的不是电击本身，而是此前有过不能控制电击的经历。

迈尔（Maier, 1970）为这一假设提供了更为惊人的证据。他将逃脱组的受试狗绑上吊床后，不再训练被试做出触碰面板一类的主动反应，转而训练被试做出**被动**反应中止电击。该组（被动-逃脱组）被试被绑在吊床上，触控面板环绕在其头顶及身体两侧约 0.6 厘米远的位置。被试唯有保持头部端正，身体一动不动，才能中止电击。另一组中的 10 只受试狗也在吊床上接受共轭电击，但它们所受的电击独立于反应，是不可控电击。第三组被试不接受电击。随后将三组被试
27 转移至穿梭箱，共轭组表现出明显的无助，对照组能正常逃脱电击。被动-逃脱组起初很少动弹，似是在尝试以被动的方式减弱穿梭箱内的电击。尝试失败后，它们全都开始拼命地闪躲脱逃。因此，创伤本身并不足以令被试逃脱失败，真正起作用的是认识到不论是主动**还是被动**的反应均无法控制创伤。

部分物种的动机缺陷

刚接触心理学导论或者索性不选这门课的学生，常有一个共同的

反应："大鼠实验！大鼠和人类有什么关系？"这种反应并不像专业心理学家想得那么幼稚。实验人员往往理所当然地假定在某一物种身上发现的规律，也同样适用于其他物种，特别是可以推及人类。比较心理学历史上的众多无效实验和不可信理论，都是在毫无根据的情况下对实验结果做出了可以在物种间推广的假定。心理学这些年来的发展告诉我们，在缺乏证据的情况下，将结论由一个物种推及另一物种要慎之又慎。[5] 鹌鹑应对创伤的学习策略与人和大鼠都大相径庭：如果让鹌鹑饮下味道泛酸的蓝色毒水，它之后会学着避免饮用蓝色的水，却依旧会饮用酸水。而大鼠和人类则不然，二者都会避免饮用酸水，而不是蓝色的水。就算是同一物种，大鼠应对电击的学习策略也与应对毒水时大不相同：如果大鼠在饮用蓝色酸水后受到电击，它会学着避免饮用蓝色的水。但若换作是在水中下毒，大鼠则会避免饮用味酸的水。如果我们要在习得性无助的基础上解释抑郁、心因性死亡等重大人类身心现象，就必须弄清无助是否广泛存在于各类物种身上，当然也少不了人类。否则，我们只能将其视作一种物种特异性行 28
为，就像雄性棘鱼向雌性棘鱼求偶时会进行的一种特殊仪式一样。

因无法控制结果而导致反应触发困难的现象，在猫、大鼠、小鼠、鸟类、灵长类（包括人类）、鱼类、蟑螂身上均有发现。习得性无助似乎普遍存在于有学习能力的物种中，我们可以放心地用它来解释诸多现象。

猫 据厄尔·托马斯报告，猫身上似乎存在一种与狗的习得性无助一模一样的现象。[6] 他为猫设计了专门的吊床，令它们在吊床上接受不可逃脱的电击。转移至穿梭箱后，这些猫没能学会逃避电击，它们像狗一样坐着默默承受电击。托马斯致力于弄清无助的生理基础，他认为大脑皮质下的脑隔膜可能是病灶所在，因为阻断脑隔膜活动可以消除无助感。他还报告说，直接对脑隔膜释放电刺激，猫就会变得无助。下一章探讨无助理论及其治疗时，我会再回到相关的生理发现上。

鱼类 接受不可逃脱的电击后，鱼类的逃脱和回避反应也大打折扣。帕迪拉和他的同事给予金鱼不可逃脱的电击后，在一个水下穿梭箱中对它们进行了测试。这组被试的回避反应比对照组慢得多。有趣的是，金鱼和狗的无助习得遵循相同的时间进程。[7]

人类以外的灵长类动物 据我所知，截至1974年，还没人在猴子或猿类身上进行过研究无助的三元实验。不过，有大量文献记载了其他不可控事件对灵长类动物的影响。实验人员向灵长类动物施加了三种不可控的情境：婴儿期的社交无助、母子分离和隔离饲养。鉴于之
29 前没有人用无助的概念解释过这些惊人的发现，我将把这一块搁到第七章另做讨论。

大鼠 大白鼠和大二学生是心理学实验最常选用的被试。这与其说是出于理论需要，不如说是因为我们对其行为和生理构造已有相当深入的了解，乃至部分实验人员一定要在大白鼠身上验证后，才肯确信所研究现象的真实性。最近，有研究证实大鼠实则很难产生无助感。大量无助实验均对大鼠实施了不可逃脱的电击，其中大部分实验结果显示这种预处理几乎不会影响大鼠随后的反应触发。[8] 大鼠与狗不同，接受过不可逃脱的电击后，它们只是在头几次回避测试中逃脱或回避电击的反应稍慢而已——它们不会被动地坐着承受电击。

然而，经过深入实验，几位研究人员各自使大鼠产生了明显的无助感。[9] 他们实验成功的关键在于回避训练中测试的反应要有一定难度，不能是大鼠轻而易举就能做出的反应。譬如，先让大鼠接受不可逃脱的电击，然后进行诸如按压控制杆或穿梭箱回避训练等简单的逃脱反应测试，就不会发现任何缺陷。但若提高反应的难度，比如按压三次控制杆或者在穿梭箱中跑个来回才能中止电击，那么接受过不可逃脱电击的大鼠，其反应就会相当迟缓。相比之下，先前接受可逃脱电击和未经电击预处理的大鼠则会积极做出复杂反应，不会放弃。

如果测试的反应恰好是大鼠与生俱来的自然反应，不可控电击就无法对其产生影响。反之，若测试的反应是非自然的，需要“刻意”为之，大鼠接受不可控电击后就会表现得无助。

人类 实验环境下不可逃脱的创伤会对智人（*Homo sapiens*）产 30
生怎样的影响？一如狗、猫、鼠、鱼和其他灵长类动物，人类在面对不可控的恶性事件时，做出反应的动机也会大打折扣。

唐纳德·广户在大学生被试身上非常精准地再现了我们在狗身上的发现。[10] 实验的逃脱组会听到很大的噪声，并能按下按钮关掉噪声；共轭组会听到同样的噪声，但没有有效的控制反应；第三组被试不会听到噪声。随后每位被试都要接受手指穿梭箱测试：想要关掉噪声，被试只需将手从一侧隔间移动到另一隔间。无噪声组和逃脱组都轻松学会了把手穿过箱子。而就像其他物种一样，共轭组没能掌握避免噪声的办法，他们大多被动地呆坐着，忍受讨厌的噪声。

广户的实验设计还格外添加了两个重要因素，实际上更为复杂。三组中各有一半的被试被告知，穿梭箱训练是一项能力测验；另一半被试则被告知穿梭箱训练的得分是随机的。三组被试中凡是听到随机性导语的被试，反应都更加无助。最后，人格维度中的“内控型与外控型”也是广户引入实验的一大不同因素，每组被试都有一半是“外控型”，一半是“内控型”。[11] 外控型指的是依据人格量表，被试认为生活中出现的强化物均是偶然或运气使然，不受自己控制。内控型的人则认为**自己**能够控制身边的强化物，自身能力可以派上用场。广户在实验中发现外控者比内控者更易产生无助。综上，引发习得性无助的三个独立因素是：不可控的实验体验、随机性导语造成的认知定势和外控型人格。考虑到三者的趋同性，广户认为这三个因素共同致使 31
被试预期即使做出反应也无法脱困，从而削弱了逃脱的动机。

格拉斯和辛格（D. C. Glass & J. E. Singer, 1972）在模拟城市压力的研究中发现，不可控的噪声会影响被试的校对能力，令其心烦意乱，最终放弃解决问题。仅仅是让被试相信他有能力遵从自身意愿关掉噪声，就能达到实际控制城市噪声的效果，消除被试所表现出来的缺陷。此外，让被试相信他可以向有能力帮助他的人求助，也能产生正面效果。一如之前所言，心理上的控制感与实际做出控制的关系错综复杂，下一章我将详细论述。

纵观习得性无助所导致的动机缺陷在不同物种身上的表现，似乎可以得出一个普遍的结论：不可控性削弱了狗、猫、鼠、鱼、猴和人类对创伤的适应性反应。

无助的跨情境泛化

当一个大一新生在心理学导论课上质疑大鼠实验无足轻重时，他反对的不仅是将许多心理现象局限在一个物种身上进行研究，而且也反对在限制性环境中研究这些心理现象。无助是多个物种的通性，人类也不例外，但如果我们要用无助来解释现实生活中的抑郁、焦虑和猝死，它就不应当只局限于电击、穿梭箱乃至创伤性研究。不可控性造成的是一种仅在相似的无助情境下才会表现出来的习惯，还是一种更为普遍的特质？换言之，无助现象究竟是一套自成一体的习惯，还
32 是一种更基本的“人格”转变？我认为，个体在不可控情境中学到的东西，会对其整个行为体系产生深远的影响。

就最低限度的情境泛化而言，我们已经知道，只要两种实验装置都能释放电击，无助感就会在这两种装置间发生迁移：在吊床上接受过不可逃脱电击的受试狗，进入穿梭箱后无法学会逃脱电击。但被试在此期间学到的东西，是否会迁移至没有电击的创伤性体验中呢？布劳德及其同事利用小鼠做了一个三元实验。[12] 第一组被试可以爬杆躲避电击，第二组为共轭组，第三组不接受电击。随后三组被试均被放入一条水道，必须游出去才能脱困。结果共轭组在游泳测试中表现最差。另一项实验也表明电击引发的无助感，会迁移至另一种全然不同

的厌恶事件中。三组大鼠分别接受可逃脱电击、不可逃脱电击和不接受电击。[13] 所有被试均被剥夺了食物，研究人员要训练它们沿跑道奔跑，找到目标箱自行获取食物，每轮测试目标箱中都有食物。一旦被试学会，目标箱中就不再放置食物。在这一消退的过程中，大鼠沿跑道奔进目标箱，满心期待却一无所获，这对大鼠来说无疑是充满挫败的厌恶体验。[14] 而后，大鼠获得了一个跳出目标箱、逃脱挫折情境的机会。接受过可逃脱电击和未接受电击的被试都能轻易逃脱挫折情境，唯有接受过不可逃脱电击的被试被动地待在原地，没有逃出目标箱。因此，涉及某种厌恶体验（电击）的无助感，能够泛化至另一厌恶情境（受挫）。[15]

另一个无助感泛化的例子与**电击引发的攻击性**有关。如果你曾见过有人在车门上撞到了头，却暴跳如雷地冲着其他乘客大吼大叫，那
你应该对这种现象并不陌生。就动物而言，如果一只大鼠受到电击时 33
旁边还有一只大鼠，被电击的大鼠会疯狂攻击另一只。在三元实验中，受试大鼠分别接受可逃脱电击、不可逃脱电击和不接受电击，之后所有被试均受到电击的刺激去攻击另外的大鼠。[16] 接受过可逃脱电击的被试遭遇电击后攻击性最强，对照组的攻击性次之，而无助组的攻击性最弱。我们也曾进行过相关研究，发现接受过不可逃脱电击的幼犬在与接受过可逃脱电击或不接受电击的幼犬争食的过程中屡屡落败，它们至多只能将鼻子挤进盛狗食的咖啡杯里而已。无助阻碍了攻击性反应和防御性反应的触发。

在创伤性情境下习得的无助感，会迁移至其他非创伤性的情境吗？最近，广户和我系统地研究了无助感从工具性任务迁移至认知任务的现象。[17] 三组大学生被试分别接受可逃脱噪声、不可逃脱噪声和不接受噪声。随后在非厌恶性的字谜测试中，被试须将诸如“IATOP”一类的乱序字母拼成单词，我们会记录他们解题的用时。不可逃脱噪声组解出的拼写组合少于可逃脱噪声组和无噪声组。厌恶

性无助阻碍了非厌恶性认知问题的解决。

唯有不可控的创伤才能诱发不可控性的削弱作用吗？如果先前经历的是不可控的非创伤性体验，是否照样会影响之后的反应触发？广户和我尝试用根本无解的辨别问题，替代不可逃脱噪声来引发无助感。[18]

在典型的辨别学习中，人或动物会看到一黑一白的两张刺激卡片。选择其中一张卡片（譬如黑色那张）会得到奖励：如果是大鼠就
34 奖励麦麸饲料，是儿童就奖励巧克力豆，是成人就奖励 10 美分或者一个“正确”的标识。测试时有时黑卡在左、白卡在右，有时会颠倒过来。这个辨别问题是有解的，只要选择黑卡就能得到奖励。奖励也是可控的，选黑卡的奖励率是 1，选白卡则为 0。儿童、成人、大鼠，乃至蚯蚓都能解决这类问题。而无解的辨别问题是不可控的，就像不可逃脱的电击一样。试想如果辨别问题无解会是怎样的一种情况。测试时奖励将随机出现在白卡或黑卡后面：奖励随机出现在黑卡后面的次数占测试总数的一半，另一半则为白卡。同时，奖励位于左侧的次数也应占测试总数的一半，另一半则在右侧。如此就构成了一个无助实验：选择左侧卡片的奖励率是 0.5，选黑卡的奖励率也是 0.5，选白卡仍是 0.5。奖励与反应相互独立，符合不可控性的定义。[19]

不可解答与不可逃脱的实验设计具有一定的相似性，广户和我让三组大学生分别解答有解辨别问题、无解辨别问题或不解答任何问题。[20] 随后所有被试均接受逃脱噪声的手指穿梭箱测试。此前解决过有解辨别问题和没有解答任何问题的被试都能迅速关掉噪声，唯有无解组的被试被动地忍受噪声。不可控的奖励可能损害了控制恶性事件的反应。

我们还发现，不可控的奖励会削弱被试争取奖励的反应。分属不同实验组的饥饿的大鼠最初都能通过笼顶的一个洞获得“从天而降”的食丸，食丸的掉落独立于大鼠的反应。之后，我们训练大鼠按压控

制杆获取食丸。被试参加训练前不劳而食的次数越多，就越难学会做出工具性反应获取食丸。有些大鼠甚至会枯等好几天，只待食丸从天而降，一次也没碰过控制杆。[21] 35

这项研究中最关键的操作是要培养一个“娇惯的小孩”——不论被试做什么，一律给予奖励。最近，心理规律协会（Psychonomic Society）在会议上介绍了一篇极具争议性的相关论文，题为《福利国家的鸽子》（“The pigeon in a welfare state”）。[22] 第一组饥饿的鸽子得学会跳上踏板获取食丸。第二组“福利国家”组的被试，不论做什么都能得到与第一组一样的食丸，其反应与食物相互独立。第三组不会得到食丸。随后，所有鸽子均参与**自行塑造**（autoshaping）任务，学习啄击一个发光的按键以获取食丸。懂得控制踏板获取食丸的第一组最快完成任务，其次是对照组，“福利国家”组耗时最久。待到三组都完成任务后，进入下一个流程，训练被试克制啄击反应。踏板组又一次率先完成训练，接着是对照组，无助组（该文作者亦称为“习得性懒惰”组）学得最慢。这些实验结果值得争议，只能谨慎地归结为欲求性无助：在自行塑造任务中，鸽子啄击按键的行为不再是自发的工具性反应。施瓦茨和威廉姆斯（B. Schwartz & D. R. Williams, 1972）发现这种行为持续时间很短，因此具有**诱发性**或非自主性。若自行塑造任务中的反应真的只是条件反射，那么我预测欲求性无助不会削弱这种反应，因为无助只会削弱自主反应。

不可控的奖励对参加实验室游戏的人的竞争性，也会产生类似的削弱作用。哈罗德·库兰德、威廉·米勒和我让大学生分别解答有解辨别问题、无解辨别问题或不解答任何问题。[23] 然后所有被试均参与“囚徒困境”游戏，游戏目标是要比对手得分高。每次测试玩家都有三个选择：竞争、合作，或者退出止损。如果玩家选择竞争，而对手选择合作，则玩家大获全胜，对手损失惨重；若对手也选择竞争，则 36
两败俱伤。如果玩家选择合作，对手选择竞争，则玩家损失惨重，对手大获全胜；若两人均选择合作，则和平双赢，各自小赚一点分数。最后一种选择是退出：只要任意一方选择退出，游戏双方都会略有损失。

游戏开始前解答过有解辨别问题和未解答任何问题的被试，频频竞争，鲜少退出。相反，无解组的被试总是频繁退出，鲜少竞争。由此可知，不可控奖励引发的无助感会削弱竞争反应。

我认为，不可控性引发的无助感会广泛削弱各类反应的触发。接受过不可控的电击后，狗、鼠、猫、鱼和人类都鲜少做出反应以逃避之后的电击。而且，这种动机缺陷往往还并不局限于电击或恶性事件。攻击性行为、逃避挫折情境的反应乃至解开字谜的能力，都会受到不可逃脱的厌恶事件的削弱。而不可控的奖励则会妨碍被试逃脱噪声、学习获取食物和发起竞争。

人和动物天生就会举一反三。我认为只有在极其罕见的情况下，有机体才会习得有针对性的特定反应或联结。习得性无助并非例外：有机体在某种情境下习得无助后，其大部分适应性行为会遭到破坏。与此同时，有机体继续做出适应性行为时，必须对无助情境与非无助情境进行分辨。如果我们不能限制无助的泛化，每次坐飞机都惊慌失
37 措，生活岂不全乱了套？免疫、分辨控制情境、评估不可控事件的重要性等限制无助泛化的因素，将在下一章另行探讨。

无助破坏学习能力

我们已经弄清不可控事件主要会造成**动机**缺陷：不可控事件削弱了有机体发起自主反应去掌控其他事件的动机。其次是会造成**认知**缺陷：人或动物经历过不可控事件后，很难**习得**自己的反应是有效的，哪怕反应确实成功了。因为不可控性扭曲了有机体的控制感。

这种现象在无助的狗、大鼠和人类身上均有体现。未经实验预处

理的普通狗在穿梭箱训练刚开始的头三四次测试中，偶尔会坐在原地忍受电击。但再下一次测试，被试就会跃过挡板，首次成功逃脱电击。一只普通狗一旦成功过一次，立马就能理解其中关联。在接下来的测试中，它都会积极反应，完美避过电击。而接受过不可逃脱电击的狗，在这方面的表现也有所不同。其中三分之一的被试，其行为模式与普通狗相仿，前三四次测试呆坐不动，再下一次逃脱成功。但这组被试随后竟故态复萌，仍坐着忍受电击，再未成功逃脱过。一次成功似乎不足以让无助的狗认识到它的反应有效。

威廉·米勒和我在习得无助的人类被试身上也发现了这类消极的认知定势。[24] 三组大学生被试分别接受可逃脱噪声、不可逃脱噪声和不接受噪声。然后他们面临两项新任务，一项能力测试，一项运气测试。在能力测试中，被试须于 15 秒内将 15 张卡片按形状分作 10 组，10 次测试为一轮。实验人员会依据安排瞒着被试，在他们完成 38
任务时要么提前要么延后告知他们时限已到，以此操控测试结果，因此被试的成败实则早已事先定好。每次测试结束后，被试都要做出一次评分（10 分制），预估自己下次的成功率。不论上次测试结果是好是坏，接受过不可逃脱噪声的被试总是对下一次的成功率做出差不多的预期。他们很难认知到反应能够影响成败。对照组和可逃脱噪声组对下一次的预期波动很大，深受上次测试结果的影响。这表明他们相信结果取决于他们的行动。在“运气”测试中，被试都清楚这是个靠运气的猜谜游戏，不论成败，三组被试的预期波动均大同小异。习得性无助引发了一种认知定势，使个体认为事情的成败独立于他们的行为，从而难以认识到反应有效。

广户和我还发现了另一种形式的消极认知定势。[25] 如前所述，在我们的实验中，大学生被试分别接受可逃脱噪声、不可逃脱噪声和不接受噪声，然后统一进行字谜测试。由此出现了第二种认知缺陷：不可逃脱噪声降低了被试解字谜的能力。而且，被试拿到的 20 个字谜（如

ISOEN、OCHKS、OURPG 等）实际上都是同一个解法，只要按 5—3—1—2—4 的顺序重新排列字母就能迎刃而解，但不可逃脱噪声组的被试很难发现这一规律。用无解辨别问题做预处理，也能妨碍被试解字谜。

反应与结果相互独立所引发的消极认知定势，涉及学习理论的一大深层次问题。若两个事件独立呈现，譬如提示音和电击随机出
39 现，被试是会留心提示音还是直接忽略提示音？在我们看来，人和动物能主动意识到反应与结果相互独立，而这种认知的一大表现就是当反应**能够**影响结果时，个体却很难认识到这一点了。由此可知，有机体应该也能主动认识到提示音和电击是相互独立的，而且之后会很难发现电击与提示音之间**已然**建立了联结。雷斯科拉（R. A. Rescorla, 1967）对此提出了异议：提示音与电击相互独立是一种中性条件，无法引发学习行为；事实上，这种条件非常适合打造经典条件反射实验中的理想**对照**组。我反驳称（1969），这一所谓的“理想对照组”在该种条件下表现出强大的学习能力，根本算不上合格的对照组。稍后我们会在论述焦虑的章节中，看到这组被试出现了胃溃疡和慢性恐惧的症状。此外，新近的研究表明 CS 与 US 独立呈现，确实可以引发主动学习。迈尔格伦和奥斯特（R. L. Mellgren & J. W. P. Ost, 1971）报告了一项实验，他们将 CS 与食物分开呈现给受试的大鼠。之后当 CS 与食物产生关联时，这组被试比普通大鼠（哪怕普通大鼠在 CS 呈现后**得不到**食物）花了更多时间才认识到 CS 与食物相关。凯姆勒和谢普（D. Kemler & B. Shepp, 1971）证实了在辨别学习中，若刺激最初独立于解法呈现，儿童后来在解决辨别问题时就很难认识到该刺激与解法之间存在关联。托马斯及其同事发现，将两种颜色与食物相互独立地呈现给鸽子后，被试变得难以区分两条不同的斜线——选择其中一条能获得食物，另一条则不能。[26] 麦金托什（N. J. MacKintosh, 1973）也报告称，CS 与 US 独立呈现有碍条件反射的形成。

两种相互独立的刺激能够引发主动学习，而这种学习会令大鼠、

鸽子和人类随后难以意识到这两种刺激之间的相互联结。这与反应- 40
结果相互独立所造成的认知缺陷如出一辙，进而巩固了我们的结论，反应-结果相互独立会扭曲有机体对反应与结果有所关联的认知。

无助引发情绪障碍

当我们发现无助所引发的动机障碍会随着时间渐渐消解时，我们首次意识到无助不仅对动机和认知，还对情绪产生了影响。创伤给人和动物带来的干扰具有惊人的时间进程，其表现就是显著的情绪变化。人类遭逢天灾人祸后，一种名为**灾难症候群**（disaster syndrome）的应激心理就会接踵而至：

> 1659 年冬，位于乔治亚湾南部圣让地区（St. Jean）的印第安烟草族（Petun Indian）战士统统离开部落，前去截击入侵的易洛魁人，但他们未能发现敌人的行踪。四天后，他们无功而返，部落却只剩满目疮痍，他们的妻儿老小都被烧得焦黑、面目全非。烈火之下，无人幸免。烟草族的战士们呆坐在雪地里，沉默而僵硬，整整半日谁也不说话、谁也没动弹，甚至也没人愤而追击易洛魁人，去拯救俘虏报仇雪恨。[27]

这种心理反应通常发生在大灾之后，不存在文化差异。龙卷风袭城之际，人人都会打起十二分精神积极自救，但风灾一过，受灾者大约会萎靡 24 小时。再过一天，人们才开始收拾残局，料理各自的生活（边码第 88 页）。

我们在狗身上也观察到习得性无助的这种时间进程。[28] 如果受试狗在吊床上接受不可控电击后不出 24 小时就被放入穿梭箱参加训练，
被试将表现出无助。而如果被试接受过一轮不可控电击后，间隔 72 41
小时乃至一个星期再参加穿梭箱训练，就能逃脱电击。单次不可控的

创伤体验所产生的影响，会随着时间的推移而消散。

但如果受试狗在有机会逃脱前，遭遇过多次不可控的电击呢？若在一周内先后 4 次在吊床上给予被试不可逃脱的电击，被试将持续无助好几周。反复经历不可控的体验，会长期干扰反应的触发。另外，大鼠的无助反应尤其值得一提，哪怕只接受过一轮不可逃脱的电击，大鼠的无助感也不会随时间而消散。[29]

下一章介绍无助的理论依据时，我将从认知和情绪两方面解释这种时间进程。不过从表面上看，不可控性似是诱发了某些情绪状态，而这些情绪若无强化自会消散。

胃溃疡是衡量情绪的一个常用指标。1958 年，著名的“执行猴”（executive monkey）研究公开发表。[30] 该研究与不可控性和无助感密切相关，但研究结果却显示不可控性对情绪的影响**很小**。8 只猴子分作两组接受电击，“执行”组能够控制电击，它们按下一个按钮电击就会中止。另外 4 只猴子是共轭组或称无助组，它们无法左右电击。执行组的被试死于胃溃疡，而无助的猴子并未形成胃溃疡。这一研究结果引得媒体争相报道，还被许多心理学入门教材收录。但很可惜，这一实验结果纯粹是受试猴子的分组依据所致：8 只猴子最初都接受过执行测试，率先按下按钮的 4 只猴子脱颖而出成了执行组，反应慢
42 的 4 只则成了共轭组。后来有研究指出，越是情绪化的猴子，遭遇电击时就会越快按下按钮。[31] 因此，实验中 4 只最为情绪化的猴子成了执行组，而另外 4 只本就沉着冷静的猴子成了共轭组。

韦斯近来重构了这项研究。[32] 他采用三元实验设计，将受试大鼠随机分作三组。执行组大鼠较少形成胃溃疡，而且程度普遍较轻；而共轭组除严重胃溃疡外，还有体重减轻、排便多而饮水少的毛病。从胃溃疡这一指标来看，无助的大鼠比能够控制电击的大鼠焦虑得多。

另有研究进一步证明，不可控电击比可控电击更令大鼠焦虑。莫瓦尔和维克（O. H. Mowrer & P. Viek, 1948）在两组大鼠进食时给予

其电击。其中一组被试可以通过跳跃控制电击，另一组接受不可控的电击。相比接受可控电击的大鼠，承受不可控电击的大鼠进食行为明显减少。[33] 霍坎森及其同事也做过类似研究，在受试人进行符号匹配任务时施以电击。电击频率因人而异，但保证每位被试平均每 45 秒被电击一次。其中一组被试可以按照自己的意愿多次暂停电击，共轭组的暂停次数与之共轭。实验中每隔 30 秒测量一次被试的血压，结果显示，共轭组的血压一直居高不下。[34]

赫斯特（E. Hearst, 1965）发现，不可控的电击会破坏大鼠久经训练的食物辨别能力。接受不可控电击时，大鼠不再能区别两种不同的刺激——一种预示着有食物，另一种预示着没有食物。而在接受可控电击时，大鼠仍有能力完成食物辨别。

这种对食物辨别能力的破坏，不禁令人想起著名的“实验性神经 43
症”（experimental neuroses）研究。实验性神经症不是一个单一的概念，界定也不够清晰。可控性并非引发实验性神经症的必要因素，但纵观整个实验流程，足以推知缺乏控制或者彻底失控是神经症的一大病灶。一般而言，实验动物会被套具束缚起来，行动严重受限。这个过程引发的通常是经典条件反射，有机体无法控制刺激的呈现与消失。在申格尔-克莱斯特尼科瓦（Shenger-Krestnikova）的经典实验中，狗无法再分辨奖励性刺激与非奖励性刺激后，其对食物的辨别能力也随之受损，流露出痛苦的迹象。[35] 利德尔等人研究发现，绵羊接受不可控的电击后，产生了一系列适应不良的行为。[36] 马瑟曼（J. H. Masserman, 1943）先训练猴子依据信号进食，然后在喂食的过程中呈现可怕的刺激，使这些猴子变得神经质。如不治疗，被试此后多半会永远精神失常。马瑟曼报告称：

> 然而，此前学习过操作信号启动实验装置和喂食器的猴子情况却截然不同，因为它们至少能对部分环境加以控制。这对它们很有

> 好处，纵然变得神经质了，但它们一旦饿得受不了，仍会畏首畏尾地摸索着发起自主行为，试着拨弄一下操作开关、进食信号或是食物箱。食物再度出现后，它们会变得更加大胆，更加得心应手。

在一项颇受瞩目的灵长类动物研究中，斯特罗贝尔（C. F. Stroebel, 1969）训练一组猕猴学习按压控制杆，这个控制杆不仅可以控制空调缓解室内闷热，还能关掉噪声、刺眼的灯光和轻微的电击。
44 之后实验人员收回了控制杆，猕猴仍能看见它，却再也无法按压。除此之外，实验中并未再制造其他生理压力。起初猕猴纷纷发了狂，但紧接着便转而表现出其他缺陷：

> 碍于［生理］节律越发紊乱，这组被试开始出现疲乏虚弱之态，它们皮毛打结，色斑浮现，疏于梳理。其行为变得难以预料，就算真能触及控制杆，恐怕也会不断停下来打盹休息。这些动物的表现在自然界中显然颇不寻常，譬如，其中两只猕猴数小时以来一直在捕捉"臆想"的飞虫，另一只猕猴不停手淫，还有三只猕猴强迫性地抓扯自己的毛发。所有被试均倾向于循环往复地做出某种刻板动作，对外部环境置若罔闻。

目前尚不清楚是否有理论能够解释实验性神经症，也不清楚以上种种现象本质上是否一致。但其中的不可控因素却是显而易见的，而且普遍会导致情绪障碍。

总而言之，对于那些有能力意识到自身的无助的有机体来说，无助是场灾难。实验环境下的不可控性会产生三种负面影响：削弱反应的动机、削弱感知成功的能力、加剧情绪化。这些影响广泛存在于多种情境和物种之间，智人尤甚。下一章，我会提出一个完整的理论来解释这些现象。

第四章 45

理论：治疗与免疫

一个完善的无助理论必须达到怎样的标准？它必须能够解释以下三种障碍：动机障碍、认知障碍和情绪障碍。它必须是可验证的：存在可操作的实验，能够对理论的真假进行证实或证伪。最后，它必须适用于实验室以外的情境，即必须有助于解释现实生活中的无助感。

我在上一章列出的实验数据，已为理论构建打下了基础。我现在要介绍的理论直接解释了动机缺陷、认知扭曲以及作为前提的情绪障碍。该理论已得到多方验证，部分研究还提出了无助的防治之道。另外，我还将提出无助的边界条件，以回答一个问题：既然人人都难免遭遇不可控事件，为什么不是每个人都会变得无助？最后，我将列举
一些似乎不够全面的替代学说。在本书的最后几章，我将尝试把无助 46
理论应用于现实，逐一剖析抑郁、儿童发展和猝死。

理论陈述

人或动物遇到反应无法影响结果的情境，会习得结果与反应相互独立。这是无助理论的基石，绝大部分人可能认为这显而易见，根

本无须赘言，但在资深的学习理论家看来则不尽然。请回想一下我们花了大篇幅论述的反应关联区（图 2–3），学习理论家一向偏好尽可能简单的反应关联。首先，他们认为有机体顶多能习得单一的反应与结果的配对，或者反应与没有结果的配对。但这种学习模式还需进一步扩大以囊括部分强化，此时有机体会将两种配对结合起来，得出一种“可能性”。这意味着除简单的配对外，有机体还能习得做出反应后结果出现的**概率**。随后又有研究表明，有机体同样可以习得不做反应时结果出现的概率。无助理论的创新之处在于，我们认为有机体可以同时习得以上两种概率，反应关联区中不同的点所对应的现实体验发生变化时，行为和认知也会发生系统的变化。[1] 我尤其强调的是，当有机体经历的体验处于 45° 线上时，不论是否做出主动反应，结果出现的概率都不变，这种情境下也会发生学习。行为上，这会致使有机体减少反应触发，不再试图控制结果；认知上，47 这会使得有机体相信反应无效，从而难以觉察反应成功的情况；至于情绪上，若结果具有创伤性，有机体起初会倍感焦虑，而后转入抑郁。

上一章介绍的所有三元无助实验均包含一大前提：人和动物能够习得反应与结果间的独立性，而且还会形成与之相应的预期。譬如，在塞利格曼和迈尔（Seligman & Maier, 1967）的研究中，只有共轭组的狗是无助的，能够触碰面板逃脱电击和没有接受电击的被试并未变得无助。显而易见，接受过不可控电击的狗发生了与众不同的变化。我认为它们是习得了反应的无效性，故而预期今后对电击做出反应也皆属徒劳。在韦斯（Weiss, 1968, 1971a, b, c）的研究中，只有共轭组的大鼠形成了大片胃溃疡，显然，这组大鼠学到的东西不同于逃脱组和不接受电击的对照组。我相信，它们习得的仍是反应的无效性。

我提出的理论包含三个基本组成部分：

关联性信息→关联性的认知表征（学习、预期、感知、信念）→行为

人和动物必须首先接触反应与结果的关联性信息。这些信息反映的是有机体所在环境的特性，并非有机体自身的特性。我之前已经详细定义过判定反应与结果相互独立的客观条件。

序列中的第二部分至关重要，却极易被忽视，尤其是许多学习理论家只醉心于操作性定义和客观关联性。关联性信息必须被转化为相应的认知表征。[2] 这种认知表征也被称为对反应与结果相互独立的 48
“学习”“感知”或“信念”，我则倾向于称其为对反应与结果相互独立的**预期**（expectation）。

这种预期与无助导致的动机、认知和情绪障碍互为因果。单是接触关联性信息是不够的，人和动物完全可以置身反应与结果相互独立的情境中，却不形成相应的预期。免疫就是这样的例证，本章稍后会讲到。相反，即便个体没有直接接触反应与结果相互独立的关联性，他仍可能变得无助：只需告诉他，他已无能为力即可。

1972 年，格拉斯和辛格发表了一系列利用可控性减压的研究报告，他们发现仅仅是告知被试他们拥有控制力，就能达到实际控制的效果。研究人员试图在实验中再现城市生活的压力，让大学生被试听到吵闹的混合噪声：有两人在说西班牙语，一人在说亚美尼亚语，还有一架油印机、一个计算器和一台打字机的声响。能**切实**按下按钮关掉噪声的被试之后在解答问题时更坚持不懈，他们觉得噪声不那么难以忍受，在校对任务中的表现也优于共轭组。实际控制具备我们在上一章论述过的种种益处。

另一组被试也听到同样的噪声，但他们无法控制它。不过，这组被试有一个应急按钮，实验人员叮嘱他们说：“你按下按钮就能关掉噪声，但我们希望你最好别按。”最终无人关掉噪声，他们获得的只是一种错觉，相信自己有能力在必要时控制噪声。[3] 这些被试和实际

49 控制噪声的被试表现得一样好。由此可知，实际的可控性与实际的不可控性可以产生相同的预期。这一预期失效的实验凸显了一个事实：无助的决定性因素不是客观的可控性，而是预期。那么，这种认为反应与结果相互独立的预期，是如何引发无助中的动机、认知和情绪障碍的呢？

动机障碍

在创伤情境下，预期做出反应即能脱困，是诱使有机体发起自主反应的一大主要动机来源。[4] 缺乏这种诱因，会降低触发自主反应的可能性。人和动物习得反应独立的信念后，就会否定反应能够脱困的预期，从而造成反应触发困难。通俗地来说，预期反应能产生理想结果，是有机体发起自主反应去控制**一切**结果（如食物、性、中止电击等）的动机来源。人和动物认识到反应与结果相互独立后，对反应能够产生结果的预期就会减弱，因而开始减少反应。

一些学习理论家可能认为我的这一“因而”来得过于轻率。为什么相信反应无用的人和动物，就该停止反应呢？这个问题牵扯学习理论由来已久的一个基本争论，好比从亚里士多德到伽利略的所有物理学家都关注过的一个物理问题：“天体为什么会运动？”亚里士多德认为天体的自然状态是静止，需要一个外在的动力或推力来带动。相反，伽利略则提出了一个激进却可靠的假设，天体的自然状态是运动，而且始终处于运动之中，除非遭遇某种外力（譬如摩擦力）令其减速。

50 有机体为何会做出自主反应，这个问题的答案涉及学习理论中一个与天体运动类似的潜在假设。“伽利略派”学习理论家认为做出自主反应是动物的自然状态，它们无时无刻不在进行某种自主行为，根本不存在没有反应的状态：哪怕动物表现得很被动，亦是出于它的自主意愿。它“选择”了被动，做出了“决定”，或是得到了相应的强化。这种观点认为，预期反应无效的动物之所以会变得被动，是因为被动能减少能量消耗，强化效果更好。但是，几乎没有证据证明动物会放弃高投入，选择低投入。[5]

我倾向于相反的观点，“亚里士多德派”认为自主反应需要相应的诱因驱动，没有诱因就没有自主反应。这种观点认为，人和动物有两种状态：做出自主反应或什么也不做。而要触发自主反应，必须先预期反应可能成功，以此作为诱因。如果没有这样的预期，有机体相信反应无效，就不会做出自主反应。

由此可知，经历过不可控体验的动物，之后往往不会做出反应去控制结果。这种基于动机缺陷的推导不言自明。除开其中的认知术语，大多数学习理论家会赞同这一观点。更何况像预期、诱因这类概念其实也可以转化成操作性语言，从而使倾向于行为主义的学习理论家更易于接受这一观点。[6]

在一项使用电击研究人类无助感的实验中，我们可以清楚地看到无助对动机的破坏。[7] 接受过不可逃脱的电击后，大学生被试呆坐着默默承受可逃脱的电击。问他们为何不尝试做点什么，60% 的被试回答说既然他们无法控制电击，“又何必尝试呢？”。这些被试的回答清楚地表明了不可控的信念削弱了触发反应的动机，我们恐怕很难再找 51
到比这更直接的力证了。

认知障碍

一旦习得反应与结果相互独立，此后便很难认识到反应能够产生该结果。习得反应与结果相互独立是一种主动学习，和其他主动学习行为一样，它也会干扰有机体学习与之矛盾的关联性。在此以一个语言学习中的**前摄干扰**（proactive interference）为例：我妻子凯瑞婚后改姓塞利格曼，但她娘家姓穆勒。那些在我们婚前就认识她的人一直叫她“穆勒”，很难改口叫她“塞利格曼”，哪怕我们结婚多年，他们偶然仍会叫错。因为他们惯于叫她穆勒，这干扰了他们重新学习她现在改姓塞利格曼了。这些故交比婚后才认识她的人更难学会叫她塞利格曼，因为后者是**从零开始**学习她的名字的。

与此类似的另一情形是，狗在吊床上试遍各种反应，结果发现无论如何都无法中止电击。譬如，当这只狗转头时电击恰好停了，但随后它频频转头电击却并未停止，而且有时它没有转头，电击也一样中止了。这只狗进入穿梭箱后，偶然跳过了挡板，切实地中止了电击，但它却难以意识到其中的关联性。这是因为一如转头反应，被试仍然预期即便自己没跃过挡板，电击也可能照样会中止。这类被试哪怕成功地完成了一两次跳跃，之后还会故态复萌，被动地忍受电击。相较之下，未经实验处理的狗没有干扰性的预期，不会认定反应无法中止电击，故而只要跃过一次挡板，电击中止了，它们就足以领悟其中的关联。

迈尔和特斯塔（Maier & Testa, 1974）发表的三个实验表明，认
52 知障碍是大鼠习得无助的一大重要表现。各位应该还记得，接受过不可逃脱电击的大鼠在穿梭箱中进行单向穿梭训练（定比强化为 1，简记 FR1）时，并未表现出无助。但要是换成往返穿梭（FR2），大鼠就会陷入无助（边码第 29 页）。为了弄清这种障碍是因无法**察觉**反应与电击中止之间的关系，还是因 FR2 **执行**难度太高，迈尔和特斯塔运用了一个巧妙的设计。他们让大鼠在 FR1 的情境下学习逃脱，但稍微延迟了电击中止的时间：大鼠完成穿梭后，电击不会立即中止，而是延迟 1 秒中止。在这个实验中，反应的执行难度与 FR1 一样简单，唯一不同的是，反应与电击中止之间的关联性更难被察觉。在这种情况下，若无助会导致被试难以察觉反应与结果之间的关联性，那么大鼠在延迟后的 FR1 中的表现应当会备受干扰。其他认为无助仅仅是因为反应难以执行的观点，则预测大鼠不会表现出任何缺陷。与迈尔和特斯塔设想的一样，接受过不可逃脱电击的大鼠无法在延迟后的 FR1 训练中学会逃脱，而没受过电击的大鼠均能顺利学会逃脱。若在 FR1 中实施关联性更为模糊的部分强化（电击中止的概率

为 50%)，实验结果仍保持一致。最后，实验人员在 FR2 反应难度不变的情况下，为无助的大鼠增强了反应与结果间的关联性：大鼠完成单向穿梭后，电击会立即暂停一下，然后快速恢复，直至大鼠做出二次反应，电击才会中止。实验中的关联性更加清晰了，但反应的执行难度仍然较高。不出所料，接受过不可逃脱电击的大鼠并未表现得无助。因此，反应难度的干扰并不足以解释大鼠的无助，还须从无法察觉反应有效的认知缺陷入手。

我认为习得反应与结果相互独立，只是学习任意两种独立事件中的一个特例。凯姆勒和谢普（D. Kemler & B. Shepp, 1971）研究学习事件独立性的实验，是我所知道的相关实验中最精妙的一个。请回想一下个体在解答黑-白是相关维度、左-右是无关维度的有解辨别 53
问题时的学习过程。选择白卡次次都能得到奖励，选择黑卡完全没有奖励：在随机安排的半数测试中，黑卡在左白卡在右；余下半数测试，白卡在左黑卡在右。左-右维度独立于奖励，或者说与奖励无关：如果你始终选择左侧卡片，得到奖励的概率与始终选择右侧卡片相同——都是 0.5。某种维度（譬如左-右）与奖励相互独立时，个体从中学到了什么？个体是会主动地学习这种无关性，还是会被动地忽略掉无关的线索？对于无助理论来说，个体能主动习得左-右维度与结果相互独立，是相当核心的认知前提。

在另一个类似的辨别学习实验中，凯勒姆和谢普向儿童出示以左-右为奖励维度的辨别问题，而此前这些儿童已解答过左-右为无关维度的辨别问题。无关维度变成了相关维度，实验人员将这组被试对这一转变的学习能力，与另外一些精心安排的对照组做了比较。结果这组儿童最后才意识到左-右是奖励维度，甚至比那些从未接触过左-右维度的被试学得还慢。这项精妙的研究表明，儿童能主动学会不必对无关维度做出反应，但若规则有变，他们就很难发觉之前的无关维度已变作相关维度。

最后只需再回想一下上一章我们提到的种种其他证据，就不难发现，这些证据全都表明率先习得的无关性会干扰之后对相关性的学习。[8]

情绪障碍

创伤性事件首次发生时会引发一种情绪亢奋的状态，姑且可称之为恐惧。直至以下两种情况出现其一，这种状态才会被打破：被试要
54 么发现他可以控制创伤，恐惧得以缓解，乃至彻底消失；要么发现创伤不可控，恐惧逐渐减弱，让位于抑郁。

譬如，当大鼠、狗或人类遭遇不可逃脱的创伤时，第一反应都是疯狂挣扎。我认为，恐惧就是这种情境下的主导情绪。如果被试学会了控制创伤，疯狂挣扎就会转变成一种有效而冷静的反应。如若创伤不可控，挣扎之举最终则会变成我所说的无助状态。而这种状态下的主导情绪，我认为是抑郁。同样，若一只幼猴被迫与母亲分离，这种创伤性体验会令其痛苦不堪。[9] 幼猴发疯般上蹿下跳，发出求救的哀号。此时可能发生两种情况：母猴闻声而返，幼猴又能控制母亲了，痛苦随之消散；若母猴并未回来，幼猴终会意识到它无法令母亲回来，抑郁渐渐代替恐惧。幼猴不由蜷缩成团，呜咽不止。事实上，这一系列反应在所有我们观察过的灵长类动物之中都存在。

罗斯和布特津（S. Roth & R. R. Bootzin, 1974）最近完成的一项研究人类无助感的实验，也证实了类似的反应过程。大学生被试先分别解答有解问题与无解问题，然后被带往第二个房间，屏幕上有一组需要解决的新题，每一题都保证有解。每出 10 题，屏幕就会变模糊。此前解答过无解问题的被试率先要求实验人员修理屏幕，从他们起码愿意寻求帮助这点来看，无解问题似乎并未让他们变得无助，而是变得更焦虑更挫败了。但实际上，这组被试几乎解不开屏幕上的问题。研究人员对此的假设是，不可控性首先引发的是挫败感，若不可

控事件层出不穷，挫败感终将让位于无助感。罗斯和库巴尔（Roth & Kubal, 1974）的研究证实了这一假设，当被试不断遭遇不可控事件或是将失败看得很重时，他们所表现出来的是无助，而非寻求帮助。 55

恐惧和挫败也可以被看作一种动力，为应对创伤而进化出来的动力。正是恐惧激发了被试在第一时间做出反应去控制创伤。一旦创伤得到控制，恐惧失去用武之地自会衰退。如若被试始终不确定自己能否控制创伤，恐惧就一直会发挥效力，因为恐惧能促使被试不断寻找可能有效的反应。而一旦被试确信创伤无法控制，恐惧同样会衰退——因为此时恐惧会令被试在无助的情境中白白消耗大量精力，堪比雪上加霜。于是，抑郁便取而代之。[10]

许多理论家探讨过有机体控制环境的需要和内驱力。怀特（R. W. White, 1959）在其经典论述中提出了**胜任力**（competence）的概念。他认为学习理论家和精神分析学家都忽略了有机体对控制的基本需求。在人和动物的生活中，对控制的需求可能远比对性、食物和饮用水的需求更为普遍。譬如，幼童的玩耍行为并非受"生理"因素的驱动，而是受胜任力的驱使。无独有偶，卡瓦诺（J. L. Kavanau, 1967）也认为对野生动物来说，反抗强迫的需求比交配、食物和水源都更为重要。他发现白足鼠被捕获后，会耗费大量的时间和精力抗拒实验操作。如果实验人员打开电灯，它们会想尽办法关上它。如果实验人员关了灯，它们又会把灯打开。

在我看来，不论是对胜任力的需求还是对反抗强迫的需求，都是为了避免无助。这些需求与无助理论中的情绪前提一脉相承。既然无助能引发恐惧和抑郁，那么为避免无助所采取的行为也能避免这些厌恶性的情绪状态。胜任力可能是一种避免由无助引发的恐惧和抑郁的内驱力。[11]

综上，我们的无助理论如下：预期结果独立于反应，（1）削弱了控制结果的动机；（2）干扰了对反应能够控制结果的学习；（3）如果 56

结果具有创伤性，只要被试不确定结果是否可控，就会一直处于恐惧之中，而后变得抑郁。

治疗与预防

无助理论提出了无助感出现后的治疗之法，以及未雨绸缪的预防之道。如果预期反应无效是妨碍反应触发的症结所在，那么扭转预期，就应当能治愈无助。我和诸位同仁摸索了很长时间均未成功：首先我们撤去了穿梭箱中间的挡板，如此一来，受试狗甚至一伸舌头就能舔到另一侧的安全区，但它就是趴着不动。而后我开始在穿梭箱的另一侧呼唤它，可它还是一动不动。我们只好让狗饿着，再在安全区放置一些希伯来国民公司（Hebrew National）生产的香肠[12]，怎奈它依旧不肯挪动半步。我们试图借助这些手段诱使被试在受到电击时做出反应，进而意识到它的反应能够中止电击。最终，我们将一只无助的狗带给行为治疗师詹姆斯·吉尔（James Geer）看了看，他说："这要是我的病人，我会踹他一脚让他动起来。"吉尔的办法奏效了：这种办法在无助的狗和大鼠身上屡试不爽。[13]就我们的实验来说，我们应当**强迫**无助的狗做出反应——如有必要，还应不断重复——这样它才能发现来回穿梭可以中止电击。为此，我们卸掉挡板，给狗拴上狗绳，在 CS 呈现与电击释放之间的缓冲期内，拽着它们来回往返于穿梭箱中。被试移动到另一隔间后，电击就会中止。

完成 25 至 200 次拖曳后，所有被试都开始做出自主反应了。一
57 旦被试有所反应，我们便逐步升起挡板，被试仍能继续回避电击。无助能彻底治愈，不会反弹，我们在 25 只狗和不可胜数的大鼠身上进行了反复验证。值得一提的是被试在拖曳过程中所表现出来的行为。起初，我们必须用尽全力将受试狗拖曳到穿梭箱的另一侧。它们往往一动不动，身子死沉，全靠人力拖曳，有时甚至还会抵抗。随着训

练的深入，我们越来越省力了。到后来，我们只需轻轻牵动一下狗绳，就能令狗行动起来。最终，每只狗都能主动发起反应，再未逃脱失败。

多次做出正确反应后，受试狗就能认识到反应与脱困之间的关联性。治疗的关键在于在被试开始做出自主反应之前，那些繁杂的“引导治疗”必不可少。我们观察到的这种现象验证了不可逃脱的电击对认知和动机的影响：不可控性降低了遭受电击时触发反应的动机，削弱了将反应与脱困联系起来的认知能力。

医学上的丰功伟绩多源自预防，而非治疗。我敢打赌，接种疫苗所挽救的生命远比病后治愈的多得多。而心理治疗的手段几乎都是治疗性的，鲜少看到预防的身影。通过对狗和大鼠的研究，我们发现无助理论提出的**行为免疫**（behavioral immunization），是预防习得性无助的一种简单而有效的办法。

早前有过创伤控制体验能防止形成反应与电击中止相互独立的预期，就像不可控的电击体验会妨碍被试认识到反应能够脱困一样。为验证这一点，我们让一组狗先进行 10 次穿梭箱回避训练，然后再上吊床接受不可逃脱的电击。[14] 这样做消除了不可控电击对后续回避行为的干扰。也就是说，在吊床上接受过不可逃脱电击的免疫狗，24 58
小时后进入穿梭箱反应如常。另外还有一个有趣的发现：先在穿梭箱中接受过跳跃回避训练的被试，上了吊床后其触碰面板的次数是普通狗的 4 倍，即便触碰面板根本无法控制电击。在实验中设置面板，旨在测试被试有意控制电击的迫切程度。戴维·马奎斯（David Marques）、罗伯特·雷德福（Robert Redford）和我针对这一发现进行了深入研究，首先让狗在吊床上学习触碰面板逃脱电击，接着还是在吊床上向被试施加不可逃脱的电击。先前控制电击的体验使这些被试在最终的穿梭箱训练中免于无助。据我所知，针对免疫的参数研究现在还是一片空白。要克服一定量的不可控性，需要达到怎样的免疫程度？是否存在一种免疫程度，能令有机体彻底免于无助？是否存在一定量的不可控性，能令所有免疫无效？

我们在其他实验中也发现，控制创伤的体验能保护有机体在不可控创伤中免于无助。如前所述，生活经历不详的受试狗陷入无助的概率具有统计效应：接受不可逃脱的电击后，近三分之二的被试变得无助，余下三分之一反应如常。还有 5% 的对照组被试并未接受不可逃脱电击的预处理，却仍在穿梭箱中表现无助。为什么有些狗会变得无助，有些狗却不然？那些接受了不可逃脱电击却没有变得无助的狗，在进入实验室之前是否有过控制创伤的体验，譬如引领族群，喝退小孩？为验证这一假设，我们在实验笼中单独饲养每只受试狗。[15] 相比生活经历不详的外来狗，这批狗几乎体验不到什么控制感，食物和水
59 都是人为提供的，它们也很难接触其他同类或人类。实验证明圈养狗更易无助：生活经历不详的外来狗一周接受 4 轮不可逃脱的电击才会变得无助；而圈养狗只需在吊床上接受 2 轮不可逃脱电击就会变得无助。另有研究报告，隔离饲养的狗往往无法学会逃脱电击。[16] 在成长过程中没有机会控制强化物的狗，可能比自然免疫的狗更易无助。

说到这里，必须得提及里希特（C. P. Richter, 1957）研究野鼠猝死的惊人发现。里希特先用手攥住野鼠，直至其不再挣扎，而后将被试投入无法逃脱的水箱，不到 30 分钟野鼠即溺亡。而此前未被人攥住的野鼠则不同，它们会在水中游上 60 个小时才力竭而亡。里希特运用与我们的免疫操作相类似的方法防止被试猝死：他攥住野鼠而后放开，再攥住，再放开，就能避免被试猝死。另外，如果攥住后直接将野鼠投入水中，然后捞起来，再投进去，再捞起来，如此反复也能避免猝死。这套流程与我们对无助狗的处理类似，可以让野鼠体验到对创伤事件的控制感，从而使其免于不可逃脱的创伤造成的猝死。里希特推测猝死的关键变量是“无望”：对野生动物而言，被捕食者紧紧攥住，就是一种对环境失去控制的强烈体验。无助致死的现象不可

小觑，为此我将在最后一章以专章论述。

无助的限度

既然我们或多或少都体验过一些不可控性，为何不是人人都时刻处于无助之中呢？

假设有天早上我搭火车去上班。列车的运行原理我不甚了了，驾 60
驶员我也不认识，我只能无助地坐在车厢里。但下车后我一切如常，并未表现出无助的三种影响。是什么限制了无助造成的影响？

关键原因是不可控的体验和由此形成的不可控预期之间脱了节。在什么样的情况下，即使发生了不可控事件，也**不会**形成相应的不可控预期呢？我推测至少有三个因素能够限制不可控的预期：持有相反的预期、辨别不同的控制情境和比较结果的相对强度。

过去成功控制某一结果的体验，使有机体形成了结果可控的预期。即便被试后来面临的情境不可控，他也很难相信这种不可控性，这便是免疫的核心。毫无疑问，先入为主的预期是一把双刃剑。哪怕结果可控，之前的不可控体验也会让人难以相信结果可控。事实上，这一发现源自我们的无助实验范式：即便面对可控电击，无助狗仍会认为电击不可控。

辨别不同的控制情境是防止无助泛化的第二种限制因素。譬如一个人在自己的办公室里很有控制力，到了火车上则处于无助之中，他会辨别这两种不同情境的可控性。就像那些在穿梭箱中学会控制电击的狗一样，哪怕它们在吊床上是无助的，但一回到穿梭箱它们仍能逃脱电击。同理，乘火车的无助感不会影响我办公。德韦克和雷普奇
（C. S. Dweck & N. D. Reppucci, 1973）报告了在校儿童对无助情境 61
的辨别控制：之前问过学生无解问题的老师随后提出有解的问题时，学生依然答不上来；但同样的有解问题换其他老师来问，学生则对答如流。不过，史蒂文·迈尔在一项未发表的研究中发现，无助的狗缺

乏辨别控制情境的能力。当提示音响起时，被试可以在吊床上触碰面板逃脱电击；而当灯光亮起时，电击则不可逃脱。令人失望的是转移到穿梭箱后，不论是亮灯还是响铃，被试都表现得无助。

要对无助情境有辨别性地加以控制，不一定非得用提示音或灯光。只要告知被试（尤其是让“权威人士”告知被试）事件不可控，就会致使被试形成不可控的预期，哪怕他根本没亲身体验过事件的关联性。反之，如果得知事件可控，被试也能略过关联性体验直接形成预期。回想一下之前的实验，仅仅是告知被试他有一个应急按钮可以关掉噪声，即便他根本不用，亦足以免受无助的影响。

最后一种能限制无助发生情境迁移的因素是比较两种情境的重要性：无助容易从创伤较大的要事，泛化至创伤较小的琐事，反之则不行。比如我相信即便我发现办公大楼的电梯不可控，也不会影响我做学术辩论。但假使我突然在学术上受了挫，则很可能没心思按下按钮催促电梯早点来。鲍勃·罗塞里尼（Bob Rosellini）和我发现，给予大鼠非常轻微的不可逃脱电击后，再用相同强度的电击测试大鼠的逃脱反应，被试在测试中会稍显无助：它们的逃脱表现比未经电击预处理的大鼠差一些。而如果在预处理和测试中均换用强电击，无助大鼠
62 的逃脱表现将远逊于未经电击预处理的大鼠。就我所知，目前还没有实验证据表明，由琐事引发的无助会迁移至重要情境，唯有由要事引发的无助一定会迁移至相对琐碎的情境。

替代学说

无助理论完全契合第三章列举的研究数据，而且事实上，无助理论早已预测出了其中大部分情况。此外，它还提出了行之有效的防治之道。过去 10 年，学界涌现了不少替代学说。[17] 所有这些另辟蹊径的解释都未能全面解释无助所造成的广泛影响，相反，他们着重于解

释不可逃脱的电击为何会干扰之后的逃脱行为。

对抗性运动反应

传统学习理论不仅保守地认为有机体能习得的关联性非常简单，而且对有机体能习得的内容也持保守态度。比如，学习理论家会承认鸽子学会了啄击按键获取食物的反应，但不会承认鸽子学会了唯有啄击**这个**按键才能获取食物的这种关联性。这种认知往往被排除在动物（乃至人类！）的学习领域之外。学习理论之所以如此保守是意在追求可观测性和简单性：反应学习是可以直接观测到的，而认知只能靠推断。此外，学界一向认为反应学习简单而基础，而认知则是层层衍生的复杂过程。虽然近 20 年来，学习理论的这一争议已尘埃落定，但在此仍有必要探讨一下反应学习理论能否替代我们的无助认知理论。

为何无助的狗无法在穿梭箱中回避电击？不是因为它们意识到了
反应无用，而是因为它们在吊床上学会的运动反应，刚好与穿梭箱 63
训练所要求的跳跃动作相互矛盾。这种对抗性反应可能有三种学习途径。

第一种基于迷信强化的假设认为，在吊床电击中止的那一刻，被试碰巧做出了某种运动反应。电击中止的神奇瞬间强化了该运动反应，从而提升了被试在下次电击中止时做出相同反应的概率。如此一来，这种反应将变得根深蒂固。如果这种反应与跳过挡板的动作并不相容，被试在穿梭箱中受到电击时就不会跳过挡板。

这种观点经不起实证检验：我们细致地观察了参与实验的狗和大鼠，并未发现任何存在迷信反应的证据。何况这种说法在逻辑上也站不住脚：若真存在某种受到电击中止强化的迷信反应，该反应理当频繁再现，不论是在电击中止还是在电击释放时都可能反复出现。这种反应在受到电击中止强化的同时，还会受到电击持续释放的惩罚，因此反应出现的概率应当降低才是。此外，纵然这种反应是在接受穿梭箱测试之前习得的，但在测试中被试承受了长达数百秒的电击，为何这种反应还会继续出现？它似乎早该消退了。

第二种假设认为，被试的主动反应可能碰巧受到电击释放的惩罚。这种迷信的惩罚降低了被试在吊床上主动做出反应的可能，并泛化至穿梭箱。这种假设和迷信强化具有同样的逻辑漏洞。既然主动反应会受到电击释放的惩罚，那也理应受到电击中止的强化。而且，若惩罚消除了主动反应，被动反应出现的频率就会增加。此时，电击释
64 放的惩罚又会开始消除被动反应，从而提升主动反应出现的频率，如此周而复始。另外，纵使被试真在吊床上因迷信的惩罚而习得了被动反应，但在穿梭箱中承受了数百秒电击后，这种反应为何还未消退？诸位读者恐怕已经意识到这种迷信的运动反应所做的解释有多么随心所欲，以及为何不管什么情形他们都能“解释”——马后炮。

第三种假设认为，动物在吊床上做出了某些特定的运动反应，减轻了电击的强度。这一明显受到强化的运动反应，可能有碍被试跃过挡板。但实际上因为吊床上的不可逃脱电击是通过电极片传导的，所以不论被试做出何种运动反应都不太可能改变电击的强度。不过，也许存在一些不为人知的运动模式，可以缓解疼痛。但奥弗米尔和塞利格曼（Overmier & Seligman, 1967）的研究排除了这种可能：受试狗在吊床上接受不可逃脱的电击时，全程处于被箭毒麻痹的状态，肌肉根本不听使唤。转移至穿梭箱后，这组被试和未经麻痹处理的无助狗一样，无法学会逃脱电击。对照组的被试只被麻痹了，没接受电击，随后却能如常逃脱电击。假使被试在麻痹状态下仍有办法弱化电击，那也绝非动用肌肉做出运动反应。

不论无助的反应是如何产生的，我们都有理由相信无助不是一种对抗性运动反应。迈尔（S. F. Maier, 1970）的被动-逃脱实验最为有力地驳斥了这类假设。有批评者认为，被试在不可控的创伤中习

得的不是我们所提出的无助的认知定势，而是僵直[18]之类的运动反应，这种运动反应与跃过挡板的动作不相容。为了回应这类批评，迈尔在实验中强化了他所能找出的最不相容的反应。诸位读者应该还记得，被动-逃脱组的头顶及身体两侧均环绕着触控面板，距离被试不过约 0.6 厘米远。受试狗唯有保持头部端正，被动地静止不动，才 65
能中止电击。共轭组也在吊床上接受同样的电击，但无法控制电击。第三组被试不接受电击。据反应学习理论预测，稍后进行穿梭箱回避测试时，被动-逃脱组将最显无助，因为它们此前经历过**明确的**训练，面对创伤要保持不动。无助理论的预测与此相反，被动-逃脱组虽然行为被动，但它们能够控制电击。它们能够做出反应成功脱困，哪怕是需要做出与之前互不相容的反应，因为它们并不相信反应无效。被动-逃脱组应该能够学会跃过挡板回避电击，事实证明确实如此。大鼠实验与之类似：如我们在第三章中介绍过的那样，不可逃脱的电击不太可能让大鼠习得对抗性反应，因为大鼠随后仍能轻易完成单向穿梭或是单次的按压控制杆任务。唯有需要做出两种乃至多种反应时，大鼠才会表现出无助。[19]而如果是对抗性反应对被试的第二、第三反应造成了干扰，理应也对被试的第一反应造成相同程度的干扰。

虽然反应学习理论是解释行为的一大利器，但它无法解释无助——无助不是反应系统发生的次要变化，而是整个有机体产生的核心变化。

创伤适应、情绪耗竭与敏感化

另有几个动机假说也试图解释被试接受不可控电击后逃脱失败的原因。创伤适应和情绪耗竭理论均认为，动物接受不可控电击后会对创伤产生适应性，**漠然以对**，不再发起反应。它们要么精疲力竭要么 66
习以为常，动机水平低下。这种理论依旧不可信，原因如下：

（1）动物看起来并未产生适应性：逃脱–回避训练刚开始时，被试在电击中慌乱不已；之后虽变得越发被动，但遭受电击时它们仍会叫喊。

（2）从未有直接的疼痛研究证实，有机体能对高强度、高频率的电击产生适应性。

（3）即便真的产生了适应性，引发无助的预处理和逃脱–回避训练之间的间歇期也足以消除这种适应性。

（4）我们的实验推翻了创伤适应假说。布鲁斯·奥弗米尔和我大幅提升了穿梭箱中的电击强度，但这并未减轻不可逃脱电击预处理的干扰作用；受试狗越发坐立难安，但就是不会尝试逃脱。如果被试在穿梭箱中毫无反应或者反应迟缓，仅仅是因为适应电击后动机不足的话，那提升电击强度就应该能引发反应。

（5）在吊床上施加的各种强度的可逃脱电击，均不会妨碍被试跃过挡板；然而同样的电击，只要是不可逃脱的，就会引发无助。可逃脱电击与不可逃脱电击本应引发相同强度的适应性或情绪耗竭，但事实上二者的影响截然不同。

（6）受试狗若先在穿梭箱中学习回避可逃脱电击，而后转移至吊床接受不可逃脱电击，最终再次返回穿梭箱时，被试仍能做出有效反应。预先进行的回避训练没有理由能减弱不可逃脱电击所导致的创伤适应和情绪耗竭。

（7）我们拽着受试狗在穿梭箱中来回越过挡板，能克服被试无法逃脱电击的行为缺陷。强行让被试认识到这种关联性，没有理由能减弱被试的创伤适应和情绪耗竭。

67 另一种与此互补的动机假说提出了敏感化的可能。这种观点认为，被试之所以逃脱失败是因预处理时的电击令其手足无措，方寸大乱，以致无法发起任何适应性反应。这与我们理论中的情绪前提是一致的，即不可逃脱电击会增强被试的情绪体验，但这并未对基本的实验数据做出解释。如果预处理中的不可逃脱电击对被试刺激过度，那减轻穿梭箱中的电击强度就应该能引发被试做出反应。但我们发现，即便穿梭箱中的电击微乎其微，也**无法**消除不可逃脱电击的干扰作用。此外，上文中的第 5～7 条论据不仅驳斥了创伤适应假说，也足以推翻敏感化假说。

狗和金鱼的无助感的确遵循一定的时间进程，这使得情绪耗竭理论特别容易为人所接受。为什么单轮不可逃脱电击所引发的无助感，48 小时后就会消退？为什么一度陷入情绪低谷的灾难症候群患者，48 小时后就能恢复心情？

最容易想到的答案是某种物质一度消耗殆尽，而后又得到了补充。本章稍后我们将看到，有观点认为在不可控的创伤体验下，**去甲肾上腺素**（NE）可能会耗尽，大约需要 48 小时才能恢复如初。[20] 除此之外，还有一种学习理论的解释也有一定的可能。如前所述，多次经历不可控的体验会消除无助的时间进程。那么反复暴露于不可控的环境中，是否会阻碍损耗物的恢复呢？有可能。但细想之下人和动物在经历不可控的创伤前，对于生命中的重大事件往往早已积累了丰富的控制经验。假设有机体先学会了 A 与 B 之间的联系，再学会与之互斥的 A 与 C 之间的联系，那么二次学习的记忆将不太牢靠，会逐渐淡化。如果我在你二次学习后立马问你 A 后面是哪个字母，你会答 C；但隔几天我再问你，你很可能就会答 B。这就是常用于解释
遗忘的**前摄抑制**（PI）。[21] 不管对象是人还是动物，前摄抑制（和由此 68
而来的遗忘）会随着时间而增强，可能正是这种遗忘造成了无助的消解。接受不可逃脱电击 24 小时后，被试形成了反应无法控制电击的预期，而早期的可控性记忆已然淡化，不足以抵消被试的新预期。48 小时后，可控性记忆重新占据上风。无助感之所以会持续一阵子是因为不可逃脱的电击体验令无助感倍增，以致曾经的可控性体验暂时无法与之匹敌。无助的时间进程究竟是一种生理现象还是遗忘现象，还有

待今后的研究。我个人的推断是，就单纯的无助和抑郁而言，身心两个层面的现象往往具有协同性。

无助的生理研究

虽然我选择从行为与认知的角度解释不可控性带来的动机、认知和情绪障碍，但我并没有要排除生理原因的意思。相反，这不过反映出就目前来说，我们对无助的认知和行为基础了解得比较多，对生理基础知之甚少。但毫无疑问，无助感一定具有相应的神经和生化基础，以下两位研究者就提出了相当新颖的生理学理论。

韦斯及其同事初步发现了不可控电击造成的一些生理影响：共轭组大鼠除体重减轻和出现胃溃疡外，其脑组织也出现损伤。[22] 去甲肾
69 上腺素（NE）是一种基本的**肾上腺素能**神经递质，中枢神经系统中的神经元通过这种化学递质向另一神经元发送信号。（**胆碱能**物质是我们关注的另一种基本神经递质。）韦斯发现若大鼠能够控制电击，其脑内的 NE 水平会高于未受电击的大鼠；但若电击不可控，NE 水平则会下降。韦斯在此基础上提出，无助可能是 NE 耗竭所致。

他认为不可逃脱电击造成的各种缺陷与有机体的学习或认知无关，**纯粹**是 NE 耗竭所致。不可逃脱的电击会导致体重减轻、食欲不振、胃溃疡和 NE 耗竭。这些缺陷反过来又致使有机体逃脱失败，活动水平普遍下降。韦斯认为，NE 耗竭是引发无助行为的充要条件，不一定非要形成无助的认知。

韦斯有项研究验证了他的观点，他将大鼠投入刺骨的冷水中，让它们游上 6 分钟。相较其他实验处理，这种做法会耗尽 NE。半小时后将大鼠转移至穿梭箱接受回避训练，大鼠表现出无助。而在温水中游 6 分钟不会耗尽 NE，也不会引发无助。还有一种具体的 NE 耗竭剂——α-甲基对位酪氨酸（AMPT）也会导致大鼠无法回避电击。[23]

韦斯在他最引人注目的研究中，试图用生理解释驳斥认知理论。他连续 15 天向大鼠施以不可逃脱的强电击，最初的确造成了 NE 耗竭。但不知为何，待到为期 15 日的实验全部结束时，被试的 NE 并未消耗殆尽。认知理论预测，大鼠接受了那么多不可逃脱的电击，最后应当无助至极；而 NE 耗竭理论则将认知视作无关因素，预测大鼠不会无助。结果这批大鼠和未受电击的对照组一样逃脱自如。这是一个重要的实验证据，但在批评 NE 假说并探讨其意义之前，我想先介绍另一个激动人心的探索无助生理基础的新发现。

在此先简单讲解一下高级哺乳动物大脑中的神经束。内侧前脑 70
束（MFB）是大脑中的一大束神经纤维，刺激这一生理通路可以引发愉悦感和正性奖励。[24] 顺便一提，MFB 也以去甲肾上腺素作为主要的神经递质。与之相邻的胆碱能结构名为脑隔膜，受到刺激会关闭或抑制 MFB。托马斯发现直接用电刺激猫的脑隔膜，猫会变得被动而昏沉 [25]，对奖励缺乏兴趣，对惩罚也安之若素。于是，托马斯提出造成无助的原因是能抑制 MFB 的脑隔膜受到了刺激。

为验证这一观点，托马斯利用不可逃脱的电击让猫习得无助。每只猫的脑隔膜上都插着一支小型皮下注射针。托马斯将阿托品（一种胆碱能阻断剂，能阻断脑隔膜活动）注入接受过不可逃脱电击的猫的脑隔膜。这组被试在穿梭箱训练中并未表现出无助，倒是那些接受过不可逃脱电击而未注射阿托品的被试陷入了无助。托马斯再次在吊床上对所有猫施以不可逃脱的电击，而后放回穿梭箱。之前无助的猫此时接受了阿托品注射，无助得以痊愈。上次注射过阿托品的猫原本能完成穿梭箱训练，但这次不再注射阿托品后，它们成了无助组。该实验证实了托马斯的想法，即无助可以用脑隔膜中的胆碱能活动来解释，因为用阿托品阻断胆碱能活动可以消除无助。

这些研究 NE 耗竭和胆碱能活动的实验，无疑有利于我们找到无助的生理基础，或许还能找出抑郁的生理基础。但是这些研究对我所提出的无助的认知理论，究竟预示着什么呢？找出答案的方法有两种：弄清（1）NE 耗竭理论解释了哪些认知理论无法解释的现象，以
71 及（2）认知理论解释了哪些 NE 耗竭理论无法解释的现象。

NE 耗竭研究的大部分实验数据与认知理论并行不悖。事实上，这些研究可能会帮助我们认清无助认知的神经基础和生化基础。例如，大鼠体内的 NE 耗竭遵循的时间进程，有些类似狗接受单轮不可逃脱电击后变得无助的时间进程。这可能是因为无助感的习得与消退是引发 NE 耗竭的根源所在，也可能是因为 NE 耗竭与认知息息相关。这并不能说明认知是无关因素，甚至也不能说明是 NE 耗竭引发了认知改变。同理，阿托品之所以有效可能是引发了一种与无助相悖的认知，这种认知上的改变继而导致了行为上的变化。稍后我将在第五章提到，阿托品似能逆转人的抑郁认知。

那么在冷水中游泳为何会妨碍被试逃脱电击呢？认知理论从未宣称，**只有**不可控的认知才会导致被试无法逃脱电击。截掉动物的双腿也会阻碍逃脱，但这并不意味着不可逃脱的电击是通过“截肢手术”致使被试逃脱失败的。我们效仿韦斯把大鼠放入冷水中游上几分钟，等捞出来时，它们浑身麻木、奄奄一息。缅因州的划艇运动员都知道，如果在冷水里翻了船，你只有几分钟时间泅渡上岸，否则就会冻死。韦斯的大鼠浸过冷水 30 分钟后之所以无法逃脱电击，很可能不是因为 NE 耗竭，而是因为它们已然奄奄待毙。

连续 15 日的不可逃脱电击实验，对我们来说解释起来要更棘手一些。就实验中 NE 水平的变化而言，认知理论并未对与认知相关的化学变化做出任何预测，既然如此就谈不上与该发现相抵触。但对于接受了 15 日不可逃脱电击的大鼠的情况，认知理论的预测与 NE 耗
72 竭理论完全相反。史蒂文 · 迈尔及其同事，连同罗伯特 · 罗塞里尼和我共同再现了韦斯的研究。我们令大鼠接受 10 或 15 日的不可逃脱电击，最终的实验结果与韦斯截然不同：这批大鼠接受预处理后根本无

法回避电击。韦斯的 15 日研究恐怕有待进一步实证探索。

与此同时，尚有大量实验数据是 NE 耗竭理论无法解释的，而认知理论却很能说明问题。在此列举一二：解答无解的辨别问题不可能令人类或饥鼠耗尽 NE，但被试之后却无法解开其他问题。接受无关联性的食物不可能耗尽大鼠的 NE，但被试之后却无法学会按压控制杆获取食物。接受过单轮不可逃脱电击的大鼠和接受过数轮不可逃脱电击的狗会永久性地变得无助，而 NE 的耗竭却是暂时的。同样，断奶前接受过不可逃脱电击的大鼠，成年后无法学会回避电击，但大鼠耗尽的 NE 应该早在成年前就恢复如初了。接受过不可逃脱电击的大鼠 24 小时后乃至一周后，在旷场试验中的活动水平都与对照组相当，但它们却无法学会回避电击。按照 NE 耗竭理论的预测，预处理 24 小时后被试应当不爱活动且无法回避电击，但一周后情况就会得到改善才对。接受过可逃脱电击从而对无助产生免疫性的大鼠和狗，再接受不可逃脱电击也不会变得无助，那么为什么早先的可控性学习体验能够避免 NE 消耗殆尽呢？如果 NE 耗竭只是通过降低被试的活动水平来影响被试的行为，那么为什么在 FR1 训练中延迟电击中止的时机令其中关联性难以察觉，大鼠就会逃脱失败？最后，强行拖曳大鼠或狗进行反应，向它们演示关掉电击的方法能打破无助，而没有规律地胡乱拖曳却无法治疗无助，我们没有理由认为有规律的拖曳会令被试的 NE 水平骤然复原。事实上，向注射过 NE 耗竭剂 AMPT 的大鼠，演示回避电击的方法可以破除无助。[26]

故而，认知理论能够解释 NE 耗竭实验的研究数据，NE 耗竭的 73
研究发现有助于解释有机体的不可控认知。然而单从 NE 耗竭的角度却不足以解释认知理论预测出的诸多现实情况，因为 NE 耗竭似乎并非产生习得性无助的充要条件。

假如将来有研究证实脑隔膜活动或 NE 耗竭是无助的重要表现，那么引发无助的**原因**又会是什么呢？是生理变化引发了认知转变，还是认知转变引发了生理变化？这个问题相当难解。

许多外行人认为各门学科具有金字塔似的等级结构——物理解释化学，化学解释生物，以此类推直至最底层的经济学或政治学。心理学界也有类似观点，认为生理基础引发相应的行为和认知，而行为和认知却不能反过来引发生理变化。但因果关系往往是双向的。一方面，低血糖这种生理变化能引发疲劳和虚弱的感受。另一方面，如果你得知家里着火了，这个消息所形成的认知会刺激肾上腺素分泌，导致出汗、口干舌燥等生理现象。同样，经济学上的基准利率变动，也会引发华尔街投资者生理上的心率变化。

有机体在无助状态下的生理与认知，也呈现出互为因果的关系。正如托马斯的研究所示，直接阻断脑隔膜活动可以减轻无助感；但他没有对行为或认知进行操控，所以在其实验中，可能是生理变化引发了行为乃至认知的变化。与此同时，我们拽着无助狗在穿梭箱中来回穿梭，向被试展示反应有效，这种认知扭转了被试无助的行为，势必会引发相应的生理变化。此外，请别忘了我们的三元实验范式：可逃脱电击与不可逃脱电击不存在物理上的差别，二者的差别唯有靠认知
74 才能分辨。正是这种认知的变化，引发了生理、情绪和行为的一系列变动，从而共同酿成无助。

认知和生理因素都会对无助感产生影响。这两个层面上的变动往往协同起效，但有迹象表明，**单独**一方也能引发无助。NE 耗竭或脑隔膜活动是否足以让深信事件可控的人和动物变得无助，还有待将来的深入研究。假如真能令这样的被试变得无助，NE 耗竭和脑隔膜活动是改变了被试的认知，还是直接引发了无助的行为？反之，若人为提高动物的 NE 水平或阻断脑隔膜活动，单靠习得不可控的认知又是否足以让被试变得无助？如果这些被试逃脱成功，它们能认识到电击的可控性吗？还是说它们虽然能逃脱电击，却仍认为电击不可控？下一章探讨抑郁时，我们会再次谈到这个问题：抑郁究竟是一种生理障

碍，还是情绪或认知障碍？答案异曲同工：这三个层面的变化相互作用，最终导致抑郁。

我提出的无助理论认为，有机体遭遇不可控事件时能够认识到反应是无效的。这种学习削弱了反应的动力，严重干扰发起工具性行为的动机。当事件变得可控后，它还会进一步妨碍有机体习得反应的有效性，造成认知扭曲。如果有机体认识到自己的反应可以控制创伤，创伤所带来的恐惧就会减轻；如果有机体始终不确定创伤是否可控，则恐惧经久不衰；如果有机体发现创伤不可控，则恐惧会让位于抑郁。接下来我们就来看看这种人类最常见的精神疾病——抑郁。

75

第五章
抑郁

最近，一名 42 岁的企业高管离职后来找我咨询一些职业建议。起初是他妻子主动跟我联系的，她读了我发表的一篇论述无助的文章，希望我能跟她丈夫梅尔谈谈，因为他看起来正处于无助之中。20 年来，梅尔一路青云直上升入管理层。直至一年前，他都一直在一家市值高达数百万美元的公司里负责相关太空项目的运营。不料政府决定削减对太空探索的财政扶持，他丢了工作，被逼无奈换了一个城市做行政，他说新公司里充满了“勾心斗角”。忍受了六个月的痛苦和孤独后，他辞了职。一个月以来，他始终无精打采地待在家里，无心再找工作，稍有不如意就勃然大怒，而且拒绝社交，自我封闭。最终
76 妻子好不容易说服他接受了职业指导测试，以便找份称心的工作。

测试结果显示，梅尔经不起挫折，不善交际，难堪重任，适合从事常规的例行工作。职业指导公司建议他到装配线上去当工人。

这个建议令梅尔和妻子大为震惊，因为他拥有 20 年的高层管理经验，为人一向开朗、善于服人，智识也远非一般机工可比。但测试结果的确反映了他现在的心理状态：他认为自己能力不足，职业生涯一塌糊涂，任何小挫折都变成了不可逾越的障碍。他现在对旁人毫不

关心，连穿衣洗漱都觉得万分困难，遑论做出重大的工作抉择。不过这份心理侧写并未勾勒出梅尔的真实人格：相反它反映的是一个暂时性的心理过程，自他失业以来就一直纠缠着他的心理过程——抑郁。

抑郁是一种常见的精神感冒，影响着我们所有人的生活，但它却可能是所有主要精神疾病中最模棱两可、缺乏研究的了。我在本章提出了一个抑郁的习得性无助模型，希望有助于弄清这种精神障碍的原因、治疗和预防。

何为抑郁？梅尔以及在本书第一章中介绍过的那两位都是典型的抑郁案例：那位中年女性以前活泼好动，如今整日在床上以泪洗面。她的烦恼始于儿子离家上大学以及丈夫升迁。除此还有“金牌女孩”南希，高中时顺风顺水，升入大学后只感到空虚颓丧，觉得自己是个彻头彻尾的失败者。

这三位的经历我们能感同身受，因为我们每个人都曾感受过抑郁的情绪：我们郁郁寡欢，一点小事也心力交瘁，我们丧失了幽默感， 77
对任何事都提不起兴趣——哪怕是过去最有干劲的事。对大多数人来说，这类情绪并不常见，也不会久持；但对另外一些人来说，这类情绪反复出现、无处不在，甚至有致命的可能。及至如此严重的境地，原本大多数人不甚在意的一点情绪已然变成了一种综合征，一种精神疾病。随着抑郁逐步加重，沮丧之情与日俱增，生活的动力被蚕食殆尽，对世间一切都失去了兴趣。抑郁之人常有强烈的自我厌恶感，对自身的不足感到愧疚，自觉一无是处，认为无论如何都无法改善现状，未来漆黑一片。他可能会常常哭泣，形销骨立，要么彻夜难眠，要么在凌晨醒来无法继续入睡。食之无味，无心性爱，对身边所有人乃至妻儿都态度漠然。他可能会有自杀的念头，而当他越发想要解脱时，自杀的念头就可能转变成欲望，他开始制订计划，并予以实施。鲜有心理疾病能像重度抑郁一样剥夺人所有的活力，使人痛苦难当。

如今，抑郁在美国极其普遍，令人咋舌。除开我们偶尔会体验到的轻度抑郁，据美国国立精神卫生研究所估计，“可能有 400 万至 800 万美国人需要接受专业的抑郁治疗”。抑郁不似其他类型的精神疾病，它可能致命。“每 200 名抑郁患者中就有 1 人死于自杀。”这个估计值还很可能偏低。除了患者个人遭受的不估量的痛苦外，抑郁还造成了巨大的经济损失：仅是治疗费和患者耽误的工时，每年的损失就高达 13 亿至 40 亿美元。[1]

78

抑郁的类型

研究抑郁的文献往往相当混乱，因为抑郁的类型总是层出不穷。谈到分类问题，门德尔斯（J. Mendels, 1968）曾列出一些已知的抑郁亚型：

> 抑郁可以粗略分为精神性抑郁、神经性抑郁、反应性抑郁、精神反应性抑郁、更年期抑郁、激越性抑郁、内源性抑郁、心因性抑郁、综合征抑郁、初老期抑郁、老年抑郁、急性抑郁、慢性抑郁，当然还少不了躁狂性抑郁和忧郁性抑郁；除此还有由性生活引发的抑郁、酒精抑郁以及器质性病变所致的抑郁。

我认为所有这些抑郁亚型本质上都有一些共通之处。

内源性-反应性二分法（endogenous-reactive dichotomy）是公认最实用的抑郁亚型分类法。[2] **反应性抑郁**是迄今为止最为常见，也是我们最熟悉的抑郁亚型。约莫 75% 的抑郁源于对外部事件的反应，譬如丧子。反应性抑郁不会周期性发作，药物和电休克（ECS）等物理治疗效果不佳。反应性抑郁不存在遗传倾向，症状通常比内源性抑郁轻微一些。

内源性抑郁是对有机体内部一些未知因素或内源性生理过程的反应。这类抑郁并非因外部事件而起，会毫无征兆地侵袭患者。内源性抑郁通常具有一定的发作周期，有**双相**和**单相**之分。双相抑郁又称**躁狂性抑郁**——患者反复体验到一种情绪循环，依次经历绝望、中性情绪、极度活跃和表面上情绪高涨的躁狂状态，最终又落回中性情绪和绝望。20 世纪初，人们误将所有抑郁都称作躁狂性抑郁，但如今我 79
们知道抑郁往往不会伴随躁狂发作，躁狂也不一定伴随抑郁发作。单相内源性抑郁由绝望与中性情绪交替构成，没有躁狂发作。内源性抑郁适用于药物和 ECS 治疗，激素似乎也有效。这类抑郁可能具有遗传性 [3]，症状一般比反应性抑郁严重。

虽然抑郁的习得性无助模型主要关注的是反应性抑郁，但我认为内源性抑郁与反应性抑郁在心理上实则有许多相同之处。

抑郁的习得性无助模型

许多研究者曾多次在他们的实验中观察到明显的适应不良行为，并认为这类行为的背后可能是某种自然发生的精神疾病。巴甫洛夫（Pavlov, 1928）发现若辨别问题非常难解，受试狗已经建立起来的条件反射会随之瓦解。利德尔（H. Liddell, 1953）发现，绵羊反复多次接受有信号的电击测试后，最终不再做出屈肌的条件反射。巴甫洛夫和利德尔两人都发表声明称，他们证实了实验性神经症。马瑟曼（J. H. Masserman, 1943）发现饥肠辘辘的猫不肯在被电击过的隔间里进食，他声称他在实验室中诱发了恐惧症。他们对这类实验现象的分析都鞭辟入里，但若以为这些分析同样适用于真实的精神疾病未免难以服众。更糟糕的是，他们往往还使用了一些“似是而非”的论据，这些论据都很难证实。[4] 譬如，可有人**检验**过巴甫洛夫的狗患的不是强迫症或精神病，而确实是他所说的焦虑性神经症？我相信人类的精神疾病就和生理疾病一样，是可以在实验室里进行观测分析的。但是要做到这一点，仅凭“看起来像恐惧症”这种流于表面的论证是不够

80 的。因此，我想提出一些必要的基本原则，用以检验动物或人类在实验室中表现出来的某些现象，是不是人类精神疾病的自然模型。

基本原则

有四个方面的相关证据可以证明两种现象相似：（1）行为和生理症状；（2）病因或成因；（3）治疗；（4）预防。如果两种现象在其中一两个标准上具有相似性，我们就可以进一步寻找它们在其余标准上是否存在相似的预测，以此检验模型。假设习得性无助与反应性抑郁具有相似的症状和成因，而且强迫受试狗做出脱困反应能够治愈习得性无助，我们就可以预测出治疗人类抑郁的方法：治愈的关键在于让患者认识到自身反应有效。如果这一预测经检验后得到证实，模型便得以巩固；如被证伪，模型便值得怀疑。采用这种方法，我们一方面可以依据实验现象在真实的精神疾病中寻找对应的相似之处，另一方面也可能反过来利用实际经验巩固实验模型：例如，既然丙咪嗪能治疗反应性抑郁，那也应该能缓解动物的习得性无助。

一个适用的模型不仅具有高度可测性，还有助于深化我们对临床现象的定义，一般来说实验现象总是被界定得一清二楚，但落到临床上就变得模棱两可。譬如，我们可以试着辨析一下习得性无助和抑郁是否具有相似的症状。无助是种实验现象，判断无助与否必须要看是否出现了必不可少的无助行为。反观抑郁，不是所有患者都会出现同一症状，因为抑郁只是一个实用的诊断标签，它包含一系列症状，其中没有哪个必不可少。[5] 抑郁患者常常感到悲伤，但悲伤不是诊断抑
81 郁的必要依据。如果患者自觉并不伤心，但说话动作都很迟缓，常莫名流泪，上个月一下子瘦了十几斤，而且这些症状全都始于其妻去世，那么完全可以下抑郁诊断。行动迟缓也非诊断抑郁的必要依据，有些抑郁患者情绪相当激越。

实验模型不具备临床现象的开放性，它会用一系列必不可少的特

征框定临床概念，剔除临床上那些模糊不清的边缘概念。因此，如果我们的抑郁模型有效，以前被视作抑郁的一些现象可能就会被排除掉。“抑郁”这一诊断标签适用于消极的个体，他们认为自己做什么都无法摆脱痛苦，失去了一根重要的支柱后便一蹶不振，这是习得性无助模型的典型例子。然而，“抑郁”还适用于一些情绪激越的患者，他们会积极予以反应，而且也找不出陷入抑郁的明显外因。习得性无助不必反映抑郁的全部特征，它主要适用于那些反应迟缓的个体，他们自觉无力又无望，未来黯淡渺茫——这些表现均是个体失控时的反应，失去了对追求幸福、摆脱痛苦的控制。

疾病的定义和分类，通常在验证相关理论的过程中不断得以完善。身体起小痘曾是诊断天花的主要依据。而后天花的细菌理论得到证实，致病菌成为诊断天花的又一依据。于是，一些以前以为是天花的病例被排除掉了，而另一些过去被忽视的病例则囊括了进来。如果抑郁的习得性无助模型最终被证实有效，那么抑郁的概念可能就此改写：譬如习得性无助很好地解释了部分抑郁亚型，而类似躁狂性抑郁的另一部分亚型可能会被归为其他疾病。除此，一些原以为不是抑郁的现象，好比灾难症候群，可能会被视作抑郁。

抑郁与习得性无助的症状 82

前几章我们逐步介绍了习得性无助的六种症状，而抑郁也有类似的症状与之一一对应：

（1）自主反应减少——体验过不可控性的动物和人鲜少做出自主反应。

（2）消极认知定势——无助的动物和人难以认识到反应有效。

（3）时间进程——单轮不可控电击引发的无助会随时间而消散；反复遭受不可控电击后，无助不会自行消散。

（4）攻击性降低——无助的动物和人较少发起攻击性和竞争性反

应，他们可能会失去在群体中的支配地位。

（5）食欲不振——无助的动物胃口大减，体重减轻，缺乏交配和社交行为。

（6）生理变化——无助的大鼠去甲肾上腺素耗竭，无助的猫胆碱能系统异常活跃。

自主反应减少 抑郁者不论男女都不愿动弹，**抑郁**（depression）这个词的词根本身就含有活动量减少之意。最近我建议一位疏于打扮的女性抑郁患者，外出逛逛街买件新衣服。她的回答很典型："医生，这太难了，我做不到。"

针对抑郁症状的系统性研究，从多方面描述了这种行为表现：

> 离群索居，宁愿自己一个人，长时间卧床不起。
>
> 走路和日常行动明显迟缓。声音微弱，常一个人一言不发地呆坐。
>
> 自觉无力行动，做不了决定。
>
> "破罐破摔"，给人一种"行尸走肉"的感觉。[6]

83 意志瘫痪是重度抑郁的显著特征：

> 重度抑郁往往出现意志彻底瘫痪的症状。患者什么都不想做，哪怕是维持生存的基本事务。故而，除非有人敦促或者强迫他，否则患者会尽可能地保持不动。有时必须将患者从床上拽起来，帮他洗漱更衣，喂他吃饭。极端情况下，患者不愿活动的惰性甚至可能造成沟通障碍。[7]

抑郁的临床表现和**精神运动迟缓**的实验研究都观察到了这种反应触发减少的现象。抑郁患者在一系列精神运动测试中的反应时间总是慢于常人[8]——在其他精神疾病患者中，只有慢性精神分裂症患者才和抑郁患者一样慢。此外，抑郁患者甚至会放弃他们过去深为热衷的事。[9]

反应触发减少也可能是抑郁患者表现出各种所谓的智力缺陷的原因。例如，接受住院治疗的抑郁患者在发病期间智商测试得分较低，记忆新单词的能力也有所下降。[10] 值得注意的是，不论患者动机水平如何，智商和记忆力测试都绝非纯粹的智力测验。如果患者自认能力低下或者无能为力，他就不会努力争取好成绩：譬如做快速记忆或乘法题时，他无法像动机未受损的人那样又快又准地做出自主认知反应。因此，无助的信念会造成动机障碍，从而间接令抑郁患者表现出智力缺陷。

顺带一提，这个原因同样可以解释种族智商的差异性。詹森（Jensen, 1969, 1973）整理的实验数据极具说服力：美国黑人在智商测试中的得分比白人低 15 分，而且该测试还号称具有所谓的文化公平性。如果测试可信，我认为相比“智力”低下这种解释，我们更应该考虑动机障碍。由于历史原因，美国黑人自认比白人无助，这点根 84
本不足为奇，余下的我将在第七章再行论述。

社交缺陷也是抑郁患者反应触发减少的一种表现。艾克曼和弗里森（P. Ekman & W. V. Friesen, 1974）采用录像技术，研究了抑郁患者在与实验人员交谈时的一系列有趣的手部动作。谈话中的手势分为两类：**诠释性动作**（illustrators）晃动的幅度较大，用以强调和说明谈话内容。这类手势是自主性的、有意识的，如果你打断说话者，问他刚刚做了什么动作，他可以准确地加以说明。**适应性动作**（adaptors）幅度很小，如痉挛一般不由自主，好比抠鼻孔、拨头发。这类手势是非自主性的、无意识的，如果打断说话者，他往往意识不到自己方才的小动作。前来医院就诊的抑郁患者适应性动作很多，很少做出诠释性动作。待到病情好转，患者的诠释性动作增多、适应性动作减少，表明他能够如常触发自主反应了。

抑郁患者的其他社交反应也会减少。向抑郁患者问声“早安”，他要好半天才能回应。[11] 而那些需要答复的礼节性问题，譬如“你好吗？”，就更要命了。你只需与抑郁的朋友通次电话就能有所体会。

综上所述，自主反应减少这一习得性无助的定义特征，在抑郁中也相当常见。自主反应减少会引发行为被动、精神运动迟缓、智力迟滞和缺乏社交反应，严重的话还可能导致木僵。

消极认知定势 假设我成功说服刚才那位抑郁患者，出门买件衣服不算难事。接下来，她会借口说：“但我可能会坐错公交，而且即便我到了商店，也挑不到合适的尺码、款型和颜色。再说新衣服
85 旧衣服，穿我身上都一样难看，因为我本来就毫无魅力可言。”抑郁之人常不顾事实地自我贬低：一点小麻烦在他们眼中都是不可逾越的障碍，遇到问题就等同于失败，甚至成功也会被他们误解为失败。贝克[12]认为，这种**消极认知定势**（negative cognitive set）是抑郁的普遍特征。

抑郁患者的客观表现与他们对自身表现的主观评价相去甚远，虽然他们的客观表现一开始是有些不尽如人意。弗里德曼（A. S. Friedman, 1964）发现抑郁患者对灯光信号的反应比一般人慢，哪怕是常见物品他们识别起来也更花时间。但最令人惊异的是，他们对自身表现的预估差到不行：

> 研究人员将患者引入测验室后，患者当即就反悔了，说自己无法接受测试，乃至根本无法做任何事。他们要么情绪太糟，要么疲惫不堪、力不从心、心灰意冷等等……患者若之后在测试中表现不错，便不会再像刚开始那样频频表达放弃之意，说什么“做不来”“搞不懂”之类的话。

我们在实验室中测试抑郁患者时也发现了类似表现。如果在限时的智力测试结束后，询问被试做题做得慢不慢，他的自我估计总是慢于实际速度。

布置等级任务（graded-task assignment）是种治疗抑郁的新方法，我和同事在试用这一方法的过程中受到极大的震撼。向患者布置这项任务的常规指导语是："我有一些任务想请你完成。"一日，我和一位抑郁的中年女性融洽地聊过一阵后，把她带到测验室，开始说指导语。我刚一说到"任务"这个词，她突然失声痛哭，无法继续接受测试。一项简简单单的任务，在抑郁患者看来堪比扛鼎重任。

威廉·米勒和我在抑郁的学生和患者身上检验了习得性无助模型 86
的对应方面。[13] 如果习得性无助是一种抑郁模型，那么由不可逃脱的噪声或无解问题所引发的无助，应当表现出与自然抑郁类似的症状。我在第三章提到过，不可逃脱的噪声促使被试形成了消极认知定势：在之后的能力测试中，被试对测试成败的预期，始终鲜有变动（边码第 37 页）。在他们看来，能力测试的成败仿佛与运气测试一样，自身反应无足轻重。相比之下，接受可逃脱噪声和不接受噪声的被试在能力测试中会根据自己的表现大幅调整预期。而在运气测试中，他们的预期则保持相对稳定。所有被试均不抑郁。我们想知道在不经噪声预处理的情况下，抑郁本身能否引发无助的非抑郁被试所产生的那种消极认知定势。

依据我们的模型，抑郁并非一种泛泛的悲观主义，而是对自身能力持悲观态度。因此，我们让抑郁组被试和非抑郁组被试分别接受能力测试和运气测试。在这两项测试中，被试会经历同样的成败模式。我们发现抑郁和非抑郁被试起初对成功的预期都差不多。每经历一次失败或成功，我们都会询问被试对下一次测试的预期，一如之前的噪声实验。经历几次成败后，抑郁与非抑郁两组被试表现出巨大差异。非抑郁组相信在能力测试中自身反应能影响结果，他们在能力测试中的预期波动远大于运气测试。而抑郁组不论是在运气测试还是在能力测试中，预期的变化都不大。而且个体的抑郁程度越严重，他对能力测试的预期就越趋于一致：他显然认为纵然是能力测试，他的反应也 87

和运气测试时一样起不了什么作用。抑郁被试与患有焦虑的非抑郁被试同时接受测试时，只有抑郁被试表现出消极的认知定势。由此可知，这种认知缺陷并非焦虑所致，而是抑郁特有的症状。[14] 以上这些实验均表明，不论是现实生活中的抑郁还是由不可控事件引发的无助都会形成消极的认知定势，让人觉得事情的成败与个人努力无关。

米勒和塞利格曼（Miller & Seligman, 1974b）的字谜实验，进一步证实了抑郁与习得性无助之间存在对应的相似性。我在第三章介绍过不可逃脱的噪声预处理会降低被试解字谜的能力（边码第 38 页）。不可控的体验增加了被试解开字谜的耗时、失败的概率和尝试寻找字谜规律的次数。但这些被试并不抑郁。同样以解字谜的能力受损作为测量指标，自然发生的抑郁是否会引发与实验性无助相同的消极认知定势？为检验这一点，我们让大学生被试分别接受可逃脱噪声、接受不可逃脱噪声和不接受噪声。每组被试有一半人抑郁，一半人不抑郁，我们采用的情绪量表是贝克抑郁量表（BDI）。结果不出所料，无噪声组的抑郁被试和不可逃脱噪声组的非抑郁被试一样，解字谜的表现一塌糊涂：他们解开的字谜寥寥无几，即便解开也耗时良久，难以发现其中的解题规律。此外，被试的抑郁程度越严重，就越难以解开字谜。由此，我们再次论证了抑郁与实验性无助均能引发相同的缺陷。[15]

另一组被试——可逃脱噪声组的抑郁被试，还表现出了一个重要现象。预处理中的可控体验扭转了被试的消极认知定势，在字谜测试
88 中，这组抑郁被试的表现远超无噪声组的抑郁被试。事实上，他们的表现甚至与无噪声组的**非**抑郁被试不相上下。一言以蔽之，抑郁患者存在消极的认知定势，难以相信自身行为有效。我们以抑郁患者为被试，借由强化感知、字谜测试和噪声逃脱实验证明：抑郁被试在这些任务中表现出的缺陷与非抑郁被试经历不可控事件后所形成的缺陷完全一致。这些结论有力地巩固了抑郁的习得性无助模型。

时间进程 男人的丧妻之痛有时仅持续短短几个小时，也有些人一连数周、数月，乃至数年都难以释怀。（当然，也不乏暗自窃喜之人。）但时间通常都能治愈一切。遭遇天灾人祸后，人类抑郁的时间进程与实验受试狗无助的时间进程类似。马萨诸塞州伍斯特市惨遭龙卷风袭击后，一个调研组专程飞过去调查，他们发现当地人在灾害发生时都能积极自救。[16] 但 24 至 48 小时后，灾民纷纷情绪崩溃，要么无精打采地在街上游荡，要么索性呆坐雨中。然而不出几日，这些症状全烟消云散了。几乎所有类型的抑郁都免不了要受时间的影响。[17] 内源性抑郁患者的情绪总是有规律地周期往复。反应性抑郁患者的抑郁情绪具有自限性，治疗的重点是要让患者知道，时间久了他们的绝望感自会消失。

最近很多人在争论，自杀是不是公民的基本权利。美国绝大部分自治州有严禁自杀的法律，而且几乎每个州都有相应的应对措施，譬如设立自杀预防中心。公民自由主义者认为，如果一个人决定自裁，任何第三方都不应该予以干涉。[18] 他有权处置自己的生死，正如他有权任意处置私人财产一样。对此，我实难苟同。自杀往往是因抑郁作 89
祟，但抑郁会随时间而消逝。人在抑郁时，觉得未来一片黑暗，自己已无可救药。但大多数情况下，只要再过几周，这种认知定势单靠时间就会有所改观。即便现状毫无起色，未来看起来也不会那么绝望了。换言之，迫使抑郁患者自杀的那股意志会逐渐衰微，哪怕令他想要自尽的理由依旧存在。这就是自杀最令人痛惜之处，只要再缓个一两周，他就不致走上绝路。

攻击性降低 抑郁患者几乎不会对他人产生明显的敌意。这一症状十分显著，弗洛伊德学派甚至以此作为抑郁的精神分析理论的基础。[19] 弗洛伊德认为痛失所爱后抑郁患者会变得愤怒，但他将愤怒内化了，因为“抛弃”他的那个人已无法首当其冲地承受抑郁患者的敌意。这种向内投射的敌意能引发抑郁、自我憎恶和自杀的念头，当然还少不了最为典型的症状——缺乏向外的敌意。

可惜，弗洛伊德的观点缺乏系统的证据支持。事实上，精神分析的理论几乎不具备可验证性，不大可能直接加以验证。虽是如此，研究者还是收集到一些抑郁患者的梦境。精神分析理论认为，抑郁患者压抑起来的敌意会在梦中得以宣泄。但事实证明，抑郁患者的梦境也和他们的日常生活一样缺乏敌意。[20] 就算在梦中，他们也同样将自己视作无可奈何的受害者和失败者。

撇开精神分析的理论不谈，单就该学派观察到的现象来说，抑郁患者缺乏攻击性似与习得性无助所导致的攻击性降低类似。我对这种
90 现象的看法与精神分析学家相左，我不赞同缺乏攻击性是引发抑郁的原因，相反我认为这是因无助而陷入抑郁后出现的一种症状：攻击性只是被无助削弱的又一种自主反应罢了。

我们在实验中发现抑郁患者竞争性较弱。我在第三章介绍过库兰德、米勒和我发现，解答过无解辨别问题的大学生在参与囚徒困境游戏时，比有解组和对照组被试更缺乏竞争性，频频选择退出（边码第 35 页）。当时实验中的被试都不抑郁。我们用抑郁被试重复了这一实验，发现同样是不解答任何问题的对照组，抑郁被试远比非抑郁被试更缺乏竞争性，宁愿退出。由此再次证明，自然发生的抑郁和由不可控性引发的无助都会削弱竞争性、增强被动性。

在针对灵长类动物的抑郁研究中，幼猴要么与母亲分离，要么生活在幽暗的深坑中，社交缺陷、攻击性下降和反应触发障碍都接踵而至。这些缺陷同样存在于不可控性的负面影响和人类的抑郁中。母婴分离实验我将在第七章加以阐释，在此先介绍深坑研究。

索米和哈洛将 45 天大的猕猴关进一个深约 60 厘米、宽约 15 厘米的闸室内，幼猴要独自在此生活 45 天。闸室四面无窗，可谓与世隔绝。[21] 预处理结束后，研究者全面检测了被试的社交反应。这批幼猴的社交障碍相当严重，远超单独饲养在笼中的对照组或是母婴分离

实验中的幼猴。身处完全开放的环境中时，它们暴露出重度抑郁的症状：几乎不与其他猴子来往，没有任何玩耍之举；它们蜷缩一隅，紧紧抱住自己。在深坑中长大的幼猴似乎存在永久性的情感发育障碍， 91
它们之后也始终不曾与同类有过任何社交互动。

“深坑囚禁”完全可能引发抑郁，因为此举就像不可控电击和无解问题那样足以诱发无助。就不可控性的定义来看，囚于坑中的幼猴必定是无助的。它几乎无法控制任何事：食物和水的投喂都独立于它的反应，闸室里也没有任何物品或同类可以让它控制，就连望一眼室外它都做不到。幼猴几乎被剥夺了童年的所有乐趣，处于失控之中，即便真有什么好事发生，也与它的行为毫无干系。

丧失性欲和食欲 抑郁之人，食不知味。重度抑郁患者没有食欲，体重减轻；性欲减退，还可能出现阳痿。之前热衷的事情，抑郁之后全都变得索然无味，生活失去了滋味。这些症状与动物在无助时表现出的食欲、性欲和社交障碍相似。

去甲肾上腺素耗竭与胆碱能活动 **儿茶酚胺假说**是用以解释抑郁生理原因的最著名的假说。[22] 该假说认为，抑郁患者中枢神经系统内的去甲肾上腺素被耗竭了。相关证据是间接性的：**单胺氧化酶（MAO）抑制剂**和**三环类药物**，这两种抗抑郁药都有维持大脑 NE 水平的作用。[23] 还有一种名为**利血平**的药物，最初用以降低心脏病患者的血压，服用后偶尔会出现 NE 耗竭、抑郁等其他的副作用。AMPT 是一种常用的 NE 耗竭剂，猴子注射后会出现社交退缩等其他类似抑郁的行为，大鼠注射后则无法回避电击。[24] 这些发现与韦斯的团队（Weiss et al., 1970, 1974）在无助的大鼠身上观测到的 NE 耗竭相一致。 92

新近的一项研究发现，胆碱能活动增强可能导致抑郁。**毒扁豆碱**是一种能激活胆碱能系统的药物，常人注射后不出几分钟就会出现抑郁的症状。[25] 无助感、自杀之念、自我憎恶一齐席卷而来。（顺带一提，大麻会加剧这些症状。）随后再给这些被试注射胆碱能阻断剂阿托品，抑郁症状迅速消失，被试恢复如常。这一发现与将阿托品注入脑隔膜治愈无助猫的实验发现类似。

虽然习得性无助与抑郁有很多相似的症状，但有两种由不可控电击造成的症状尚不清楚是否与抑郁相干。首先，接受不可控电击的大鼠比接受可控电击的大鼠更容易患上重度胃溃疡。[26] 而抑郁与胃溃疡之间的关系如何，据我所知目前还没有相关的研究。其次，不论是在主观上、行为上还是生理上，不可控电击都比可控电击更易引发焦虑。而抑郁患者是否比常人更为焦虑，尚无定论。抑郁和焦虑的确可以在某些个体身上同时观察到，但在住院治疗的患者身上二者的相关性很小。米勒及其同事（W. Miller et al., 1974）发现凡是抑郁的大学生几乎都很焦虑，但焦虑的大学生却很少抑郁。如前所述，我个人认为焦虑与抑郁的关系是：当人或动物面临危机或失败时，恐惧是第一反应；如果他发现危机完全可控，接下来就没有恐惧的用武之地了，恐惧自然消散；如果他不确定情况是否可控，恐惧会持续下去；如果
93 他确信或者得知危机完全不可控，抑郁就会取代恐惧。

还有许多习得性无助的抑郁特征，尚未得到充分的研究。其中最为突出的是那些无法在动物身上进行研究的抑郁症状：情绪低落、自责、自我憎恶、丧失快乐、想要自杀和哭泣。不过既然现在已经证实人类也会习得无助，那么就可以检验上述症状是否会在人类的无助状态下发生。在进行相关研究时，研究者务必要确保消除所有实验操作造成的影响。

以上都是我们有待填补的空白。不过目前就我所知，尚没有直接证据能推翻习得性无助与抑郁在症状上的相似性。而且，若问及抑郁患者的自身感受，他们最常报告的感觉正是无助和无望。[27]

抑郁与习得性无助的病因

习得反应与强化物相互独立是产生习得性无助的原因，故而我们

的模型认为抑郁的病灶在于患者认为行为徒劳无益。什么样的事情会引发反应性抑郁呢？事业和学业上的失败、爱人逝世、与挚爱亲朋生离死别或断绝往来、生病、经济困难、碰上无法可想的麻烦以及变老。[28] 除此也还有很多别的原因，但以上这些最为典型。

我认为这些经历与抑郁的核心问题一脉相承：抑郁患者相信或者说习得了自己无法控制生活中那些减轻痛苦、带来幸福、提供支持的要素。简要言之，患者认为自己是无助的。试想一下这些突发事件：事业不顺、学业受挫到底意味着什么？通常这等于说一个人的努力付诸东流了，他做出的反应没能达成所愿。失恋，意味着个体无法再控 94
制这种感情上的重要慰藉和支持。父母或爱人离世，意味着个体再无法从逝者身上得到爱的反馈。生病和衰老更是最为无可奈何之事，个体会发现自己的反应收效甚微，不得不仰仗他人的照拂。

内源性抑郁虽没有明确的无助事件作为诱因，但可能同样与患者无助的信念有关。我怀疑对无助的信念具有不同程度的易感性，也许正是内源性-反应性这一连续统的基础。在最极端的内源性抑郁中，哪怕一点不起眼的小麻烦，也能让患者不断陷入自觉无用的恶性循环。而在最极端的反应性抑郁中，必须切身经历一系列无能为力的灾难性事件，患者才会相信反应无用。譬如，女性在经期来临前更易感到无助。月经来临前，只不过打碎一个盘子，女性也可能彻底陷入抑郁，倍感无助。若是在其他时候，打碎一个盘子对她来说根本不算什么，要在此时患上抑郁，非连续经历数次重大创伤不可。

抑郁是一种认知障碍还是情绪障碍？都是，又都不是。显而易见，无助的认知可能从生理上造成情绪低落，而情绪低落又提升了对无助的易感性，这无疑是抑郁中最凶险的恶性循环。因而，我认为用认知-情绪二分法划分抑郁欠妥。认知与情绪本质上未必可以分离，只不过我们人为地在语言上对二者做了区分。仔细分析抑郁不难发现，感受与思想之间存在着无法否认的微妙关联：没有忧郁的思想就

没有忧郁的**感受**，没有忧郁的感受就没有忧郁的思想。抑郁是认知障
95 碍还是情绪障碍，我认为造成这一困惑的祸首不是理解有误，而是用语有误。

无助的认知是抑郁的症结所在，这并非我一个人的主张。心理动力理论家比布林（E. Bibring, 1953）认为：

> 自我备受打击地意识到自己无力实现抱负被视作抑郁的基本机制，这是一般性抑郁、神经性抑郁乃至精神性抑郁的核心病因。

梅尔格斯和鲍尔比（F. T. Melges & J. Bowlby, 1969）也发现了类似的病因：

> 我们认为尽管抑郁患者的目标无甚变化，但他对实现目标的把握和对自身能力的信心都在减弱……抑郁患者认为自己的行动计划已然无用，无法继续实现他的长远目标……这种心理状态会衍生出许多抑郁症状，包括优柔寡断、缺乏行动力、对他人要求过多，以及因无法负起责任而产生的无用感和愧疚感。[29]

利希滕贝格（P. Lichtenberg, 1957）将无望视作抑郁的定义特征：

> 抑郁可被定义为一种无望的表现，与个体因自身缺陷而无法实现目标有关。这种情况下，希望指的是个体自认实现目标的概率。

倾向于行为主义的理论家认为，抑郁是强化物消失或反应消退所致。[30] 习得性无助的抑郁理论与反应消退的抑郁理论并无矛盾之处，只是无助理论更普遍。在此可能需要说明一下二者的区别。**消退**（extinction）是指撤销强化与反应的关联性，使得被试的反应（以及
96 无反应）不再受到强化。失去强化物也是一种消退，如至亲离世。不论被试是否做出反应，常规消退过程中的强化率一概为零。这是反应

与强化相互独立的一种特殊情形（即反应关联区中 45° 线的原点，见图 2-3）。然而，当强化率大于零时，强化仍有可能独立于反应发生。这就是最典型的无助范例，这种关联性会致使此前建立的反应出现的频率降低。[31] 无助模型强调反应与强化相互独立，不仅涵盖了这种消退理论，还指出就算强化发生只要强化独立于反应，仍会导致抑郁。

除消退之外，不受个体控制的强化真能引发抑郁吗？彻底失去强化物是引发抑郁的必要条件吗？还是说仅仅失去控制就足以导致抑郁？一个一周七天每天都与不同女孩缠绵的花花公子，突然发现他之所以左右逢源，全因他有钱或是有个显赫的教母，与他自己的情场本领没半点干系，他会抑郁吗？这个例子理论上很有趣，但只能全靠推测。我们的无助理论认为抑郁的原因不在于失去强化物，而在于失去对强化物的控制。由成功引发的抑郁及其相关现象，为此提供了一些佐证。

试析成功与抑郁

> 而今，翘盼已久的喜讯终于到来。幸福带来的喜悦却不如预想。
>
> 卡瓦菲斯（C.P. Cavafy）

个体对宽泛的哲学思辨和政治主张的情绪反应，实则取决于他对自己的认知。举例来说，我相信一句格言："人必须创造属于自己的意义，没有比这更伟大的天赐使命了。"但当我讲课讲得一塌糊涂或 97
者发现有人讨厌我时，我不禁自我厌恶起来，而这句格言只会让我更加难过。"生活是荒谬的，"我自言自语地反驳那句格言，"我的所作所为根本没多大意义。"另一些时候，若我讲课反响甚佳或是感受到了别人对我的爱，自我感觉良好，再看看那句格言便备受鼓舞。"命运必须靠自己开创，"我暗想着，"没人能主宰我的人生。"简要言之，那些形形色色的箴言不会对我们的生活造成直接影响，我们看待这些命题的眼光，其实反映了我们看待自己的方式。

近几年，许多学生跑来跟我说自己似是抑郁了。他们往往将抑郁归咎于一些宏大的信念，譬如人生本就没有意义，越战永无完尽，穷人和黑人备受压迫，国家领袖腐化堕落。这些事都值得关注，为之挖空心思地思前想后也合情合理。但这些是引发抑郁的直接原因吗？对于一个穷人、黑人或者一个即将应征入伍的大学生，这些问题无疑有可能直接诱发抑郁。但来找我的大多数学生不穷不黑不打算入伍，这些问题和他们的日常生活相去甚远。可是，他们却说他们为此感到抑郁——不是为之担忧、为之愤怒，而是为之抑郁。在我看来，他们实则是受困于某些更切身的事，对自己、对自己的能力、对自己的日常生活有所不满。如今，这类存在主义抑郁相当猖獗，我敢说情况比10 年前我还是学生那会儿严重多了。

乍看之下，这似乎有些自相矛盾。现在的生活条件远非过去可比：性爱、成就、智识、书籍、购买力全都指数级地增长。与此同
98 时，战争、压迫、腐败和荒谬无处不在，万年不易地贯穿整个人类史。为何如此幸运的一代人却出现前所未有的抑郁？

我认为原因可能在于这些学生的行为与其优越的生活之间缺乏关联性，他们生活中的负性事件也是一样。这些强化物虽令他们受益，却不是他们自己努力得来的，而是整个社会蒸蒸日上的产物。他们不费吹灰之力就得到了奖励。一个人的力量感、价值感和自尊心从何而来？不是来自他所拥有的东西，而是源自以自身行动一点一滴地改变世界。

故我认为，不仅不可控的创伤会导致无助和抑郁，缺乏关联性的**正性**事件同样可以。从进化的角度来看，情绪究竟有何意义？据说没有情感的东西也可以构建出有机体的情绪体验，譬如复杂的计算机程序。到底是什么样的进化压力催生了情感呢？可能是我们的边缘系统

为激发和鼓励工具性行为而发生了进化。换言之，反应有效既能带来快乐，也会受到快乐的激励。而如果不存在有效的反应，就会引发一种厌恶状态，这正是有机体避之不及的情形，名曰抑郁。非常值得一提的是，当大鼠和鸽子面对吃白食和做出反应才能得到相同的食物这两种选项时，它们会选择劳动而食。[32] 婴儿会对能与自身反应联动的旋转玩具微笑，不会冲着毫无关联性的玩具微笑。[33] 猎人打猎是为满足杀戮心吗？登山者勇攀高峰是为追求荣誉吗？我以为不然。这些活动之所以能带来愉悦感，是因为它们都需要有机体做出有效的工具性反应。

中断有效反应所引发的烦躁不安，或许可以解释“成功性抑郁”（success depression）。当一个人终于实现奋斗多年的目标时，抑郁也接踵而至，这种情况并不少见。一路披荆斩棘成功当选政府要员、美国心理学会主席、最受欢迎的小说家乃至成为登陆月球的太空人，人 99
们只要一达到人生巅峰便陡转直下陷入重度抑郁。消退理论认为抑郁是失去强化物所致，以上这些抑郁现象在他们看来充满矛盾，因为功成名就的个体不仅保有许多以前旧的强化物，还能获得前所未有的新强化。

这类现象并不违背无助理论。抑郁的成功人士们自述说，他们现在得到的一切褒奖都不是因为他们当下的所作所为，而只是因为他们的身份或是他们**过去的**成就。达成奋斗目标后，他们所得到的奖励开始独立于他们此后的工具性活动。姿容出众的女性比我们想象的更容易抑郁和轻生，纵然再没有谁能像她们一样收获如此多的关注、名车和爱情。一旦你说她们身在福中，她们马上会厌恶地答说：“别人看重的是我的外表，不是那个真实的我。”

综上所述，我认为能与抑郁抗衡的自尊心和效能感，不仅来源于积极正向的生活经历，更重要的是个体的行为要能控制这些经历。不可控事件不论是负性的还是正性的都易引发抑郁，削弱自我力量。而生活中发生的可控事件会令人产生控制感和对抑郁的抵抗力。

抑郁与习得性无助的治疗

强迫被试置身反应能产生强化的情境，是治疗习得性无助最有效的办法。无助也能随时间而自愈。此外，还有两种生理疗法似也行之有效：电休克（ECS）治愈了 6 只无助狗中的 3 只[34]，向脑隔膜注射阿托品治愈了无助猫。

100 目前科学界还没有找到治疗抑郁的灵丹妙药。放着不管，过几个星期或几个月抑郁往往能自行消失。但也有报告指出有些疗法可以缓解抑郁，这些疗法与习得性无助理论并行不悖。为此，治疗的核心要义是让患者相信他的反应能产生理想的效果，即证明患者是个有用的人。比布林（Bibring, 1953）也持类似观点：

> 将引发抑郁（无助）的条件颠倒过来往往就能治愈抑郁。一般来说，以下这些情形都能缓解抑郁：（a）个体迷恋的重要目标或对象再度触手可及（通常还伴有短暂的兴奋）；（b）目标经过修正或简化后变得可以实现；（c）全盘放弃；（d）个体通过一系列恢复机制重拾自尊，克服了自我怀疑的打击（不论原定目标有无变动）。[35]

贝克（A. T. Beck, 1970, 1971）的认知疗法也异曲同工。[36] 他认为，做出成功的操作性行为能将消极的认知定势变得积极：他说治疗师的首要任务是让患者相信其反应能够引发理想的结果，从而扭转患者的消极预期，使之更为积极。

梅尔格斯和鲍尔比（Melges & Bowlby, 1969）同样将消除无助感作为治疗抑郁的核心：

> 若能证明某种形式的无望，的确是某些精神疾病的关键动因，

> 那么评估治疗措施的标准，应看它能在多大程度上转变患者对未来的态度……领悟取向的疗法主要意在帮助患者意识到他苦苦追求的一些目标已然过时或难以达成，他甚为执着的一些计划本就不切实际，这些目标在患者陷入病态的悲悼中时，往往显得尤为清晰。据信，精神分析有时能让患者从无望中解脱出来，借此机会重新设立 101
> 可行的目标，制订有效的计划。行为疗法也在探索自身能在多大程度上为患者树立更积极的态度。[37]

还有一些疗法也成功地缓解了抑郁，帮助患者重拾对重大事件的控制感。亚拉巴马州一家退伍军人医院推出了“塔斯卡卢萨计划”（Tuscaloosa Plan），为重度抑郁患者打造了一间“抗抑郁室”。[38] 在此，抑郁患者将接受一种名为“善意的坚决”（kind firmness）的态度疗法：患者被要求打磨木料，他若逆着木纹打磨会受到训斥。若转为顺着木纹打磨，结果照样挨训。又或者，患者会被要求数清散落满屋的无数小贝壳。其间他依旧会不断挨训，除非他终于忍无可忍地跟看护说“别烦我！”或者“这贝壳我不数了”之类的话。看护这才致歉，立马放他出去。患者被迫做出了控制他人的最强烈的反应——愤怒，当这种反应从患者那萎靡不振的状态中被激发出来时，患者也就受到了强烈的强化。这种疗法能一举消灭抑郁。

在自信训练疗法中，患者须积极练习自信的社交反应，治疗师则扮演被其训斥的老板或幡然悔悟向其致歉的悍妻。在这种疗法中，患者做出的反应也能产生强有力的效果。[39] 对轻度抑郁患者而言，将残次品退回商场或是按下柜台服务铃要求切肉，都可能有益病情。

循序渐进地接触反应-强化相互关联的情境能有效强化积极行为，抵抗抑郁。伯吉斯（E. P. Burgess, 1968）在等级任务治疗中先让患者
从小事做起，比如打通电话。她强调治疗的关键在于患者要成功地完 102
成任务，半途而废是不行的。任务难度逐步提升，患者每完成一次任

务，治疗师会及时给予关注和鼓励作为强化。

伯吉斯等人指出了抑郁中的二级获益现象：抑郁患者常利用自身病情博取同情、关爱和关注。整日躺在床上以泪洗面，不去工作，抑郁患者可能借此吸引他那变了心的妻子的关注，没准还能令她回心转意。二级获益是个大麻烦，治疗过程中须引导患者剔除继续抑郁的好处。但值得注意的是：二级获益兴许可以解释一些抑郁行为为何如此持久而顽固，但无法解释抑郁的起因。无助理论认为，患者无法主动做出反应的根源在于他认为自己无法控制结果。因此，抑郁患者之所以消极被动有两个原因：（1）患者出于工具理性情愿保持消极，因为抑郁能引来同情、关爱和关注；（2）患者认为不论做何反应都无法有效控制环境。对比二者，不难发现二级获益虽是实际治疗的一大障碍，但同时也是一线希望：它意味着患者至少发觉了他的**部分**反应（哪怕是被动反应）仍然相当奏效。如前所述，那些靠被动反应中止电击的狗不似完全无法控制电击的狗那般消沉（边码第 26 页）。同理，利用抑郁控制他人的患者可能比彻底放弃反应的患者预后更佳。

我和同事对 24 位住院治疗的抑郁患者，施用了伯吉斯使用过的等级任务疗法。[40] 在一小时的疗程中，患者要完成一系列难度递增的
103 口头任务，每完成一次会受到相应的表扬。患者首先要大声朗读一段文章，接着要声情并茂地大声朗诵另一段文章。下一步是声情并茂地大声朗诵，并加以阐释；再来是声情并茂地大声朗诵，加以阐释，并评价作者的观点。难度最高的任务要求患者从三个主题中任选其一，进行即兴演讲。所有患者均晋级到最终环节，完成了演讲。（接触过住院抑郁患者的人都知道，即兴演讲对他们来说绝非等闲之事。）情绪自评量表显示，24 名患者中有 19 人的情绪都立竿见影地出现了实质性的好转。虽然我们未能观察到好转持续了多久，但其中一位患者面带微笑地跟我们说了一句很有启发性的话：“我念高中时是辩论队的辩手，我差点忘了自己也有一技之长。”[41]

抑郁与习得性无助的治疗还有其他相似之处。电休克治疗对 60% 的抑郁有效，不过其中大半是内源性抑郁。阿托品或许也能用来抗抑郁。

不同的个体应对轻度抑郁也各有策略。寻求并接受他者的帮助或者反过来帮助他者（照顾宠物也算）这两种策略均能获得控制感，或许有利于缓解轻度抑郁。我自己的策略是强行埋首工作：坐下来写篇论文，读一篇深奥的文章或者学术期刊上的报告，再不然就做算术。对于一个知识分子来说，还有什么比写作、阅读和解题更能体现自身成效、带来满足感的呢？当然，坚持到底是最基本的：如果我解题解一半就放弃了，只会雪上加霜越发抑郁。

从精神分析到小组互助，许多治疗手段宣称能治愈抑郁。但目前控制严谨的对照研究尚未给出足够的证据，证实这些心理疗法在治疗 104
抑郁上有较好的效果。我列举的证据是经过筛选的，即只探讨那些与治疗无助相容的疗法。其他疗法之所以也有效，可能是因为它们也恢复了患者的效能感。今后我们需要做的是借由实验找出治疗抑郁的有效变量。而且由于抑郁可能会随着时间的推移自行消失，实验还务必设置不接受治疗的对照组。

抑郁与习得性无助的预防

习得性无助是可以预防的，只要被试在暴露于不可控性前曾有过掌控结果的体验。那么抑郁可以预防吗？每个人都难免失去对一些重要人事的控制：父母离世、失恋、挫败。这类事件发生时，个体起码会出现一段时间的轻度抑郁。但为什么有些人抑郁得不得不长期住院，而另一些人却相当坚韧？详情我会在第七章论述儿童发展时另做讨论，在此我只能先略做推测，不过我的推测仍是基于无助免疫的实验数据。

那些能抵抗抑郁或者快速振作起来的个体，其既往生活史也许充满控制感。他们或许有过丰富的可控体验，一手操控着生活中的各类强化物，因此能积极乐观地展望未来。而那些特别容易抑郁的人，其生活中可能相对缺乏控制感，无法摆脱痛苦、无法获得救济可能是他们生活的常态。

幼年丧亲与成年抑郁呈正相关：自幼失去父母的儿童会感到无
105 助，成年后更易抑郁。关于这一主题的研究结果莫衷一是，但总体上倾向于将丧亲视作抑郁的一大诱因。总之，从统计数据上看，过早丧亲的儿童更易抑郁，自杀倾向更严重。[42]

不过有一点值得警醒，拥有丰富的可控体验能使个体尽快摆脱抑郁，这种解释似乎合情合理，但那些向来一帆风顺的人呢？如果一个人做什么都能称心如意，一旦遇见不可控的情况，他是否特别容易抑郁？有些人高中时出类拔萃，但进入大学后一旦失利就一蹶不振，这样的例子屡见不鲜。每个人迟早都要面对失败和焦虑，总能随心所欲地控制强化物，就跟完全失控一样，可能无法建立起应对失败的反应。

优秀的疗法应当具备预防性。治疗不应只着眼于解决过去的问题，更要帮助患者预防往后的抑郁。要是能明确地为患者提供更多的应对措施，以备患者在寻常的应对反应失效时加以利用，抑郁的治疗是否更事半功倍？

总结

本章探讨了证实抑郁和习得性无助相互趋同的一系列研究文献。如表 5-1 所示，习得性无助的主要症状都能在抑郁中找到。这表明反应性抑郁与习得性无助都源于个体相信一些重要的结果不可控。因此，治疗抑郁的关键是让患者重新相信自己能掌控生活中的大事。这里筛选出的治疗发现，均为这一假设提供了支持。最后，我推测早年

经历不可控事件可能使人易于抑郁，而早年经历可控事件则能令人对 106
抑郁产生免疫性。

表 5–1　习得性无助与抑郁的共同特征一览

	习得性无助	抑郁
症状	被动	被动
	难以发觉反应能够脱困	消极认知定势
	随时间推移而消失	具有时间进程
	缺乏攻击性	敌意内化
	消瘦、食欲不振、社交和性功能障碍	消瘦、食欲不振、社交和性功能障碍
	去甲肾上腺素耗竭和胆碱能活动增强	去甲肾上腺素耗竭和胆碱能活动
	胃溃疡和应激	胃溃疡（？）和应激
		无助感
原因	习得反应与强化相互独立	相信反应无用
治疗	引导治疗：强制暴露于反应能产生强化的情境	修复反应无用的信念，相信反应能产生强化
	电休克治疗	电休克治疗
	时间	时间
	抗胆碱能药物、去甲肾上腺素兴奋剂（？）	去甲肾上腺素兴奋剂、抗胆碱能药物（？）
预防	控制强化物产生免疫性	（？）

107

第六章 焦虑与不可预测性

1971年2月的一个清晨，洛杉矶爆发了一场大地震。8岁的马歇尔家住位于震中的圣费尔南多谷，他的遭遇极具代表性：5点45分他在一片嘈杂中醒来，觉得自己仿佛置身铁路隧道，一辆火车正朝他倾轧过来。他既困惑又害怕，抬起头来，只见天花板在动！房顶来回摇晃，一些石膏碎屑接连落到他身上。地板起起伏伏，他尖叫起来，听到隔壁房里也传来他父母的惊叫。虽然地震只持续了30秒，但当脚下的大地颤抖不休时，马歇尔仿佛陷入了一场永无完尽的梦魇。

三年过去了，那天早上的情形仍令马歇尔心有余悸。他生活得提心吊胆，一点轻微的不意之声就能吓坏他。他难以入睡，即便好不容易睡着，也睡得很浅很不安，甚而偶尔还会尖叫着醒来。

108 地震和众多创伤性事件一样，具有强烈的不可控性。人类无法预防地震，虽然地震来袭时我们可以做出反应，采取一些安全防范措施。但地震最显著的特征是它完全无法预测：神出鬼没，第一波震动毫无预兆。马歇尔所表现出的焦虑模式与不可控性无关，而是源于**不可预测性**（unpredictability）。

不可预测性的定义

我们可以借鉴定义可控性与不可控性的方法来定义可预测性与不可预测性。譬如，假设登陆火星的宇航员想要预测何时会发生尘暴。火星尘暴必然不可控，宇航员所能做的不过是提前预测，未雨绸缪。他们在火星上待了 3 天，发现日日阴云密布、尘埃弥漫，每天都有尘暴发生。至此，依据他们的观测阴天发生尘暴的概率［p（尘暴 / 阴天）］为 1.0，于是他们假定云层能准确地预测尘暴。但随后的 2 个阴天却没有发生尘暴，阴天发生尘暴的概率降为 0.6（图 6–1）。云层仍有一定的警示作用，却不再是准确无误的尘暴预测利器。第 6 至 10 109
日天空中都未见尘云，而这 5 天中有 3 天发生了尘暴，余下 2 天则不然。由此可知，这 5 天中晴天发生尘暴的概率［p（尘暴 / $\overline{\text{阴天}}$）］为 0.6（图 6–2）。

究竟能否靠云层预测尘暴？显然不行。不论有无尘云，尘暴的发生率都为 0.6，可见尘云根本不能预测尘暴。

现在我们可以给可预测性与不可预测性下一个普遍的定义了。在定义可控性时，我提到了工具性学习，探讨了自主反应和结果之间的关系（边码第 17 页）。可预测性与巴甫洛夫的经典条件反射息息相关，经典条件反射将结果与信号或者说将非条件刺激（US）与条件刺激（CS）联系了起来。现在我们假定 US 不可控，看看 CS 能否预测 US。假设我们向一只大鼠播放提示音并施加短暂电击，而这两种刺激它均无法控制。提示音与电击的呈现方式多种多样。譬如，每播放一次提示音就给予一次 110

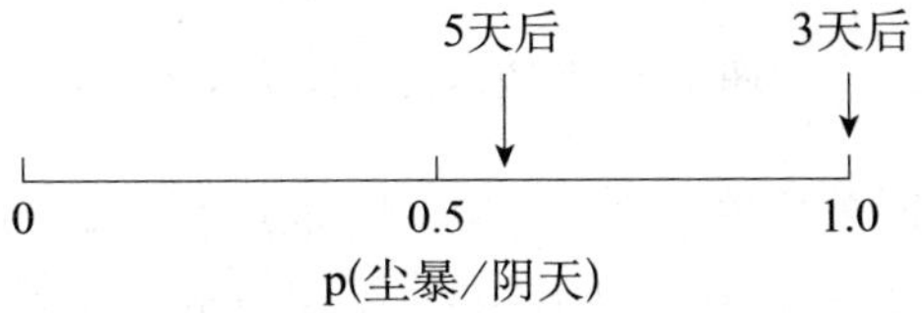

图 6–1　阴天发生尘暴的概率

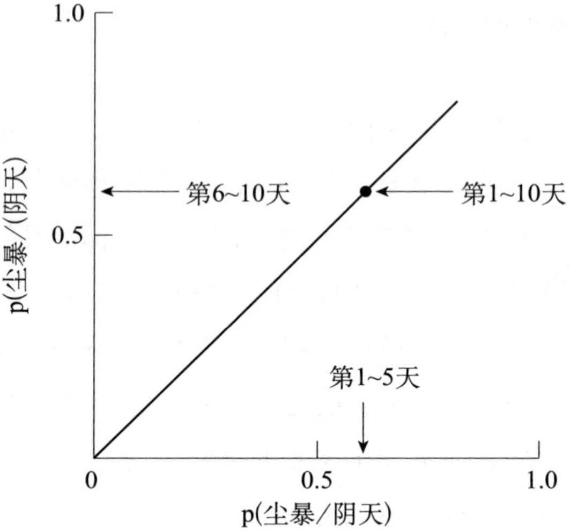

图 6-2　阴天和晴天发生尘暴的概率

电击，没有提示音就不释放电击——如图 6-3 中的点 A 所示。此时，提示音是预测电击的准确指标，而没有提示音则是预测无电击的准确指标。

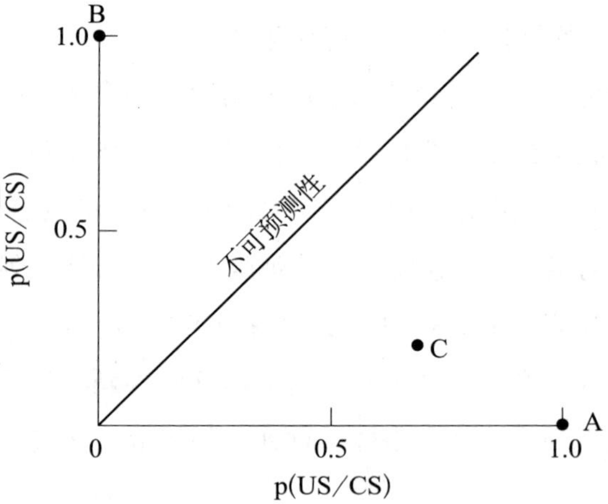

图 6-3　巴甫洛夫条件反射区

或者，我们还可以在没有提示音时释放电击，而提示音响起后不再施以电击。于是（点 B）没有提示音是预测电击的准确指标，而提示音则成了预测无电击的准确指标。不过，可预测性并非一定遵循全无全有的原则。比如播放提示音时电击释放的概率还可以是十分之七，而没有提示音时电击释放的概率是十分之二（点 C）。如点 C 所示，此时大鼠仍能从提示音中获取一定的信息——有提示音比没有提示音时更易遭受电击。

最后，提示音还可能完全无法预测电击。图中 45° 线上的任意一点代表的电击概率都是一样的，不论有无提示音。因此，一般而言，111
若 CS 呈现时 US 的发生率等于 CS 不呈现时 US 的发生率，则该 CS 无法预测 US：

$$p(US/CS)=p(US/\overline{CS})$$

若**所有** CS 都符合上述公式，则 US **不可预测**。

反之，若 CS 呈现时 US 的发生率**不等于** CS 不呈现时 US 的发生率，则该 CS 可以**预测** US：

$$p(US/CS) \neq p(US/\overline{CS})$$

这两个定义公式与可控性的定义一致，将 US 换成结果（O），CS 换成反应（R）便一目了然。至此又浮现出一个新问题：什么样的事件可以算作条件反射区中的 CS 或者能被视作一个信号呢？答案是有机体感知到的所有事件。不是只有像提示音这样的外部事件才是 CS，一些内部事件譬如心痛也同样可以是 CS。它还可以是种时序模式：比如在没有任何外在提示的情况下每隔 5 分钟电击一次，其间间隔的 4 分 59 秒就是预测下次电击的 CS。CS 也可以是做出反应后的反馈，或者**不做**反应的反馈。例如，大鼠只会在按下控制杆后遭到电击，那么当它按下控制杆时，它预测电击的 CS 就是对自己按下控制杆这一动作的感知（即反应的反馈）。同理它还可以预测出，没有按下控制杆的感觉就不会遭到电击。故而，当动物的反应能控制事件时，它也就能利用自身反应的反馈来预测该事件。但反之则未必：即便动物能预测某一事件，仍可能无法控制它。

112 ## 焦虑与安全信号假说

焦虑一词恰似**抑郁**，出自日常用语，故缺乏充分而必要的定义特征。[1] 不过精神分析学派倒是颇有建树地区分了焦虑和恐惧：恐惧是种针对特定对象的有害情绪状态，譬如畏惧疯狗；而焦虑是种性质模糊的情绪状态，持续时间更长，没有特定的对象。我在实验室中观测到了两种与上述分法大致相当的情绪状态，也许能提炼出一个定义良好的理论模型。我将**恐惧**视作一种急性状态，收到预测电击或其他危险事件的信号时就会触发。而**焦虑**我称之为一种慢性恐惧，在危险事件即将降临却又无法预测时发生。我们能够根据不可预测性的定义辨识上述情境，研究不可预测性对情绪造成的破坏。针对不可预测性的研究纷繁多样，但通常都离不开**安全信号假说**（safety-signal hypothesis）。[2]

安全信号假说

地震的不可预测性为何能令马歇尔焦虑、不安乃至失眠呢？假设世界上的地震可以准确预测，每次地震前都有 10 分钟的提示音。如此一来，没有提示音就意味着绝对安全，保准不会发生地震。只要提示音不响，你就可以安心地做自己的事；而提示音**响起**时，你难免害怕，但最起码你有了一道可靠的安全信号。若创伤性事件的发生可以预测，那么事件不发生也一定可以预测——只要没出现创伤性事件的预测信号，事件就不会发生。同理，若创伤性事件不可预测，安全也同样不可预测：不存在任何可靠的信号能保证创伤性事件不会发生，令人彻底安心。[3]

113 地震与二战时期的伦敦大轰炸之间的区别正在于此。历经了一段时期的轰炸后，英国的防空警报系统越发精准：空袭警报每次都能提前数分钟准确响起。没有警报时，伦敦人继续坚挺地生活，心态轻松，不会时刻提心吊胆。反观地震，没有任何刺激能预测地震，因此也就没有任何刺激能预测不会发生地震。马歇尔没有安全信号，没有什么办法能让他确信不会发生地震。他的焦虑表现——忐忑不安、半夜惊醒、难以入眠——全因他的生活中缺少一个安全的避风港，缺少一段不会发生地震可以暂时放下心来的安全期。

这就是安全信号假说的核心要义：创伤性事件发生时，人和动物会一直担惊受怕，直至接收到能准确预测安全的刺激。若没有安全信号，有机体便一直处于焦虑或慢性恐惧之中。这种假说认为，人和动物会不断寻求安全信号：他们之所以苦寻能预测不可避免的危险的信号，正是因为这类信号同样能预测何时是安全的。

许多人跟自己的医生说过，如果有朝一日他们时日无多，还请医生直言相告。我认为这一请求的背后存在两种动机：首先，提前知道自己时日无多，可以着手了结人生中最后的一些事——处理掉手头的生意，化解旧日恩怨，去一趟巴黎花光所有积蓄。然而更重要的一点却常常为人忽略，这种知情协议其实为人提供了一道安全信号。譬如你怀疑自己心脏出了问题，就诊做了检查。如果你与医生之间没有达成这种“死亡知情”协议，那么不论他跟你说什么，你可能都惴惴不安，整日怀揣着对死亡的焦虑。而如果你和医生谈妥了知情事宜，只要医生不跟你说你时日无多，就大可放心。实际上，这就是你的安全
信号。只要你信任你的医生，那份知情协议就是一道终生的安全信 114
号，让你在死亡真正逼近之前不必庸人自扰。而你放弃的是一种无忧无虑、毫无戒备地离世的可能。

不可预测性与监测恐惧情绪

恐惧和焦虑是现代心理学理论中广泛使用的假设构念。一如饥饿，根本无法直接观测，必须通过观察行为、生理状况和主观报告

推断而来。被剥夺食物数小时后，大鼠为获取食物甘愿忍受的电击程度，或是人类为获取食物甘愿付出的劳力多少等一系列其他变量共同界定了饥饿的状态。同样，恐惧和焦虑的状态也得透过**皮电反应**（GSR）的变化、瑟缩发抖的行为、胃溃疡、心率变化等许多其他因变量进行监测。其中使用最广泛的评估指标恐怕当属**条件性情绪反应**（CER），首见于1941年埃斯蒂斯（W. K. Estes）和斯金纳发表的经典论文《焦虑的定量指标》（“Some quantitative properties of anxiety”）。他们首先在实验中训练大鼠持续高频率地按压控制杆获取食物。而后在大鼠按压控制杆的过程中，加入诸如电击与提示音一类的配对刺激。压杆与电击相互独立，即电击不可控。大鼠通过经典条件反射学会了畏惧提示音，它蜷缩一隅，不再压杆取食。压杆率下降就是被试对提示音产生的条件性情绪反应，这可能是目前最可信、使用最广泛的恐惧指标。

这种技术能直截了当地测试安全信号假说，已有大量实验利用可预测电击和不可预测电击引发CER进行了相关研究。[4] 鉴于这类实验的结果高度一致，在此仅择其一加以细述（Seligman, 1968）。

115 首先训练两组饥鼠高频率地按压控制杆取食。而后“可预测”组每天接受15次50分钟的测试，每次测试中会出现3次长达1分钟的电击信号（CS），信号结束即施以电击。“不可预测”组接受同样的信号和电击，但次序杂乱无章，因此不论信号出现与否，电击的概率都一样。测试中按压控制杆始终能获得食物。

实验结果出人意料。起初，不论有无电击信号，可预测组都不再按压控制杆。待到它们弄清只有信号出现才会遭受电击而没有信号就没有电击后，它们只会在信号发出后暂停反应，没有信号时仍旧压杆取食：它们表现出了对CS的恐惧，但其他时候并不害怕。不可预测组没有确保电击暂时不会发生的安全信号。不管实验信号是否出现，它们彻底不再压杆，余下的时间里它们一次也没碰过控制杆，直至

15 次测试全部结束。每次测试它们就在角落里缩成一团，表现出慢性恐惧或焦虑的症状。不可预测组患上了严重的胃溃疡，可预测组则安然无恙。

戴维斯和麦金泰尔（Davis & McIntire, 1969）做了相关的平行实验，发现不可预测电击组历经多轮测试后，逐渐恢复了按压控制杆的行为。塞利格曼和迈耶（Seligman & Meyer, 1970）推测，这种恢复可能是因为每次测试不多不少必定会出现 3 次电击造成的。大鼠可能学会了计算电击次数，知道数到第 3 次后就不会再遭受电击，故恢复行为应出现在第 3 次电击之后，因为大鼠已将第 3 次电击视作安全信号。若果真如此，这一发现不仅没有推翻前论，反而进一步证实了安全信号假说。为检验这一点，塞利格曼和迈耶（1970）连续 70 天用两组被试进行不可预测的电击测试。其中一组每天固定接受 3 次电 116
击，另一组每天接受 1 至 5 次不等的不可预测电击，70 天内平均每天 3 次。最后 30 次测试中，第一组被试表现出了一定程度的恢复行为：第 3 次电击结束后测试时间还剩 25%，在此期间被试的压杆率为 61.6%。第二组被试没出现行为恢复：第 3 次电击结束后余下 25% 的时间里，被试的压杆率仅为 25%。显而易见，大鼠有能力数到 3，并将第 3 次电击当作安全信号。

皮电反应是一种监测汗腺分泌的恐惧指标，心理学家在可预测创伤与不可预测创伤两种情境下测量了该指标。[5] 普赖斯和吉尔（Price & Geer, 1972）向大学生被试呈现一连串血腥的尸体照片。每张照片呈现前，可预测组会先听到一个长达 8 秒的提示音，没有提示音就不会看到死尸，被试尽可安心。不可预测组没有提示音，对他们来说，死尸和安全期均不可预测。可预测组听到提示音时 GSR 参数升高，其余时候则不然。而不可预测组则不出所料地全程汗流浃背。综上，监测 CER 和 GSR 的实验表明，在不可预测的创伤性事件中，因为缺失安全信号，恐惧会持续存在。

胃溃疡

吉姆和乔治是兄弟。吉姆是家里的榜样：他出身下层社会，一路奋斗成了一家大型银行的副总裁。他日理万机，每天 7 点起床，不到 8 点就已经打了好几通电话，开始处理账目、接洽业务和为客户发放贷款了。他随时都有两部电话在线，左右开弓地督促他的两个助理工作，并口授信函。他马不停蹄地工作到傍晚 6 点才下班，而且还乐在
117 其中。草草吃过晚饭后，他不是在自己经营的乡村俱乐部里理账，就是在教团主持会议。

乔治是家里的败家子，一连三个月游手好闲。他做的都是些粗活还老被开除，没有一份工作能做满一年，而他始终搞不懂自己为何老丢工作，只怪运气太背。妻子已离他而去，现在他白天苦寻工作，夜里孤枕难眠。

兄弟二人中有一人得了胃溃疡。要是 10 年前，大多数心理学家会猜得病的是那位操劳过度的高管——吉姆。他们的依据是布雷迪著名的“执行猴”实验，我在第三章已经介绍过了。[6] 在此简要复述一下：布雷迪向 8 只猴子施加电击，训练它们按下按钮避免被电。先学会中断电击的 4 只猴子成了执行猴，动作较慢的 4 只归属共轭组。执行猴手中的按钮能同时为它们自己和 4 只共轭组的猴子中断电击，共轭组则束手无策，只能忍受不可控又不可预测的电击。执行猴就像现实中的高管，一肩担起了所有决策：它们按下按钮的行为既能预测电击，又能控制电击。众所周知，4 只执行猴全数患上了严重的胃溃疡，无助的猴子却没有患病。此后 10 年，人们一直宣扬做高管有损健康，不论是心理学家还是普通公众都深受误导，因为布雷迪的实验结果很可能是拜他的实验设计所赐。

请注意该实验结果与本书中介绍的众多研究南辕北辙：能够控制环境的动物反倒比无助的动物境况更糟。想想看，布雷迪的执行组和

共轭组并非随机划分的，而是将受到电击后率先狂按按钮的猴子归为执行组，余下的归为无助组。能迅速学会回避反应的被试原本就更 118
易患上胃溃疡，因为它们更情绪化，电击带来的痛感更强烈。[7] 因此，布雷迪的实验结果体现的可能不是可控性的差异，而是将情绪化的猴子归为执行组造成的。

韦斯率先对执行猴实验提出了质疑，他在胃溃疡、可预测性和控制感方面进行过大量研究。[8]1968 年，他随机将大鼠分作执行组、无助组和无电击对照组，发现无助的被试最易患胃溃疡，与执行猴研究结果全然相反。该发现支持了无助比可控更易导致应激的观点。韦斯随后的一系列研究进一步表明，被试是否患胃溃疡看似取决于控制感，但实际体现的可能是预测性的差异：当执行猴按下按钮中止电击时，按按钮的动作反馈就是一道安全信号；而共轭组不仅无法控制电击，也没有能预测安全的信号。韦斯的结论非常巧妙地点明了预测性的作用，在此有必要详细探讨一下他的研究。

在不可控的情境下，不可预测电击比可预测电击更易造成胃溃疡。[9] 韦斯（Weiss, 1970）限制了三组大鼠的行动，让它们分别接受有信号的电击、无信号的电击和不接受电击。三组被试均无法控制电击。接受不可预测电击的大鼠比接受可预测电击和不接受电击的大鼠更易形成胃溃疡。不可预测电击还造成了被试体温升高和血浆皮质醇水平上升，虽然程度并不显著。

在后续研究中，韦斯（Weiss, 1971a）改变了电击的控制性和预测性。三组大鼠分别接受可逃脱电击、不可逃脱电击和不接受电击。
每组被试的隔间里均设有滚轮，但只有逃脱组的滚轮能起到工具性作 119
用。电击也分为有信号的电击、逐渐出现信号的电击和无信号的电击三种，为简单起见，在此就不考虑信号渐次呈现的被试组了。表 6-1 归纳了余下六组的实验中值。

表 6–1　胃溃疡与滚轮实验的中值数据

	胃溃疡	滚轮
逃脱组		
有信号的电击	2.0	3 717
无信号的电击	3.5	13 992
共轭组		
有信号的电击	3.5	1 404
无信号的电击	6.0	4 357
无电击对照组		
有信号	1.0	60
无信号	1.0	51

资料来源：取自 Weiss, 1971a。

该研究有四个基本发现：（1）**预测性差异**——不论能否逃脱电击，无信号的大鼠均比有信号的大鼠更易患胃溃疡。（2）**控制性差异**——不论有无电击信号，共轭组大鼠均比逃脱组大鼠更易患胃溃疡。（3）**跑滚轮的频率**——不论能否逃脱电击，无信号的大鼠均比有信号的大鼠更常跑滚轮；不论有无电击信号，逃脱组大鼠均比共轭组大鼠更常跑滚轮（别忘了只有可逃脱组的滚轮能中断电击）。（4）**跑滚轮与胃溃疡的关系**——无信号的大鼠更易患胃溃疡，更常跑滚轮。韦斯进一步声称，**每组**中反应越多的大鼠，越易得胃溃疡。

120 韦斯为解释实验结果提出了两个因素：**相关反馈**（relevant feedback）越少，越易患胃溃疡；**应对反应**越多，越易患胃溃疡。我认为这两个因素归结起来就是安全信号假说。先来说说相关反馈，它解释的是为何无助的大鼠比可逃脱的大鼠更易患胃溃疡。韦斯将相关反馈定义为与应激源**无关**的一种反应刺激。换言之，韦斯所说的这种刺激是在**没有**应激源的情况下呈现的，即安全信号。只要大鼠学会回避电击，就必然认识了一个代表电击不会发生的安全信号，它不似没有安全信号的无助大鼠那样长期处于恐惧之中，因此较少形成胃溃疡。

第二个因素——应对反应越多，越易患胃溃疡——解释的是为何不可预测性会导致胃溃疡，以及胃溃疡的形成与跑滚轮的频率之间的关系。这个因素可以做出两种截然不同的解释：因果解释和相关解释。因果解释（韦斯选择的解释方法）认为，正是反应过度**导致**被试更易患胃溃疡。这等于说，如果你能强自镇定，逆来顺受地承受电击，就不会得胃溃疡。另一种解释虽更浅显、更具体，但却更站得住脚：尚不清楚的第三种影响因素导致被试反应过度，跑滚轮和胃溃疡都是反应过度的体现。这第三种因素很可能就像韦斯对执行猴实验提出的批评那样：动物越是情绪化、越容易恐慌、痛觉越敏感，遭受电击时反应就越剧烈，故而拼命跑滚轮。它们之所以得胃溃疡不是因为它们不断跑滚轮，而是因为它们更害怕。

如前所述，在可控性相同的情况下，接受不可预测（无信号）电击的大鼠比接受可预测电击的大鼠更易患胃溃疡，反应更剧烈。韦斯从中得出的结论是，大鼠之所以患胃溃疡，是**因为**它们反应过度。相比之下，安全信号假说不仅解释了大鼠为何得胃溃疡，还解释了它们 121
为何过度反应。如果大鼠在完全封闭的隔间内跑滚轮确实反映了恐惧唤起[10]，那么无信号组的大鼠应当更常跑滚轮，因为它们没有安全信号会吓得不停跑滚轮。而信号组大鼠只会在危险期内跑滚轮，因为安全信号出现后它们就可以高枕无忧了。因此，由于没有安全信号的不可预测电击最为恐怖，被试也就更常跑滚轮、更易患胃溃疡。至于跑滚轮与胃溃疡之间的关系，我们有理由认为越是情绪化的被试，越会频繁地跑滚轮，胃溃疡也越严重，原因正是它们更情绪化。换言之，强行抑制自身的应对反应，并不能避免胃溃疡。

综上所述，韦斯的理论完全可以归结为安全信号假说：相关反馈就是指向更明确的安全信号，高频率的应对反应意味着缺乏安全信号。因此，不可控电击更易引发胃溃疡这一发现同时也反映出电击具有不可预测性，由此可知不可预测的电击比可预测的电击更易引发胃溃疡。

对可预测性的偏好

目前尚不清楚由不可预测电击引发的焦虑状态，究竟是与可预测电击引发的恐惧状态截然不同，还是只是一种慢性恐惧。依据安全信号假说，相比可预测的创伤，不论是焦虑还是恐惧都更常见于不可预测的创伤。因为如若电击不可预测，焦虑会一直存在；而如若电击可以预测，唯有电击信号出现时才会唤起恐惧，其余时间则不会。因此，
122 我们推测比起不可预测的恶性事件，有机体将更加偏好可预测的。

不少实验多次观察到人类和大鼠的这种偏好。[11] 在此我将详细介绍其中最为缜密的一项研究。巴迪亚和卡伯特森（Badia & Culbertson, 1972）令 7 只大鼠在有信号电击与无信号电击之间做出选择。电击本身不可控，但大鼠可以选择是否在电击释放前呈现预警信号。白灯亮起时，随时可能出现电击，没有能准确预测电击的警示性刺激——没有安全信号。按压控制杆可以熄灭白灯，之后一定会出现电击，不过电击释放前有短暂的提示音。所以白灯熄灭且提示音也未响起就是安全信号，而白灯熄灭期间提示音响起，则是危险信号。换言之，白灯点亮时被试一直处于焦虑之中，而白灯熄灭时引发的只是急性恐惧。所有大鼠都压下了控制杆，明显表现出对白灯熄灭的偏好，哪怕它们在此期间遭受的电击次数与白灯亮起时一样多。[12] 图 6-4 对实验进行了总结。

除了对比有信号电击与无信号电击的文献外，还有一篇文献发现人和动物对即时电击的偏好胜于延时电击。有机体偏好即时电击不足为奇，因为即时电击比延迟电击更容易预测。所有人类实验一致发现相比延时电击，人类更偏好即时电击。[13] 而动物实验的结果却五花八门。克纳普及其同事（R. K. Knapp et al., 1959）发现大鼠偏好立即接受电击，不愿等待。但伦纳和霍利汉（Renner & Houlihan, 1969）却发现只有在遭遇电击后能够逃脱隔间，大鼠才会偏好即时电击。

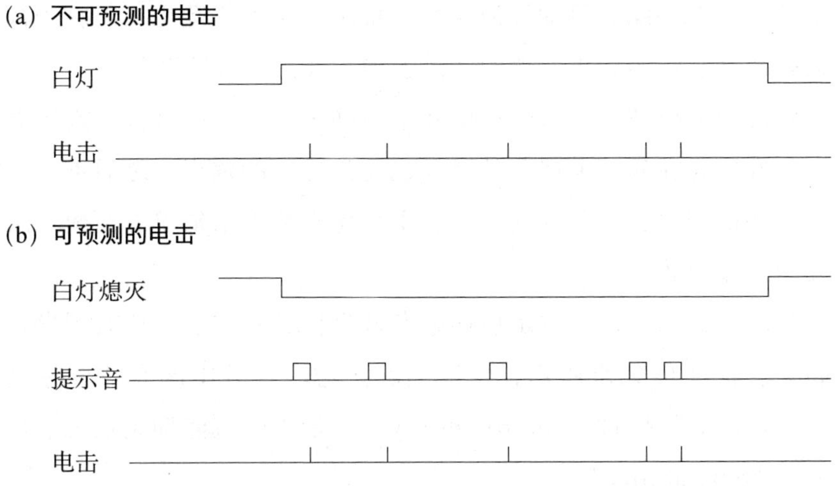

图 6-4　巴迪亚和卡伯特森（1972）的实验总结

情境 a 中，白灯点亮时被试始终是危险的；情境 b 中，只要提示音不响，白灯熄灭期间就始终是安全的。

一般而言，比起不可预测的恶性事件，人和动物普遍偏好可预测的。我认为这反映出不可预测电击没有安全期，而在可预测电击中只要不出现电击信号就是安全的。故而，比起不可预测电击引发的焦虑 123
或慢性恐惧，有机体更偏好急性恐惧。

可预测性与可控性的关系[14]

一位 65 岁的男士，自述有焦虑发作的情况。他担心自己会死于心脏病——他的心脏其实很健康，倒是没完没了地焦虑肯定有损循环系统。他典型的焦虑发作是这样的：他突然莫名有些担心，开始关注自己心脏的状况。细细自查一番后，他觉得可能有点轻微的心律不齐，不由自言自语道："保不准这就是心脏病发作的前兆。"他开始出汗，血压升高，愈发一门心思地感受胸腔的状况。而血压升高、心率加快的症状，又反过来更令他确信心脏要出问题了。他愈发恐慌，血 124
压继续攀升，心脏怦怦直跳。这时他意识到不该老想着这件事，胡思乱想只会雪上加霜。可他汗流浃背，根本无法停止乱想，满脑子都是心脏病即将发作的念头，他彻底慌了神，开始了恶性循环。

他去看了精神科，医生给他开了镇静剂，告诉他这种药效果立竿见影，哪怕是在病情最严重的时候也能消除他的焦虑。之后不论去哪儿，他都把药放在自己胸前的口袋里，焦虑症再未复发。而他一次也没服用过那个药。

在这一案例中，这位疑病症患者认为自己对焦虑发作有了潜在的控制力。他相信如果服药，定能消除焦虑。这其中的有效变量是什么，是焦虑的**可控性**（controllability）还是服药就能抑制焦虑的**可预测性**（predictability）？

这两个变量很难分清，因为可控就一定可预测。在探讨韦斯的胃溃疡研究时，我认为实验中电击可控所造成的影响与电击可预测的影响相当。然而，就一般现实情况而言，我估计可控性能增强可预测性的效果。顺带一提，我认为可控性的效果可能只在缓解恐惧和焦虑症状上与可预测性的效果相当，而不可控性对反应触发、猝死和抑郁的影响仍**强过**不可预测性。

若只论对焦虑的影响，可控性的作用甚至可能仍大过可预测性。在自行施用厌恶刺激和感知潜在控制力的研究中，也许藏有分辨二者的关键。假设我们有两个被试，一人要对自己实施电击，另一人会接受共轭电击，他虽不能控制电击，但能通过对方的行为预测电击。如果对自行实施电击的被试来说，电击同样只能预测不能改变的话，那么两位被试的唯一区别就只在于可控性。或者，还可以让两组被试均
125 接受完全不可预测的电击，只是其中一组犹如那位疑病症患者一样，他们被告知有一个应急按钮，可以随时退出实验。如果我们只将没退出实验的被试看作有效被试，那么他们实际上与另一组被试面临同样的不可预测性，区别只在于可控性。像这样采用自行施用的设计，研究潜在控制感的实验目前还很匮乏。

自行施用

珀文（L. A. Pervin, 1963）让大学生被试按不同次序接受可控、不可控、可预测、不可预测的四种电击。实验的可控性源于自行施用，因为被试无法改变电击。每位被试要分 3 次接受不同条件的电击，每次持续 1 小时，而后询问被试愿意再接受一次哪种电击，所有被试均明显偏好可预测电击胜于不可预测电击，偏好可控电击胜于不可控电击。能够自行实施电击的被试较少报告焦虑情绪，不过程度不算显著。[15]

斯托兰和布鲁门撒尔（E. Stotland & A. Blumenthal, 1964）利用手心的出汗量监测考前焦虑。实验人员告诉被试，他们即将参加一项重要的能力考核测试。其中一半被试被告知考试中可以按自己喜欢的顺序答题，而另一半则被要求必须依序答题。实际上被试并没有真的接受考核，他们听完指导语后立刻就接受了皮电反应测量。能选择答题顺序的被试出汗量并未增加，无法选择的被试则开始大量出汗。

自行施用的实验设计在刺激动物大脑进行研究的实验中发挥了重要作用。积极的大脑刺激指的是通过植入式电极向动物的大脑释放微弱的电流刺激，若动物愿意行动起来再次获取该刺激，这种刺激就被视作积极的、愉悦的。斯坦纳及其同事（S. S. Steiner et al., 1969）
首先训练大鼠按压控制杆，获取积极的脑刺激。随后研究者开始代替 126
大鼠人为地呈现刺激，呈现模式与方才大鼠自主获取刺激的时间模式一模一样。结果大鼠开始厌恶这种刺激，并学会了逃避，哪怕刚才自行施用时大鼠还视之为积极刺激。但目前尚不清楚其中起作用的究竟是自行施用本身，还是无法自行施用时刺激的可预测性降低了。

这些研究均不足以明确区分可预测性与可控性，因为能控制刺激的被试同时也能更精准地预测刺激，要使不可控的刺激与可控的刺激具备同等的可预测性几乎不可能。也许自行施用的可控性所具有的优势，就在于它能对可预测性进行细微的调整。好比开车，每轻轻转动一点方向盘，都能引发一个可预测的结果。而车上的乘客再怎么紧盯司机的一举一动，也难以像司机那般精准地预测车辆的动向。乘小船出海，我经常晕船，但我发现了一个克服晕船的办法：掌舵，我自己手握舵盘，乘风破浪，就不会想吐。

我们需要将能准确预测刺激的呈现和中止的被试与共轭被试进行比较：其中一名被试能控制刺激的呈现和中止，另一名被试与之共轭，仅能预测刺激。如此一来，能否自行施用并不影响可预测性，只造成可控性的区别。据我所知，唯有以下这项研究，大致符合我们设想的标准。

吉尔和迈塞尔（J. H. Geer & E. Maisel, 1972）向三组学生呈现暴力袭击受害者的彩照：（1）逃脱组，被试可以按下一个按钮，中止照片展示，而且每张照片呈现前会播放 10 秒的提示音。（2）可预测
127 组，被试知道每张照片呈现的时长，但无法中止照片展示。每张照片呈现前也有 10 秒的提示音。（3）不可控亦不可预测组，提示音与照片随机呈现，被试没有任何控制手段。后两组被试观看照片的平均时长共轭于逃脱组。

逃脱组观看照片时的 GSR 参数远低于其余两组。此外，可预测组听到提示音后的 GSR 参数高于逃脱组。这表明可控性在一定程度上缓解了可预测性带来的焦虑。今后的同类研究还应进一步改进实验方法，引入计时器（譬如闹钟）掐算厌恶刺激持续的时长，使可预测组的预测更加精准。如此方能确保可预测组和逃脱组一样，能精确预测刺激的消失。

控制感

上述第二则发现表明可控性能缓解由可预测性带来的焦虑，而这种可控性可以来源于控制感，而非实际的控制行为。[16] 有两种方法可

以令被试不依赖可预测性，直接感知控制：一是被试从不进行实际控制，只是深信自己拥有潜在的控制能力，一如那位“心脏病”患者；二是被试做出实际反应并始终相信一切尽在掌握，哪怕事实并非如此。

格拉斯和辛格（D. C. Glass & J. E. Singer, 1972）向两组大学生被试播放吵闹的混合噪声，两组被试均无法预测噪声。研究人员告诉其中一组被试，他们有一个潜在的控制方法：“你按下这个按钮就可以关掉噪声，换言之，一旦按下这个按钮，今天的噪声测试就彻底宣告结束。当然，按不按都取决于你。之前确实有人按过按钮，但也有人始终没按，我们希望你最好不要按。”结果这组被试均未按下按钮， 128
所以实际上两组被试都无法预测噪声。格拉斯和辛格发现，相信噪声可控的被试之后的表现并未受到噪声干扰，而没有控制感的被试则受到了影响。格拉斯和辛格比较了几项同类研究的实验结果后得出结论：“控制感能减轻不可预测的噪声造成的后遗症，使其与可预测噪声乃至无噪声情境近似。”[17]

吉尔和同事设计了一项实验，让被试误以为是自己在控制电击。[18]被试须一感受到电击就即刻按下开关，每次电击持续 6 秒，电击前有 10 秒的准备信号。实验后半程，半数被试被告知只要他们反应够快，就能缩短电击时长；而余下的被试则直接得知，电击时长会缩短。实际上所有被试接受的电击，一概变成了 3 秒。结果显示，自认有控制力的被试比没有控制力的被试更少出现下意识的皮电反应，由电击所引发的 GSR 参数更低。尽管两组被试都能预测电击，但自认有控制力的被试焦虑程度较轻。[19] 最终看来，要将可控性与可预测性在逻辑上分离开来几乎行不通。因为哪怕面对这项专门研究控制感的实验，我们仍然可以怀疑出现焦虑程度较轻的结果，实际上是因为被试拥有潜在的控制感，相信自己能更精准地预测电击。

所以，表面看来上述结果一致表明，控制厌恶事件可以减轻焦虑，自行施用厌恶刺激的被试不似共轭组那般烦躁不安。但自行施用之所以有此功效，可能是它令预测变得非常精准所致。针对控制感的研究则可能掩盖了精准预测的优势。实验中，被试一旦相信他们能够
129 控制事件，哪怕事实并非如此，也能缓解焦虑。控制感能缓解焦虑的这一发现，为我们提供了一种极其有效的治疗焦虑的心理途径。

系统脱敏与不可控性

可预测性与可控性在缓解焦虑方面效果显著，我认为这两个维度正是系统脱敏的有效因素，而系统脱敏可能是治疗焦虑最见效的心理疗法。[20] 治疗过程中，深受某类焦虑困扰的患者，譬如恐猫症患者，首先会按要求进行深度的肌肉放松训练，而后开始逐级想象恐惧事件。例如，在放松状态下，想象在“catsup”（番茄酱）一词中听到单词“cat”（猫）的发音，而后恐惧程度逐级递增，直至患者能平静地想象自己抚摸猫咪。这种治疗技术大约能快速缓解 80% 至 90% 的特定恐惧症。

开创系统脱敏疗法的沃尔普认为，只需将放松与恐惧对象联系起来，就足以对恐惧对象起到**对抗条件反射的作用**（counterconditions）。恐惧对象最终被一种与恐惧互不相容的放松反应中和掉了。然而，对抗条件反射的原理因无法充分解释系统脱敏的疗效而遭到猛烈批评。[21] 最主要的一种批评意见认为，认知因素也发挥了功效。在我看来，对抗条件反射可能在系统脱敏的过程中起到了减轻恐惧的作用，同时我相信对可控性的认知同样发挥了效力。

当患者坚信他能控制自身的焦虑感、积极主动地放松身心时，放松训练便是系统脱敏疗法中最见成效的部分。不过要是患者被动地遵
130 循诱导进行放松，并不强调自主控制，系统脱敏也能发挥部分作用。显然，控制感并不是唯一起效的因素。

借助药物放松的治疗数据，为自主控制焦虑的重要性提供了佐

证。在系统脱敏的过程中有时很难令患者完全放松，一些研究者便采用静脉注射肌肉松弛剂（美索比妥）的方式帮助患者放松。然而却弄巧成拙，导致治疗效果下降。里德（J. L. Reed, 1966）发现，部分患者在靠药物放松的过程中深感不悦，其中最大的不适是产生了强烈的失控感。停止用药后，重新严格按照肌肉放松法进行放松，患者普遍认为这种方法更舒适、更放松。

布雷迪（J. P. Brady, 1967）同样认为，药物放松能否成功取决于几个操作流程上的细节处理：

> 我不再完全依赖美索比妥令患者达到肌肉放松、情绪稳定的理想状态。相反，治疗时我会先引导患者进行肌肉放松训练，类似一个 4 至 5 分钟的小培训，旨在循序渐进地放松。而后在患者自主放松的过程中，告诉他即将给他注射一种有助于深度放松的药物，需要他的“配合”。开始注射药物后，再进行更深层次的放松引导，譬如催眠。

单是放松，并不能像自主放松那般显著抑制焦虑。

自主控制疗效甚佳，以至于一些行为治疗师会明确向患者强调，系统脱敏实际上是一个主动控制的过程，不是被动地等待对抗条件反射作用起效。譬如朗（P. J. Lang, 1969）就很强调患者对脱敏过程的 131
控制：

> 患者在想象中对恐惧刺激进行控制，刺激时长、频率和呈现的顺序都是脱敏过程中重要的认知因素。戴维森（Davison, 1968）借助实验消除该控制因素后，患者的恐惧并未得到明显缓解。恐惧刺激之所以令人厌恶可能正是因为个体已束手无策，除了战斗和逃跑外，再无法做出其他有效反应。

除实际控制外，控制感可能也在系统脱敏疗法中起到了缓解恐惧的作用。恐惧症患者往往一想到害怕的对象或是唤起焦虑的情境就会惊恐发作。这种出于无助的恐慌，使患者无法采取任何有效的应对措施。患者一旦认识到自己可以在恐惧对象面前放松下来，就会产生潜在的控制感，进而避免惊恐发作。假设有位恐惧症患者前去拜访行为治疗师寻求医治：经过一番了解后，治疗师决定进行系统脱敏，并向患者说明此种疗法久经验证，能令其自行控制恐惧和焦虑。建立好恐惧的等级层次后，患者开始逐级进行想象。每克服一个等级，患者的治疗目的也在逐渐实现。换言之，他变得不再恐惧或焦虑。渐渐地，患者在切实目睹恐惧刺激时已不再恐慌，反而相信自己能控制恐惧。这位恐惧症患者有生以来第一次自行阻断了他的惊恐发作，终于有能力去设法应对。成功地将新掌握的办法运用于实际，更坚定了他能够控制恐惧的信念。故而，相信自己有能力控制恐惧可以缓解恐慌，从而采取更加有效的应对之策。

早泄的治疗与方才的例子有着耐人寻味的相似之处。早泄患者不
132 仅无法控制性唤起，而且在不得不发生性行为时，他们往往预先抱有恐惧心理。这种恐惧的预期有碍患者控制射精，还可能导致**继发性阳痿**。[22] 借助阴茎挤捏法和逐步暴露于真实的性交情境，让早泄患者认识到他们能够控制自身的性唤起，可以阻断预先的恐慌，进而增强患者控制射精的能力。和之前的例子一样，可控的信念缓解了性能力不足引发的焦虑，使人应对起来更游刃有余。

结论

如果 CS 出现与否都不影响 US 出现的概率，US 就是不可预测的。若厌恶事件不可预测，缺乏安全信号，焦虑便在所难免。监测被试接受可预测电击与不可预测电击时的焦虑情绪，结果证实了安全信号假

说：人和动物受到不可预测的电击时，持续表现出条件性情绪反应和强烈的皮电反应。不可预测电击和不可控电击均能引发胃溃疡，这种由无助导致的胃溃疡，很可能是因为缺乏触发反应的安全信号。一如安全信号假说所推测的那样，比起不可预测的电击，动物和人类更偏好可预测的。可控事件可以通过控制该事件的动作反馈进行预测，而除了提供可预测性之外，可控性还能缓解焦虑——潜在的控制感和在想象中对厌恶事件进行控制均能缓解焦虑。综上所述，我认为控制感和可预测性可能在系统脱敏中发挥了至关重要的治疗作用。

本书的最后两章，我将解析抑郁和焦虑这两种情绪状态的来源。有些人比其他人更易抑郁或焦虑。对于一些幸运儿来说，唯有反复历经折磨，才会产生无助感、陷入抑郁状态。而另一些人，一丁点不如 133
意就能引发抑郁。抑郁对他们而言，与其说是一种情绪状态，不如说是一种人格特质。为什么有的人如此容易感到无助、郁郁寡欢呢？寻找无助的根因，最好的办法可能莫过于回溯婴儿期、童年期和青少年期的经历。下一章，我将研究无助作为一种人格特质的发展情况。

134

第七章 情感发展与教育

10 年前，我刚开始读研时，致力于钻研情感和动机发展。我发现认知、语言、运动技能、道德和智力的发展研究遍地开花，纷纷建立起了代表性的基础科学理论，然而动机发展领域却仍只有一片猜测和案例。“这一领域我们尚知之甚少，”我的一位大学教授如是说，“再有 10 年，我们拭目以待。”

而今 10 年过去了，我们仍旧一无所知。各种各样的认知发展研究搞得如火如荼，但却没什么人愿意触碰动机发展这块硬骨头。本章介绍了我对动机和情感发展做出的种种推测，只是一个大略纲领，没有太多我想要的实验基础，但好歹算是一个开端。

135 兴许是出于民主和平等主义理想，美国心理学家往往对具有可变性与可塑性的现象感兴趣。华生的行为主义俨然就是这一伟大事业的缩影：

> 给我十二个健全的婴儿和一个任我支配的抚育环境，我可以担保将其中任意一个婴儿，培育成我想要的专业人士——医生、律师、艺术家、商业领袖，乃至乞丐和小偷。[1]

在此姑且置身事外地猜测一下，我们对可塑性的痴迷前景如何。可塑性和环境决定论在许多方面都遭到学术界持续而深刻的抨击，华生的环境决定论正逐步淡出学界视野。譬如，心理学家皮亚杰就认为，经验并非决定儿童认知发展的关键因素。相反，儿童的认知能力是在与外界互动的过程中逐渐发展起来的，就像贻贝一样层层叠叠地越长越多。这一观点得到了大量的证据支持。儿童学习语言的方式与大鼠在奖惩机制下学会按压控制杆截然两样。就像乔姆斯基、布朗和勒纳伯格的经典研究告诉我们的那样，儿童天生就能理解母语、学说母语，除非生活环境极度贫乏。因为智人复杂的神经系统中早有一套语言学习的先天机制，相关证据之多几乎不容置疑。智力也是如此，詹森、赫恩斯坦（Herrnstein）和艾森克（Eysenck）等人发现，我们无法操控环境大幅提高智商。大部分智商差异不是环境所致，而是取决于生身父母的智商。就我们所知，家庭经济状况的好坏无法准确预测儿童的智力，唯有基因可以。

不同于无助研究，我个人在学习领域的研究也概莫能外地倾向于摆脱可塑性。我最近与人合编的一本书就主要论述了进化上的限制条 136
件，严重制约着有机体的学习能力。[2] 我认为，不同的基因使得特定物种天生就更容易意识到某些类型的关联性，同时也有部分关联性根本学不会。譬如，鸽子容易学会啄击按键获取食物，但很难学会啄击按键回避电击。

孜孜不倦地阅读了大量美国心理学文献后，我不得不承认儿童的认知发展远不像我所希望的那样具有很强的可塑性，这一发现的确让人高兴不起来。几年前，我去听一位德国著名心理学家的讲座。他花了 40 年收集不同人格类型的数据，贯穿整个纳粹时期。他详细地定义和阐释了他的类型学。讲座快结束时，我问他："为什么可以将不同的人分门别类？"他的回答一针见血，要是在 10 年前，我会认为这个回答装腔作势，但最新的研究进展赋予了它更深层次的意义。

“因为人的本性使然，年轻人。”他娓娓作答。

就我个人而言，我并未打算全盘放弃对可塑性的探索。推动美国（和苏联）钻研环境决定论的民主主义和平等主义理想委实根深蒂固、意义非凡，无法轻言放弃。既然儿童的认知无法任意塑造，那么心理学家的任务就该是探索我们能塑造什么。

我认为动机和情感比认知更为可塑，更易受环境影响。我不再认同高强度的针对性训练能将儿童的智商提高 20 分，或是提前 3 个月让他开口说话，又或者像莫扎特那样 5 岁谱出钢琴奏鸣曲。但与此同时，我**深信**环境中的一些关联性能让儿童认为自己不可能成功，相信
137 自己是无助的。而另一些关联性则能让他发现反应有效，相信自己能掌控自己的那片小天地。只要儿童自认无助，不论智商高低，他都会表现得傻头傻脑。只要儿童自认无助，不论他具有怎样的音乐天赋，都不可能写出钢琴曲。相对地，如果儿童认为自己有把握、有控制能力，他可能会比缺乏这种信念、徒有天赋的同龄人表现得更出色。而最为重要的是，正是以往经历过的可控与不可控事件，决定了一个人是容易感到无助还是容易感到一切尽在掌控。

发展之舞

人类的新生儿比其他物种的幼崽更弱小无助。在接下来的一二十年里，有些人获得了对周遭环境的掌控感，而另一些人获得的则是深深的无助感。过往的种种经历共同决定了这种无助感或掌控感的强弱。譬如一个三年级的孩子，每次在操场打架他都惨败而归。第一次打架时，他可能没想过自己会输，直缠斗到再无还手之力才肯罢休。而连败九阵后，可能刚挨第一拳，他便觉得自己输定了。他是否会轻易认输，取决于过去的胜败比。其他更具有普遍性的信念也是如此，好比无助感和掌控感。如果一个孩子反复历经无助，几乎没体验过什

么掌控感，置身新情境时只要有一丁点预兆，他就会相信自己是无助的。而同样的预兆摆在另一个过往经历截然相反的孩子面前，他很可能认为一切尽在掌控。无助和掌控的经历发生的时期、频率和强度，将决定这种动机特质的强度。

号啕大哭的婴儿赤条条地被送到产科医生手上时，他几乎什么都无法控制。新生儿的大多数反应是反射性的，他所展现出的自主反应——可以借由操作性强化进行塑造的行为——极其有限。譬如，新 138
生儿吸奶的行为是可以塑造的。[3] 吸奶反应分为两步：一是挤压，即用舌头和上腭挤压奶头；二是吮吸，即形成真空以便利用大气压将奶水吸出奶头。萨默洛夫（A. J. Sameroff, 1968）以牛奶作为强化物，分别对挤压或吮吸行为进行强化。若婴儿挤压奶头后立即喝到牛奶，便不会出现吮吸行为。而且婴儿还会根据喂奶时细微的压力变化，调整自己挤压奶头的力度。但这是一种弱形式的学习，没有迹象表明下次喂奶时婴儿仍记得上次喂奶的情形。婴儿还可以通过转动头部的方式在一定程度上控制强化物，若他们转头后能喝到糖水，其转头的频率也随之攀升。[4]

随着自身的成长，婴儿越发频繁地做出自主反应来控制结果。他一哭，母亲就赶来查看，下次母亲不在时，他会更加卖力地哭泣。他好不容易在婴儿床上找到了一个舒适的位置，下次躺在床上时，他会更迅速地找到那个位置。他的双眼越来越善于追踪物体，起码追踪慢速移动的东西不在话下。

在此，有必要再次提请读者注意实际控制与控制感之间的区别。从定义上讲，婴儿的自主行为的确控制了结果。但这并不意味着婴儿从一开始就能认识到他拥有这样的控制力，况且我也不认为新生儿具备这等认知。[5] 这种认知形成于成长期的某一阶段，但具体何时仍悬而未决。唯有通过研究无助感和掌控感的情境泛化，才能最终确定这类认知的起源。不论如何，实际控制无疑是发展控制感的必要条件。

139 整个童年期，婴儿都在与环境共舞。我认为，正是这支发展之舞决定了孩子获得的是无助感还是掌控感。他做出的反应要么引发环境变化，要么独立于所发生的变化，婴儿会粗略地估计反应与结果间的相关性。若相关性为零，则产生无助感。若呈现高度正相关或负相关，则意味着反应有效。依据相关结果的好坏，婴儿会学着更加频繁地做出反应或是克制反应。但最为要紧的是，他习得了反应的有效性，认识到大部分情况下反应与结果**同步**。若反应与结果**脱节**，婴儿陷入无助后将停止反应，而且还会以为大部分情况下反应均于事无补。这种认知和成人的无助一样会导致反应触发困难，形成消极的认知定势，以及焦虑和抑郁。但这对婴儿来说后患无穷，因为他还小，情感和动机发展还处在打基础的阶段。

写这段文字时，我 3 个月大的儿子正偎在母亲怀中吃奶。他的发展之舞一目了然：他吮吸，外界回之以温热的母乳。他轻拍母亲的乳房，母亲回之以柔抚。他吃饱喝足满意地呢喃，母亲回之以细语。他开心地咿呀乱语，母亲亦回之以学舌。他的一举一动都与外界的反应同步。

沃森用两三个月大的婴儿进行实验，捕捉到了发展之舞的精髓。[6]沃森的观点与我不谋而合，他认为婴儿会抓住每一个机会分析他的反应和结果之间的关联性。出生头 8 周，婴儿尚不具备关联性认知，因
140 为他几乎没有自主反应，而且记忆广度极其有限，难以记住上一组反应与结果是何关系。但约莫在第 8 周，一种新能力崭露头角。沃森及其同事每天对三组 8 周大的婴儿进行 10 分钟的关联性特训，结果惊人。他们设计了一种非常灵敏的空气枕头，婴儿只要用头挤压枕头就会启动其中的开关。婴儿床上悬挂着彩球做的旋转玩具，关联组被试每按一次开关，玩具便旋转 1 秒。无关联组也能看见玩具旋转，但无法控制。第三组被试的玩具不会旋转。

不同于其余两组被试，关联组的活动频率明显增加，这表明他们

学会了实验中的关联性。唯有关联组被试的母亲（不约而同地）报告称，从实验的第三天或第四天开始，她们的孩子常活泼地微笑，咿呀学语。

沃森将这套训练应用于一个 8 个月大的重度智障女童身上，她的行为发育尚如一个半月的婴儿。女童发育不足，从未表现出任何工具性行为或是明显的微笑和学语之举。接触具有关联性的玩具不出 11 天，女童的活动量翻了 10 倍，一看到旋转玩具，她就开始微笑，大声学语。

分析关联性的游戏是发展之舞初期阶段的例证。对正在发育的婴儿来说，控制环境是种相当愉快的体验。而缺乏控制不仅不能带来快乐，甚至还会惹人生厌，哪怕环境“趣味盎然”并带有可以旋转的玩具。为什么拨浪鼓能逗乐婴儿？不是因为这种声音令婴儿觉得新颖或熟悉，而是因为婴儿自己摇响了拨浪鼓。快乐最基本的进化意义可能在于它来源于有效的工具性反应，从而鼓励有机体去从事那些具有控 141
制感的活动。相对地，无聊的感觉能促使儿童远离他无法控制的刺激，投身于能培养自身价值感的游戏。

自传入感觉

如果剥夺婴儿的反应与结果间的同步性会如何？

率先中断的或许是最基本的**自传入感觉**（reafference）的同步。自传入感觉指的是动作与视觉反馈间的关联性。当你走向一堵墙时，你前进的动作与墙面变大的影像是同步的。凡是健全的婴儿都会认识到当他活动手部时，他能看见自己的手正在移动。

自传入感觉是自我的根基所在，若没了它，我们很难想象婴儿要如何感知自我与外界的不同。我们究竟是如何把自身与外界区分开来的呢？当我活动**自身**的某一部分时，这个部分会表现出极高的相关性：我能确定这只手是我的不是别人的，是因为我发出运动指令后，总能接收到伸手的感觉反馈。事实上，我们极有可能正是通过分析运动指令与相关反馈间的相关性，来确定是哪个运动指令诱发了特定反应。每个婴儿都不免伤感地认识到母亲并非自身的一部分，她是外在的：婴儿发出的运动指令与他所看见的母亲的行为之间相关性甚低——虽然只要生活环境不是极其贫乏，相关性也并非为零。那些运
142 动指令与视觉、动觉的反馈完美相关的“对象”，都是自我的一部分；如若不然，该“对象”就是外在的。自此，我们毕生都在竭力提升运动指令与外界变化之间的相关性，即争取控制力。

麻省理工学院的赫尔德、海因及其同事在剥夺动物幼崽自传入感觉的基础上进行了一系列引人注目的研究。[7] 8 对参与实验的小猫在黑暗的环境中成长到 8 至 12 周大。而后将每对小猫两两束缚在一个类似旋转木马的装置上，其中一只可以主动活动，另一只则被困在马车里。主动的小猫可以在一定程度上自由走动，它运动时可以收到同步的视觉反馈。另一只在马车中的被动的小猫，也能收到和主动的小猫一样的视觉刺激。但被动的小猫视野中的一切变化均独立于它的行为，不论它动不动爪子（或是做出其他行为），都不可能改变它接收到的视野景象。它的运动输出与视觉结果间毫无同步性。参与实验的小猫每天在装置上待 3 个小时，余下的时间它们与母亲、同胞兄弟姐妹一起生活在黑暗中。

在旋转木马上待满 30 小时后，小猫开始一对对地接受测试。主动的小猫会对着正在接近的物体眨眼，落到地面前它们会预先伸出爪子避免冲击，也懂得绕开陡峭之处。被动的小猫没有表现出这些行为，不过它们在有光的环境中自由奔跑了几日后，最终同样发展出了这些行为。

该实验中运动输出和视觉反馈脱节所造成的创伤是可逆的，究其原因可能是脱节的程度较轻。哪怕是被动的小猫也体验过诸多同步性，它们虽成长于黑暗中，但发出运动指令后仍可接收到相应的触觉

或听觉反馈：它用左腿碰右腿，就能感觉到两腿相触；它吮吸母亲的奶头，母乳流入口中；它伸出爪子，被抓挠的东西就吱嘎作响。若是 143
彻底脱节，更为普遍乃至不可逆转的创伤可能就会产生。

墨菲（L. B. Murphy, 1972）就描写过在一贫如洗的家庭中，婴儿的行为与母亲的反应彻底脱节的惨淡光景：

> 生活条件艰苦的婴儿与又穷又累的母亲之间的玩耍互动，比孤儿院里的孩子多不了多少。母亲只是垂头丧气地呆坐着，无奈地抱着孩子，两人面面相觑尚没有任何交流，遑论相互逗乐。对于出身贫寒的婴儿而言，他的生活经历……无法让他对现实产生期望，促使他伸出手去探索外界，相信尝试新事物能带来意想不到的惊喜。

缺乏母爱和被福利机构收养的孩子很可能变得无助，这正是我们接下来要面对的不幸情境。

母爱剥夺

在孤儿院生活的婴儿，似乎普遍留有严重的心理创伤。这些婴儿有一个共通点——缺乏对结果的控制。斯皮茨（R. Spitz, 1946）观察到的情况相当典型，令人不寒而栗：

> 出生半年后，有几个婴儿一反之前的开朗活泼，开始哭个不停。过了一阵子，他们由哭哭啼啼变得畏畏缩缩。这些行为异常的小孩躺在婴儿床上时习惯别过脸去，不愿与周围互动。我们主动靠上前，他们却熟视无睹……如果我们执意与之互动，他们就开始哭泣，有时甚至不惜尖叫……其中一些婴儿体重减轻……护工报告称有的还经常失眠……这些孩子很容易患上感冒和湿疹……
>
> 这种行为综合征持续了 3 个月。而后啼哭声偃旗息鼓，如非遭 144

> 遇强烈刺激，这些婴儿不再哭个没完。取而代之的是他们脸上浮现出木然的表情。不论坐卧他们都空洞地睁着一双大眼，表情呆滞，精神恍惚，显然没有意识到周围的一切。他们的这种表现有时还伴随着手淫行为……及至这一阶段，这些孩子已变得越来越难接触，甚而根本无法沟通，充其量只能惹得他们尖叫而已。[8]

这种现象被称为依赖性抑郁、医院病（hospitalism）或消瘦症（marasmus）。有两种情况会诱发这种现象，其一是将 6 至 18 周大的孩子与相亲相爱的母亲隔离开来。有趣的是，如果母子关系淡薄乃至糟糕，就不会出现上述现象。其二就是由孤儿院抚养孩子，他们整日躺在床上，目之所及只有白色的床单，与他人的接触仅为最低限度的机械互动。如果母亲很快又回到孩子身边，他们的症状通常有所缓解，有时甚至立竿见影。但若不及早干预，预后不容乐观。斯皮茨在孤儿院观察的 91 名婴儿中有 34 人不到 3 岁就夭折了，其余儿童也患上了木僵性抑郁或痴呆。

剥夺婴儿周遭的刺激，就是在剥夺婴儿对刺激的**控制**。发展之舞不能没有舞伴。对孩子不管不顾，只每隔 4 小时前来喂一次奶，如何能让孩子感知行动与结果间的同步性呢？回想一下索米和哈洛（Suomi & Harlow, 1972）的实验，幼猴在隔绝刺激的深坑中生活了 45 日（边码第 90 页）。与患有依赖性抑郁的婴儿一样，这些幼猴即便离开了深坑，仍表现出严重的抑郁行为。它们不会自在玩耍，只是蜷缩一隅，一有同伴靠近就惊叫不已。我认为造成这些后果的根本原
145 因不在于被剥夺了刺激，而在于被剥夺了同步性。

失去母亲的婴儿不仅缺乏母爱，更失去了对生命中最重要的结果的控制。如果不能与母亲共舞，发展之舞必然空虚委顿。没有母亲，无人回应你的拥抱，你的呢喃和微笑皆似泥牛入海。孤儿院的护工对婴儿的哭喊充耳不闻，他们忙得团团转，无暇回应婴儿，给予婴儿控

制感。喂奶、换尿布、抱孩子在他们那儿不过遵循时刻表的安排，十之八九不是为了满足婴儿真正的需求。

我们对母爱剥夺的系统性认知大多源自猴类实验。哈洛（H. F. Harlow, 1962）就记录过失去母亲的猕猴的行为。[9]

> 我们观察了一批一出生就和母亲分离的幼猴，让他们在不同的母性条件下成长。最初的47只幼猴1岁前均被饲养在铁笼中，它们可以彼此相视相闻，唯独不能相互接触。而今它们已长到5至7岁不等，到了性成熟的年纪。月复月年复年，这批猴子的反常之处日益凸显。我们发现它们时常枯坐笼中，盯着虚空发呆，对周围的人类和其他猴子熟视无睹。它们有的双手抱头，来回摇摆——这种自闭行为我们此前已在由铁丝妈妈代为抚养的幼猴身上发现过。余下一些幼猴一旦有人靠近或独处就会陷入狂暴，疯狂抓扯自己的双腿，有时甚至不得不替其处理伤口。

没有母亲的幼猴与由“铁丝妈妈”养大的幼猴行为相似。[10] 这些猴子不会探索和操控环境。不论“母亲”在不在身边，它们与外界的那点接触都显得疯狂而怪异。与其他猴子互动时，它们不会发起攻击行为。萨克特（G. P. Sackett, 1970）在与母猴和同伴分离的幼猴身上 146
发现了类似的缺陷。它们不会主动寻求身体接触，攻击性减弱，运动能力也大幅下降。一如无助的狗，这些孤立成长的幼猴在回避电击时也存在缺陷：它们要比非孤立饲养的对照组遭受强得多的电击，才能学会不要从有电的水管里饮水。

这些幼猴缺少了什么？过去一直认为是“母爱”，我以为这个答案流于表面。环境剥夺与环境丰富化研究，都容易忽视控制感。实验人员将积木和迷宫放入大鼠的实验环境时，他不仅仅是增加了一点实验用具，还赋予了被试新的**控制力**。真正让环境变得更为丰富的不是多了点积木，而是大鼠会与之互动，会闻嗅、翻弄、啜咬积木。我认为只增添实验用具而不准被试进行控制，根本无法达到丰富环境的目的，反之亦然。如果一个人长期缺乏某物，必然也缺乏对它的控制。无怪幼猴仅仅是接受了不可控电击，就会表现出类似母爱剥夺的缺陷。[11] 我认为母爱剥夺造成了一种尤为严重的失控。母亲是发展之舞的主要舞伴，是婴儿反应同步的源泉，也是婴儿分析关联性的关键对象。婴儿体会到的掌控感或无助感，都源于母亲对其行为的反应。如果没有母亲，婴儿会产生深深的无助感——特别是连个“代理母亲”也没有，或者“代理母亲”无法做出反应。也许哪怕有一个能与婴儿同步互动的机器妈妈，也能避免孩子变得无助。

母亲也会给婴儿带来挫折和冲突，但这些挫折和冲突终归可以化
147 解。怀特（B. L. White, 1971）指出母亲为孩子制造困难的目的，是要孩子行动起来克服困难：

> 她们以家为主，营造出一个非常适于培养 1 到 3 岁小孩好奇心的世界……育儿有方的母亲不会次次都丢下手头的事去满足孩子的需求，如果实在走不开，她们会认为不如让孩子稍微吃点苦头也好……她们虽然也会口头教育孩子，但多数时候以行动回应孩子。

发展之舞越跳越复杂，越跳越有挑战性。孩子不再次次都能得到母亲的回应，挫折应运而生。若孩子凭一己之力克服了挫折和焦虑，他的效能感就会增强。若始终未能克服挫折或者由父母代劳，无助感则会加剧。

除了母亲造成的无助感外，同伴欺凌所致的无助感也会产生无可挽回的后果。西多夫斯基（J. B. Sidowski, 1971）将幼小的猕猴孤立饲养到 6 个月大，不让它们与母亲和其他同伴接触。6 个月后，这些幼猴每天被绑在一个装置上，与其他活动自由的小猴子共处 1 个小

时。动弹不得的幼猴受到其他同伴肆无忌惮的欺凌：活动自由的小猴子挖它们的眼，撬它们的嘴，拉扯它们的毛发。幼猴所表现出的无助反应令人惊讶：

> 起初它们惊慌地叫嚷、拼命地挣扎，两三个月后，这些动弹不得的幼猴情绪反应减少，开始无望地逆来顺受。周围的猴子做着鬼脸乱嚷乱叫，它们熟视无睹，也不会抓住机会咬断施虐者频频塞进它们嘴里的手指和性器。

脱离束缚装置后，幼猴的情况并未好转。每每接触其他猴子，它们就
惊恐万状。其中一只幼猴更是尖叫连连、上蹿下跳，甚而开始剧烈抽 148
搐，让一贯老练的实验人员都看不下去。还有一只受过束缚的幼猴第一次被另一只猴子触碰时，立刻栽倒在地，浑身僵硬得如同混凝土一般。直到同伴进入另一隔间，它才重新动了起来。这些幼猴留下了永久性的发展障碍，终其一生都几乎没与同伴进行过任何交流。

新近的几项动物实验进一步揭示了幼年无助对后期发展的影响。约菲及其同事（J. M. Joffe et al., 1973）在有关联性与无关联性的环境下分别饲养了两组大鼠。关联组的大鼠按下第一根控制杆可以获得食丸，第二根可以获得饮用水，第三根可以控制室内灯光。无关联组能获得同样的食物、水与光照，但一概独立于它们的反应。大鼠成长到 60 天大时，统一接受一项标准的焦虑测试——旷场试验。在关联性环境中长大的大鼠更乐于探索周遭，较少排便，表明它们的焦虑程度较低。充满控制感的成长环境比无助的成长环境更少引发焦虑。

汉纳姆、罗塞里尼和我（R. D. Hannum, R. A. Rosellini, & M. E. P. Seligman, 1974）最近将这些发现拓展应用于研究反应触发。三组刚刚断奶的大鼠分别接受可逃脱电击、接受不可逃脱电击和不接受任何电击。待其成年后，再进行新的逃脱测试。断奶时接受过不可逃脱

电击的大鼠表现得很无助，逃脱失败。而接受过可逃脱电击与没接受过电击的大鼠均逃脱成功。此外，大鼠若在断奶时接受过大量逃脱电击的训练，成年后纵然遭遇不可逃脱的电击，也不会变得无助。幼年的控制经验有助于成年后对无助产生免疫性。

近来，彼得·拉帕波特和我在钻研一个问题，即无助的母亲有没有可能将她的无助传给子女。[12] 有研究表明，雌鼠在怀孕期间多次经
149 历有信号的电击形成恐惧的条件反射后，生下的后代更胆小畏事。[13]
不过我们想研究的是，在怀孕前有过控制电击的经历会对下一代产生怎样的影响。为此，我们让三组雌鼠在怀孕前 16 天分别接受不可逃脱电击、接受可逃脱电击和不接受任何电击，除此并未进行其他的实验操作。接受不可逃脱电击的雌鼠排卵周期延长，说明不可逃脱的电击令它们压力倍增。三组被试受孕产崽后，哺育幼鼠直至 21 天断奶。接受不可逃脱电击的 5 只雌鼠中有 2 只在孕期身亡，虽令人惋惜但却在意料之中，详情我们第八章再讲。幼鼠成年后进行旷场试验，结果发现不可逃脱电击组的后代没表现出探索行为，而可逃脱电击组和对照组的后代则积极探索旷场。在之后的按压控制杆逃脱电击的测试中，“不可逃脱组”的后代表现较差，尤以雄性幼鼠为甚。

哪怕是在怀孕前经受过不可逃脱的创伤，雌鼠的恐惧也会传给下一代。具体的遗传途径我们不得而知，但以下两种机制均有可能：（1）**子宫因素**，不可逃脱的电击可能造成了一些病变或是性激素的某种长期异常，进而影响了胎儿。发情周期延长是这一点的佐证：雌鼠的排卵期越长，后代在测试中就表现得越木讷。（2）**饲养因素**，接受不可逃脱电击的雌鼠可能变得无能或焦虑过度，无法很好地饲养子女。我们的这项研究尚未进行重复实验，所以现在做出结论为时过早，甚而有些冒进。

150 班布里奇（P. L. Bainbridge, 1973）的一项研究也证明了不可控
性会对有机体的发展造成破坏。他让两组约莫 50 天大的大鼠接受辨

别问题测试，其中一组面临的问题是无解的——食物奖励独立于反应与刺激，另一组接受的辨别问题有解——对正确的刺激做出反应即可得到食物，第三组大鼠无须解决任何问题。无助的大鼠后来在解决新的辨别问题和走迷宫时都表现得很差。

这类针对动物发展的研究尚处于起步阶段。虽然有大量研究电击、触摸、食物剥夺和母爱剥夺对动物的影响的文献，但研究者往往忽视了可控性维度。要是我的思路正确的话，剥夺控制感才是这些研究中的关键操作。而那些为数不多的设置了多重可控性的研究，往往又只针对有限的结果。如果我们要探索长期无助对动机发展的影响，就必须将完全不可控的环境与可控的环境进行比较。[14]

我对婴儿期动机发展的看法已呼之欲出。婴儿期的发展决定了孩子和成人是易于无助还是易于掌控。婴儿若在他的行为和结果间体验到丰富的同步性，就会形成掌控感。母亲及时给予反应是培养掌控感的基础。反之，若婴儿在自主反应和结果间体验到的是无关性，无助感便落地生根。母亲缺位、刺激剥夺和不给予反应的哺育方式均会让婴儿深感失控。无助对婴儿造成的影响与成人一样：反应触发减少，难以认识到反应有效，变得焦虑和抑郁。然而，婴儿的无助感是种基本的动机倾向，日后习得的动机都将在此基础上开枝散叶，因此这种无助造成的后果更具毁灭性。 151

我们能否从这一发现中提炼出什么育儿良方呢？当然可以。我女儿艾米 8 个月大时，我们夫妇二人与一群学生一起去酒馆吃比萨、喝啤酒。艾米坐在儿童餐椅上口齿不清地喃喃自语，我们则在一旁探讨无助感。我们谈话时，艾米显然开始无聊了，两手重重地拍打着儿童餐椅的金属桌面。我们本就在讨论控制感对儿童发展的重要性，我便顺水推舟做起了现场示范，也双手拍打桌面回应艾米。艾米一下子笑逐颜开，再次拍打桌面。这次我们集体拍桌回应了她。艾米继续拍桌，笑得更开心了。我们也再度回应。八个大人同一个小孩来来回回地拍了大约半小时的桌子，在场的服务员和顾客想必都惊呆了。

如果我们常说的**自我力量**（ego strength）真的来源于童年早期对环境的掌控感，那么父母就应该不遗余力地陪小孩玩这种“同步游戏”。与其偶尔心血来潮地跟孩子玩他喜欢的游戏，不如等他自己做出一些自主反应后，再与他互动。当孩子重复和加深他的行为时，你也如法炮制。即便本章的观点有误，童年早期的同步性无足轻重，你也没什么损失——无非陪孩子开开心心地玩了几个小时游戏。但要是我说对了，那些不厌其烦地与孩子“共舞”的父母，无疑会因此增强孩子成长道路上的掌控感。

童年期、青少年期的可预测性与可控性

女儿满周岁后，我和妻子开始将她交由保姆照看，但随后发现原本温和可人的艾米开始变得烦躁不安。我们将她交给保姆的策略如
152 下：保姆第一次来的时候，我介绍保姆给艾米认识。待到她俩玩得正起劲时，我和妻子悄悄溜掉。我们希望这样悄然无声地离开能避免艾米哭闹加深分别的痛苦，否则很可能变得难舍难分。这似乎是最平稳的过渡方式，许多家长也是这样做的。

如法炮制数次后，我们发现艾米越来越焦虑，凯瑞对我们的策略提出了异议：“安全信号理论明确指出过我们不能偷溜。”

“这话怎么说？”我问。

“我们毫无预兆地抛下艾米，就好比不可预测的电击，”她说，“艾米会持续处于分别的焦虑中，因为她不能预测我们何时离开，也就不能预测我们何时在她身边。如果我们反其道而行之，郑重其事地跟她告别，艾米就会明白如果没有告别，就不用担心我们会走。”

我信服不已，于是下次出门前，我们清楚地告知艾米要外出几

小时，请她和保姆一同出门为我们送行。我们挥手告别，相互拥抱亲吻，而后她们目送我们的车渐行渐远。艾米完全理解我们在做什么，她哭闹着挽留我们，但我们还是会走，而且此后一直这样和她告别。不久后，艾米恢复了以往的平和。顺带一提，艾米 5 岁时已相当镇定自若，似乎丝毫不担心父母会离她而去。读者可能会质疑我们的实验没有对照组，其实眼下我们又有了一个适龄的孩子，可以作为“偷溜”实验的对照被试。不过由于之前的办法很奏效，我们不会这么做。

幼童势必会经历各种各样的创伤性体验——看牙医、与父母分别、打针输液。若一无所知地经历这一切，孩子一定倍感焦虑，因为他无从知晓自己什么时候是安全的。若能准确预测这些事情，譬如告 153
诉孩子“等下会很疼”，孩子就会知道只要妈妈跟他说“这个不疼”乃至什么也不说时，他就是安全的。稍后讲到自尊时，我会再回到这个话题。

课堂

孩子开始接受系统的教育时，可控和无助发挥着至关重要的作用。上学对每个孩子而言都是段困难重重的经历，孩子在学习读写和算术的同时，也一并认知到自己有多无助或有多能干。20 世纪 60 年代，考泽尔（J. Kozol）撰写了深入人心的教育类书籍《早逝》（*Death at an Early Age*），其中描绘了课堂上的无助现象：

> 智商测试结果显示这个男孩是个“特殊生”，因此大多数老师认为普通的大班教学教不了他。与此同时，学校学生人满为患，特殊教育的老师供不应求，校内唯一一个特殊班级也无法容纳他。而且因为教育制度的问题，校车不肯接送黑人小孩往返其他社区，所以即便另有学校能够收他，他也去不了。种种缘故由上而下层层累

> 加，造成的后果是整整一年他被置之不顾，形同虚设。他什么都做不了，只能虚度光阴、闯祸、做做白日梦或者干脆自甘堕落。他相当难受，他病了，任谁都能一眼看出来。他对一些匪夷所思的事笑到几欲流泪。如不仔细观察，你会以为他常常无缘无故地笑个不停。有时他笑得很开心，一脸欣喜若狂的样子。而这通常是因一些小事而起：手指上有个小黑点或是地板上有只臆想的虫子。男孩生着一颗橄榄似的大脑袋，一双眼睛转动得非常呆滞。一天，我给了他一本书，讲的是一个法国小男孩一路追着一只红气球去上学。他坐下来，对着书摇头晃脑，微笑了起来。但大多数时候他只是对着书本生闷气、发牢骚乃至哭泣。他哭是因为他没学会阅读，他哭是因为没人教他写作，他哭是因为音节烦冗的单词他念不出来。他看
> 154 不懂那些表格，不会做减法，不会做除法。他因为一个严重的管理错误被分到这个四年级的班级里，我一直在想，这简直就像一场捉弄。他宛如一个突兀的笑柄，很难不惹人发笑。孩子们觉得这样很有趣，成日笑话他。有时他还会和他们一起哄笑，当我们别无选择时，就会像这样把自己的痛苦破罐破摔地拿来调笑。如若不然，他便放声大叫。他的老师有次直言不讳地跟我说："我教不会他。"而事实上，这位老师根本没教过他，自他到校的第一天起，就没接受过像样的教育。[15]

最终考泽尔用特殊教育的方式为男孩另开小灶，教会了他。

通常我们以为的发育迟缓或是智力缺陷，其实很可能是习得性无助造成的。案例中的小男孩认知到一旦老师开始在黑板上写字，他做什么都是错的。他越来越落后，无助感也越来越严重。只要孩子认定自己的行为纯属徒劳，智商多高都没用。

两项研究学龄儿童无助感的实验室实验均反映了这一问题。第一

项实验证实了学龄儿童会形成无助的**学习定势**（learning set）。学习定势在比较心理学中广泛用以检测被试习得的学习策略。[16] 在典型的学习定势实验中，受试的猴子或儿童会面对一个二选一的辨别装置，一边放着勺子一类的寻常用品，另一边也放着差不多的东西譬如手帕等等。假设儿童选择了勺子，选对了会得到一颗巧克力豆，错了什么也没有。通过一二十次的反复试错，儿童学会了应该坚持选择勺子。接着进入下一个定势问题的学习：选择铝罐有奖励，选择玻璃杯则没有。最终，儿童学会了一直选择铝罐。学会多个定势问题后，儿童学到的东西远非"铝罐和勺子是正确选项"这么简单。他能从中学到一 155
种普遍的认知策略：如果首次选择的对象正确，就坚持选择。如果首选错误，则立马换选另一对象，并认准该选择。[17] 儿童一旦习得这个策略，每个问题他只需试错一次就能百发百中，不必再反复试错。

奥布莱恩（R. A. O'Brien, 1967）在标准的学习定势实验中引入了无助的关联性。其中一组幼儿须解决一系列有解的物品辨别问题。另一组无助的被试也要解决一长串问题，只是他们所获得的奖励独立于反应——除"反应无效"外，被试从中学不到其他认知策略。第三组被试无须解决任何问题。最后，所有被试都接受了一套有解的学习定势问题测试。无助组学习得最慢，对照组次之，"有解"组学起来最快。

这表明相信反应无法解决问题会严重阻碍高阶认知策略的习得，而这种高阶认知策略是学有所成的必要条件。当孩子成绩欠佳时，他没准就会形成自己的反应多半徒劳无功的高阶认知。

好在孩子在学校里的失意，往往不会影响到他生活的其他方面。儿童会辨别无助的情境：他可能只对课堂上的某位老师或某个学科感到无助。我门下的许多优等生，对数学方程式一筹莫展。但若走出教室与其他老师交流或者上数学以外的课，这些学生又会能干起来。

德韦克和雷普奇（C. S. Dweck & N. D. Reppucci, 1973）证实了

儿童在课堂上的辨别性无助。40 名五年级学生分别从两位老师那儿收到需要解决的视觉问题，这些问题有的有解、有的无解。起初，其
156 中一名老师只发放有解问题，另一名则只发放无解问题。最后，由“无解”老师向学生发放有解问题。学生没能解开最后的问题，哪怕这些问题刚才由“有解”老师发下来时他们早已解开过一次。儿童能够辨别无助的情境，他相信自己在某类情境下是无助的，换个情境则不然。在错误的情境下面对一个有解问题，他会表现得一塌糊涂。

这种具有辨别性的无助感兴许可以解释为什么有些（当然不是全部）孩子难以学会阅读。罗津及其学生接手了一个有严重阅读障碍的问题班级。[18] 罗津教他们读英文屡教屡败，和他们的英文老师如出一辙。有一天，罗津博士教了这些孩子一组汉字，告诉他们每个汉字都代表一个英语口语单词。短短几小时后，这些孩子就开始大段大段地阅读“中文”。显而易见，这些孩子完全具备阅读能力，但却受到了抑制。罗津认为，这些孩子更容易将一个单词与字符联系起来，而不是像多数人那样将一种发音与字母或字母组联系起来。但如果这就是症结所在，那么他们为什么很难将书面英文与英文口语联系起来呢？我认为是辨别性无助在作祟。孩子从多次失败中习得了自己读不了英文的认知。书面英文有区别地掌控着这些孩子的无助感，就像数学方程之于我的那些文科生一样。用“汉字”代替英文单词后，孩子并未意识到他们其实在上阅读课。他们与生俱来的语言天赋发挥了作用，摆脱了习得性无助的影响。

德韦克（C. S. Dweck, 1973）成功缓解了 10 至 13 岁的孩子在学
157 习数学时所表现出的习得性无助。她从两所纽黑文公立学校的 750 名学生中，挑选了 12 名在课堂上表现得最为无助的学生。这些孩子出了名地惯于半途而废，一遇上解不开的数学题，就索性望天发呆。德韦克将他们分成“一帆风顺”（SO）和“归因再训练”（AR）两个治疗小组，接受为期 25 日的特殊训练。SO 组做的数学题尽是他们能够

解开的，研究人员对习题精挑细选以回避或掩盖他们的失败。AR组做的也是同样简单的数学题，但每隔两天他们会尝试做些超纲的题。他们解不出来时，研究人员会说：“时间到了。你没做完。要解三道题，你只解开两道，还需努力。”换言之，研究人员是在训练他们将失败归因于不够努力。训练结束后，两组被试均收到新的数学题以测试他们失败时的反应。SO组失败后再度自暴自弃起来。AR组则与之形成鲜明对比，他们失败后并不气馁，甚至还从中吸取教训更上层楼，考前焦虑也有所缓解。

这个实验意义重大，它表明即便是在相当棘手的情况下，学业受挫所导致的无助感也是可逆的。关键是要训练学生将失败归咎于努力不足，用这种归因方式替代孩子以为自己束手无策的无助信念。而另一种用不断成功来回避失败的办法，只会雪上加霜，令孩子愈发无助。为扭转学业上的无助感，必须让孩子经历一些失败，从中建立起应对之策。

缺乏应对失败的经验不仅能让小学生产生无助感，接受高等教育的大学生也在所难免。如果一个年轻人没有应对焦虑和挫折的经验，从未克服过失败，等到不得不面对失败、乏味和挫折时，他将束手无 158
策。一帆风顺、备受溺爱的孩子在首次遭遇挫败时终将变得无助。一如之前介绍过的那位“金牌女孩”，进入大学后她不能再像高中时那样要风得风要雨得雨，很快便一蹶不振。

每年都有一些大三大四的全优生，选择来我的实验室做研究。我每年都要提醒他们，实验室里的工作不像他们想得那么有趣：你得一周七天连轴转上好几个月，没完没了地盯着那些枯燥的数据，还得面对实验进展到一半设备出故障的惨剧。每年都有一半学生半途而废，他们并非不够聪慧或是缺乏想象力。他们真正缺乏的是**研究**意识。他们的学术观还停留在“芝麻街”似的少儿教育水平，与高校的要求相去甚远：“不精彩、不刺激、没趣味的事，我不乐意做。”研究意识对科研乃至任何创造性活动来说都不可或缺，它意味着你必须要承受失败和挫折，最重要的是还要耐得住乏味。如果这项研究轻松简单、妙趣横生，恐怕早就有人做了。硬要说的话，唯有在实验大功告成时，研究者才会发自内心地感到满足。

我认为这些半途而废的“失败者”一直以来都顺风顺水，没有形成有效的应对机制。老师和家长为他们铺平了道路，误以为这是为他们好。学生一抱怨必读书目太多，老师就徇情删减，不肯让学生多下苦功。青少年破坏公物被捕，家长只会出钱保释，并未让孩子认识到他的行为可能造成多么严重的后果。面对焦虑、乏味、痛苦和烦恼时，年轻人必须自己解决，否则他会产生一种无力感。哪怕是为了孩子的快乐着想，也不该替他制造捷径绕过困难，因为无助会引发抑
159 郁。在培养孩子的自我力量和独立人格方面，一帆风顺无异于一场灾难。

我不是一个古板的教育者，但在此仍要为合理的教育标准振臂一呼。当学生抱怨分数制、课外阅读和升学竞争时，我认为他们唯有迎难而上让自己达到这些严格的标准，克服这一关，才会形成自我力量。如果取消这些标准，学生反而会失去他们最想得到的东西——自我价值感。库珀史密斯（S. Coopersmith, 1967）在自尊及其影响因素的统计研究中发现，高自尊儿童的家庭普遍对孩子有着清晰明确的要求，而低自尊儿童的成长环境中则缺乏这种能让孩子检验自身能力的标准。[19]

价值感、掌控感和自尊心无法被赋予，只能自行争取。如果是被给予的，只会一文不值，也无益于培养个人尊严。如果我们将年轻人生活中的障碍、困难、焦虑和竞争一一扫平，我们可能再也看不到一代代有尊严、有力量、有价值的年轻人了。

贫困

本章最后一节我将分析一下无助与贫困的关系。直接在贫困与无助之间画等号未免太过草率。年收入仅有六千美元，不够一万二，并不会直接诱发无助。穷人的生活也充满了勇气，相信一分耕耘一分收获，讲究个人尊严。但低收入限制了穷人的选择，往往使他们的努力付诸东流。极度贫困势必会引发无助，几乎没有人能在如此艰难的情境中保有掌控感。在这种环境下长大的小孩，会体验到大量的不可控性。他哭闹着要换尿布时，母亲很可能不在身边——即便在身边，也 160
可能因为太累太忙顾不上他。他饥肠辘辘想吃东西时，可能被无视乃至被揍。在学校里，他处处不如人，经常不知所措，甚至还会被欺凌。

班菲尔德（E. C. Banfield, 1958）深刻地描绘过意大利南部农民身不由己的命运：

> 于别人只是一点不幸，于他却是一场灾难。自家的猪被拴绳勒死了，农夫和他的妻子凄惶不已。妻子抓扯着自己的头发，一遍遍地用头撞墙，丈夫苦着一张脸，一言不发地坐在角落里。猪死了，他们这个冬天将没有肉吃，面包上沾不到一点油脂，没有东西可以拿去卖钱交税，来年开春也买不起新猪崽。这种打击不知何时就会降临，庄稼可能被洪水淹没，小麦可能被冰雹打坏，更有瘟疫可能不期而至。农民在这些灾祸面前束手无策。

这些引发无助的客观事件会令人产生相应的认知，而这种认知定势又反过来减少了自主反应：

> 将个人幸福交托于自身无法控制的条件，如仰仗运气或虚无缥缈的圣灵，这种想法肯定会制约个体的主动性。这种生活方式会对

> 经济造成明显的影响：生活得如此风云难料的人，不可能为了长远的收益进行储蓄和投资。同样还会影响政治生活，既然一切都取决于运气或神谕，集体活动便毫无意义。集体和个体一样，情愿向天祷告，不会集结起来主宰命运。[20]

克拉克（K. A. Clark, 1964）笔下的哈莱姆黑人区也是这般无助、弱势与困顿：

> 简而言之，哈莱姆黑人区就是弱势社群的代名词。哈莱姆区充斥着由社会问题引发的动乱、怨愤、萧条以及对无能为力又备受欺凌的现状的强烈不满。无能为力的个体与社群日益沦为附属，难以
> 161 调动他们潜在的力量去反抗那些肆无忌惮的欺辱。个人和社群的无力造成了懒惰、停滞、麻木、冷漠和失败主义等一系列恶果。无差别的敌意、攻击性、自我憎恶、猜忌、骚乱以及个人和社群的长期紧张，也反映了无处不在的无力感所造成的自我毁灭倾向和非适应性反应。

贫困有损儿童和其他动物的发育，这是老生常谈的话题了。但容易为人忽视的是，贫困的许多负面影响其实是无助感造成的。从经济与政治的角度分析贫困最为直观，心理学的解释往往不受重视。然而经济与政治因素都只能透过心理中介发挥作用。经济史学家普遍认为，20 世纪 30 年代的经济大萧条引发了大批人自杀。这种解释显然不尽完备：缺乏资本并不会直接导致自杀，唯有由此引发的相应的心理状态，譬如抑郁，才会反过来导致自杀。同理，单凭贫困也不足以解释社会反常。贫困是如何令人产生停滞、敌意和无依无靠的心理感受的呢？我认为贫困会带来频繁而强烈的不可控性，不可控性导致了无助，从而引发了与贫困如影随形的抑郁、消极和失败主义。

社会福利制度无论多么用心良苦，都会助长贫困所带来的不可控性。福利机构会伤害接济对象的尊严，因为他们的自主行为无法转化为生计来源。小小年纪就流落街头的小孩，有时能拜环境所赐获得一定的掌控感，但绝大多数流浪儿往往会发现自己是身不由己。

拥挤可能是助长不可控性的另一机制，它总与贫困形影不离。[21]罗丁（J. Rodin, 1974）的理论认为拥挤和随之而来的城市贫困会造成习得性无助。为验证这点，罗丁从纽约市福利房的住户中挑选了32 162
名6至9岁的黑人男孩。这些孩子都与其他人合住在一套三居室的福利房里，只是合住的人数不同——每个房间容纳3至10人不等。这些孩子的智商、邻里环境、社会阶级和家庭收入水平大同小异。他们被安排参与一个操作性强化实验，测试中他们会得到一些可用于兑换各式糖果的弹珠。研究的关键在于被试凑齐弹珠后，可以自行选择想要的糖果，也可以拜托研究人员替他们选择。那些3人合住一屋的小孩，都愿意自己挑选糖果。越是与多人合住的小孩，越倾向于让研究人员替他挑选糖果。罗丁认为拥挤会引发无助，从而削弱孩子自主选择的意愿和能力。

为进一步探明拥挤与无助的关系，罗丁进行了另一项实验，该实验在设计上与我们研究抑郁和无助的关系的实验相仿（边码第86页）。参与新实验的四组被试与之前的实验被试境遇相当，其中半数孩子与很多人挤在同一屋檐下，另一半孩子只与寥寥数人合住。每组中有一半孩子接受无解问题测试，另一半接受有解问题测试，最后所有被试共同参与一个新的有解问题测试。居住条件拥挤且解过无解问题的孩子，在最后的测试中表现最差，其次就是居住条件宽松且解过无解问题的孩子。有意思的是，不论居住条件拥挤与否，解过有解问题的孩子最后都表现不错。由此看来，解决问题至少暂时性地扭转了拥挤带来的影响。依据罗丁的测试，拥挤对孩子的影响似乎与抑郁对成人的影响一模一样：它降低了人的认知能力，但体验到掌控感就能 163

扭转乾坤。戈克纳及其同事（D. J. Goeckner et al., 1973）的研究也不容忽视，他们发现饲养环境拥挤的大鼠无法逃脱电击。[22] 结合罗丁和米勒的实验数据 [23]，三者一致表明拥挤会造成抑郁和无助。

美国贫困黑人儿童的学习成绩普遍落后。人们往往认为这是他们天生智商低下的缘故。[24] 依我看并非如此，这些缺陷更多的应是环境所致。无助既能降低智商，也能拉低学习成绩。正如我之前在探讨抑郁会降低智商时提到的那样，成功的认知行为包括两个要素：充分的认知能力和执行动机。若孩子自认无助，觉得自己的自主反应无法成功，他就不愿做出能在智商测试中取得高分或者提升学习成绩的自主认知反应，譬如努力回忆或心算。据我所知，没有哪项研究在探寻美国贫困黑人儿童智商低下、学业落后的原因时排除了无助感。

布朗芬布伦纳（U. Bronfenbrenner, 1970）也关注过类似的变量：

> 多伊奇的观察表明，缺乏毅力不仅反映了个体无法集中注意力，还反映出在面对困难时个体动力匮乏、态度颓丧。如其所述（Deutsch, 1960, p. 9）：
>
> “实验组的儿童在解答老师提出的问题时，一遇到困难就屡屡放弃。追问缘由，他往往会说：‘那又怎样？’‘无所谓吧？’或者：‘这有什么大不了的？’而对照组（社会经济水平相当的白人儿童）明显更具竞争精神，他们期望答对问题获得口头表扬。一般而言，实验组很少表现出这种期望，老师也没有持续或有意地强化这种期望。”
>
> 164 佩蒂格鲁（T. F. Pettigrew, 1964）引用的一系列研究证实了多伊奇的发现，这些研究表明：“下层黑人学龄儿童往往‘斗志低迷’，成就需求异常低下。”

著名经济学家索维尔（T. Sowell, 1972）曾发人深省地评价过黑人教育，并提出了类似观点。他回顾了自己作为一个黑人小孩，在南方和纽约求学的经历。几乎每天他都能听到别人说他愚蠢，不会有多大作为。他是少数具有反叛精神的人，不曾将这些无助的信念内化。但他认为许多黑人信以为真了，正是这些无助的信念，致使黑人在学习遇到困难时不会像白人那样坚持不懈。这种情况很容易被归结为智商差异。

如果无助的信念就是当今种族问题和贫困问题的症结所在，那么接下来就是要借此消除贫困的恶性循环。古林夫妇（G. Gurin & P. Gurin, 1970）认为，这个时代为穷人和黑人提供了更多机遇。但他们同时也告诫说，贫困的黑人很可能无法从这些经济机遇中受益，因为他们普遍认为自己无法控制结果。这与标准的习得性无助实验如出一辙：人类、狗和大鼠首先认知到脱困是不可控的。而后，研究人员改变实验条件，令脱困变得可能。但被试始终预期反应与脱困相互独立，因而难以形成充满希望的新预期。如果这套逻辑正确，那么时来运转的契机所带来的丰富的成功体验，将是打破贫困循环的必要条件。最重要的是，穷人务必把这些成功归结于自己的能力，而非他人的恩惠。

历史学家提出了“因期望值不断攀升而引发革命”的理念。[25]社 165
会底层尚匍匐于地艰难求生时，不会形成革命；相反，若人们开始预期自身行为能够成功，革命的时机便已成熟。当然，不可控的信念原本会将革命行动化为泡影。但若备受压迫的贫苦大众看到他们有掌权和富裕的可能，不可控的信念就会土崩瓦解，革命呼之欲出。

社会活动极具感染力，能增强个体的自尊心，这两点都显而易见。[26]既然贫困会导致无助，那么行动起来改变自身处境，有效地反抗就能产生掌控感。黑人社群对致力于缓解黑人问题的自由主义者和社会工作者心有不满是可以理解的，因为贫困不是单纯的经济问题，更涉及个人控制、尊严和自尊。

166

第八章 死亡

1973 年初，军医指挥官库什纳（F. Harold Kushner）少校在越南战场被俘五年半后终于归国，他跟我讲述了一个残酷而令人心寒的故事。这是留有记录的少数几个案例之一，在这个案例中一个训练有素的医官从头到尾地目睹了一种我只能姑且称为无助致死的现象。

1967 年 11 月，库什纳少校搭乘的直升机在越南北部被击落。他身受重伤，并被俘虏。其后三年，他在一个名叫“第一营”（First Camp）的地方过着人间炼狱般的日子。在此期间该营共俘虏过 27 个美国人：5 人被释放，10 人葬身营地，幸存的 12 人于 1973 年从河内释放归国。营地条件之艰苦难以言状。11 个人住一间竹棚，挤一张约
167 4.8 米宽的竹床。伙食是每天 3 小杯腐坏变质、蛆虫滋生的红米饭。不出一年，俘虏体重平均减轻 40% 至 50%，个个生疮流脓，肌肉萎缩。营地里有两大杀手最为致命：营养不良和无助。库什纳一被捕，就被要求发表反战声明。他说他毋宁死，而营地看守回了他一句话，令库什纳在被俘期间一日也不曾忘记：“求死易，求生难。”求生的意志和失去希望的灾难性后果，正是库什纳的故事和本章的主旨。

1968 年 1 月，库什纳少校初抵第一营时，罗伯特已经在此困了

两年了。他精悍而聪慧，是海军陆战队的一名下士，为人严谨、坚韧、不畏困苦。他 24 岁，接受过跳伞和潜水特训。和其他人一样，他也瘦得只剩 40 公斤，每天不得不光着脚背起 40 公斤木薯根长途跋涉。他一句怨言也无。“咬紧牙关，勒紧裤带。”他常这么说。尽管营养不良、满身皮肤病，但他的身心都还算健康。库什纳知道他健康的秘诀。罗伯特始终确信自己很快就会被释放。营地释俘有一个惯例，即会释放态度端正、主动合作的俘虏，以树立榜样。罗伯特正是如此，营地长官跟他通过气，再有六个月，下一个释放的就是他。

不出所料，六个月后，营地展开了一贯的释俘准备。营地长官亲自给俘虏们上一堂政治课，表现突出者就能获释。罗伯特被选为思想改造组组长，按他们的要求发表了声明，而后被告知这个月他就有望获释。

一个月一晃而过，罗伯特开始察觉到看守对他的态度变了。他幡 168
然醒悟，自己上当了——他们已经达到目的，他不可能被释放了。罗伯特不再参与劳动，表现出重度抑郁的症状：他绝食，如婴儿般蜷在床上，吮吸拇指。其他俘虏想让他振作起来，安抚他、包容他，结果毫无成效，他们便转而用拳头唤醒他。他开始在床上大小便。几周后，库什纳发现罗伯特已时日无多：虽然他高大的身形看着仍比其他俘虏健壮一点，但他肤色暗沉，脸色发青。11 月的一个清晨，他躺在库什纳的怀里奄奄待毙。连日来，他的眼睛第一次聚起焦来，嘱托道：“医生，得克萨斯州，特克萨卡纳，邮政信箱 161 号。妈，爸，我深爱你们。芭芭拉，我原谅你了。”语毕，罗伯特撒手人寰。

诸如此类的死亡库什纳少校目睹过很多次，罗伯特最是典型。他的死因何在？库什纳无法进行尸检，因为他不被允许使用手术工具。在库什纳看来，最直接的死因是“电解质紊乱”。但考虑到罗伯特的身体状况其实相对较好，比起生理状况他的心理波动恐怕才是更明确的死因。获释的希望一直支撑着罗伯特。当他放弃希望，认为所有努力付诸东流、今后也再无获释的可能后，他死了。

心理问题足以致命吗？我认为可以。动物和人类如果意识到其行为是徒劳的、没有希望的，就更易受到死亡的威胁。反之，相信自己能够控制环境可以延长寿命。下面我将要列举的证据来源甚广，而且此前从未有人归纳整理过。与前几章不同，本章的综述并非理论性的，而主要是描述性的。我仅希望借此提出一个可能的命题：无助的
169 心理状态会增加死亡风险。我不清楚其中确切的生理原因，但我将提出一些推测。碍于我们对此尚知之甚少，不得不暂将生理原因搁置一旁，只关注这类死亡背后货真价实的灾难性心理基础。

无助致死的例子绝非罕见，只不过大多不似库什纳见到的这般跌宕起伏。我将先介绍动物无助致死的现象，然后依次推及青少年、中年和老年人，最后讲婴幼儿。在此过程中，我将探讨这些悲剧本该如何避免以及未来要如何预防。

动物无助致死

观察无助致死的研究，并不仅局限于人类的死亡。相关的动物实验文献虽然稀少，但相当瞩目。

野鼠生性凶猛而多疑。若试图捕捉野鼠，它们会表现出惊人的活力，而且它们时时刻刻都留意着逃生路线。里希特观察了野鼠的猝死，并将死因归咎于“无望”。[1] 他发现将野鼠放入不可逃脱的温水箱，它们会奋力游上 60 小时才力竭而亡。另一组野鼠先被研究人员死死攥住，直到它们放弃挣脱后才被投入水中。这组野鼠拼命游了几分钟后，突然径直沉入水底溺亡了，没有做出一丝挣扎。还有几只甚至在研究人员手中就毙命了。如果在攥住野鼠时再剪掉它们最主要的感觉器官胡须，所有野鼠均会在测试中猝死。

170 里希特推断，野鼠被诸如人类的捕食者抓住，剪断胡须，而后投

入不可逃脱的水箱，这一系列经历令野鼠产生了无助感。对于思维严谨的读者来说，这一推断似乎有些冒进，但里希特进一步证明了自己的观点：他先将野鼠攥在手中，待其放弃挣脱后就松开。然后再度攥住，再度松开。最后一次攥住野鼠后，才将其投入水中。“如此一来，野鼠很快习得自身的处境并非无望。入水后它们重新变得积极起来，试图逃脱，没有流露出放弃的迹象。”这些具有免疫力的野鼠坚持游了 60 小时。同理，如果里希特将一只无助的野鼠在溺亡前捞出来，再把它放进去，如此反复数次，野鼠也会游满 60 小时。从本质上讲，只要向野鼠表明存在逃脱的可能，就能预防猝死。这两套实验流程类似于我们对习得无助的大鼠和狗的治疗与免疫操作（边码第 56 页）。

野鼠猝死时的生理状况十分怪异。通常情况下，哺乳动物猝死时往往会出现心跳加快（**心动过速**）的现象。这被称作**交感神经死亡**，指的是交感神经系统过度兴奋所引发的死亡：心动过速和血压升高致使心脏血液快速泵至四肢。简而言之，就是急性死亡。里希特的野鼠却与此相反，它们呈**副交感神经死亡**，换言之是因过度放松而死：心率减缓（**心动过缓**），尸检发现心脏充血。里希特预先为一些野鼠注射阿托品，阻断副交感神经（和胆碱能）系统，成功预防了相当一部分野鼠猝死。联想一下托马斯和巴尔特使用阿托品预防猫习得无助（边码第 70 页），雅诺夫斯基及其同事使用阿托品逆转常人的抑郁症状（边码第 92 页），将这些串联起来无疑更能说明问题。[2] 里希特最终认为，他发现了因无望和放弃抗争所导致的死亡。

贝内特·加勒夫和我试图弄清，习得性无助实验中的不可逃脱 171
电击是否与里希特攥住野鼠的作用相当。[3] 于是我们用钢材做了一个斯金纳箱，买来链甲手套，并开始饲养一窝野鼠。我们用两组成年雌鼠作为被试。其中一组先接受可逃脱电击的免疫训练，随后接受长时间的不可逃脱电击（强度较轻）。第二组是共轭组：它们会依照相同的次序接受电击，但**所有**电击均不可逃脱。我们本打算将两组野鼠都放入水箱，指望可逃脱电击组能够坚持游上60小时，而共轭组则可能猝死。但出人意料的是，12只共轭组野鼠中有6只野鼠在接受长时间的轻微电击时，瘫软在地，爪子在电栅下面大张着，就这样死在了箱中，而且全都心脏充血。另一组野鼠无一身亡。

最近罗伯特·罗塞里尼、伊扎克·宾尼科（Yitzchak Binik）、罗伯特·汉纳姆和我用溺水猝亡装置测试了一批实验室大鼠。这些大白鼠在断奶时分别接受过可逃脱电击、不可逃脱电击和不接受任何电击。唯有断奶时接受过不可逃脱电击的大鼠，成年后无法逃脱电击。我们发现这组被试的猝死率远高于其他两组。这一发现仍有待证实，因为无助的大鼠成年后不会逃脱电击，所以它们实际上比其他两组被试承受了更多电击。尽管如此也足以表明不可逃脱电击与用手攥住野鼠所产生的效果相差无几。同时也再次证明这些被试是因放松或放弃而死，并非急性死亡。[4]

动物被抓住后还会表现出一种可能与无助致死有关的现象。若食肉的老鹰抓住小鸡后又放了它，这只小鸡可能会一动不动地僵直数分钟乃至数小时。这种紧张的反应被称为动物催眠、强直静止、假死、装死或木僵。[5]我们的一些常识也反映了这种现象，譬如把青
172 蛙翻转过来，抚摸它的肚子就能“催眠青蛙”，与鳄鱼搏斗时也可以用这招定住鳄鱼，还有给鸟绑脚环时，拿手抓着它们可能造成假死。实验室采用的操作通常是抓住动物侧压15秒。动物起初会挣扎，而后变得浑身僵硬。接着它们会长时间毫无反应，哪怕用针刺也浑然不动。最后，动物往往会突然醒转过来，拔腿就跑。这种现象通常被认为是恐惧过度无法动弹，但其中的某些特征也与无助和猝死有关。

霍弗（M. A. Hofer, 1970）让多种啮齿动物（花栗鼠、跳囊鼠等）置身于开阔的环境中，然后配合蛇与鹰的剪影播放可怕的声音。被试

立马变得一动不动，并且持续了 30 分钟之久。这种反应非常强大，哪怕蛇影就在身边徘徊，被试也毫无动作。霍弗关注的主要变量是心率。一如里希特的猝死实验，动物在静止状态下的心率会大幅减缓。在被试心动过缓期间，心律失常的现象能被频频监测到。尽管如此，实验中并没有啮齿动物死亡，不过有 26% 的被试在被捉来实验室的第一周不明不白地死掉了。实验结束后，几只曾出现过心律失常的啮齿动物不久一命呜呼，而那些心律正常的被试无一死亡。其中的关键因素是：不可控的应激源、被动的反应和死亡易感性增强。

马塞尔和盖洛普采用侧压的方式引发小鸡的强直静止，他们发现电击可以延长这种静止状态。[6] 为检验这种现象是否与无助有关，他们在诱发强直静止前，先让三组被试分别接受可逃脱电击、不可逃脱电击和不接受电击。不可逃脱电击组静止的时长是可逃脱电击组的 5 173
倍。盖洛普还报告称其中一些小鸡并未从强直静止中醒转过来：它们就那样死掉了。

金斯伯格（H. J. Ginsberg, 1974）先引发小鸡的强直静止，而后进行溺水猝死测试。其中一组被试可以自主结束静止状态，等身体自然醒转过来。另一组接受的是不可控的强直静止预处理，实验人员会持续刺激它们的胸脯迫使其醒转。第三组被试不接受强直静止的预处理。三组被试均接受了溺水测试。无助组死得最快，对照组次之，能自主结束强直静止的被试最后溺亡。

这个实验让我想起被溢油污染的鸟类："托雷 · 卡尼翁"号（Torrey Canyon）油轮在英国附近搁浅后造成首例重大漏油事故，溢油蔓延到海滩上致使大量野生鸟类被原油层层包裹。许多好心人将鸟儿捡起来清洗干净，结果痛心地发现不少鸟儿就这样死在了他们手中。罪魁祸首据说是洗涤剂。但我不禁怀疑其实是被人抓住的无助感害死了它们，而浑身沾满石油无法飞翔的无助感更让它们雪上加霜。援救指南建议人们温柔而快速地清洗鸟类，但要是像里希特的野鼠实验那样，在清洗过程中反复松开再抓住那些鸟，也许更能避免它们死于清洗。[7]

大多数猝死的物种都是野生的。[8] 对野生动物而言，可控性可能尤为重要。当它被关进动物园的铁笼时，它不仅被剥夺了草原、榕树和蚁群，更被剥夺了**控制感**。如果这一论点证据充分的话，那么新入园的野生动物死亡率之高就不足为奇了。[9] 我听说从印度运来的老虎
174 50% 死在了运往动物园的路上。做一些特殊处理可能有助于降低死亡率，譬如在运输笼里多安装一些操控装置，让被捕获的动物能进行工具性控制。近日《华盛顿邮报》报道称，波特兰（俄勒冈州）动物园的哈尔·马科维茨博士（Dr. Hal Markowitz）就为园中的猩猩和猴子提供了这样的装置。[10] 之前喂食时，这些动物总死气沉沉地坐在满是食物残渣的地板上。马科维茨改为让动物自行控制喂食系统：现在信号灯一亮，它们就会争先恐后地跑去按下第一根控制杆，然后穿过笼子按下第二根控制杆以饱餐一顿。专家们称他们从未在动物园里见过精力如此充沛的猩猩，这些猩猩也不再像那些缺乏活力的动物一样疾病缠身。

不仅是人类，其他灵长类动物也会无助致死。查尔斯·考夫曼博士（Dr. I. Charles Kaufman）跟我说他将 11 只猕猴幼崽与母猴分离饲养，其中两只在丧失反应的退缩阶段死亡。[11]

> 第一只死亡的幼猴属于出生最早的那组被试，它活了 5 个月零 7 天，与母猴分离 9 天后去世。尸检没有发现任何病理性死因，营养状况良好。这只幼猴起初表现出常见的焦躁不安，而后是抑郁，玩耍行为也随之骤减。然而与母亲分离后的第二周，它开始远离其他猴子表现出明显的退缩，继而猝死。第二只死亡的幼猴活了 5 个月，与母猴分离 6 天后去世。它也表现出典型的先焦躁后抑郁。自分离第一天起，它的运动量持续减少。分离后的第二天和第三天，

它的情绪崩溃得比同组的其他幼猴都要严重，完全没有任何嬉戏之举。它的尸体也是在早上被发现的。与另一只猝死的幼猴一样，尸检找不出死因，营养状况良好。

珍·古道尔记录了年幼的雄性黑猩猩弗林特（Flint）在母亲芙洛（Flo）去世后也撒手而去的故事：

芙洛在溪边的一块岩石上躺了下来，就那样断了气，寿终正寝。弗林特守在她的遗体旁，抓住她的一只胳膊，想拉她起来。她去世的头一晚，他紧挨着她的遗体入睡，翌日清晨，他显得极度 175
抑郁。

自那之后，不论他走出多远，总会返回母亲身边。最终是蛆虫赶跑了他，他想把母亲身上的蛆虫掸掉，那些虫子转而成群结队地涌向他。

最后，他不再回来了。但他仍只待在方圆 50 米的范围内，不会远离芙洛的永眠之地。不出 10 日，他的体重减轻了近三分之一，神情也变得奇怪而呆滞。

最终，弗林特也去了，他的遗体离他母亲去世的地方很近。事实上，去世的前一天，他专程回来坐在芙洛咽气的那块岩石上（那时我们已经安葬了芙洛）。

尸检没有发现生理性死因。尽管弗林特体内有些寄生虫和一两种病菌，但都不足以致命。所以最主要的死因定是悲伤过度。[12]

悲伤过度也有可能，但这个案例中也出现了同样的因素：不可控的情境——母亲去世、消极抑郁的反应、无明显病变（是否出现了心动过缓的现象？），以及猝死。

人类无助致死

一个身体健康的中年男人在母亲的荫庇下活了大半生。[13] 他没有父亲，他说母亲“是位了不起的女性，家里大小事都由她定夺，没有她控制不了的局面”。31 岁时，他在母亲的资助下，买下了一家夜总会，并由母亲帮他打理。38 岁时他结了婚，不出所料，妻子开始不满他对母亲的依赖。这时有人愿意高价收购他的夜总会，他告诉母亲
176 他考虑出手，弄得他母亲心忧如焚。最终，他决定把店卖掉。母亲对他说：“你这样做是要遭报应的。”

两天后，他生平第一次哮喘发作。他以前从未患过呼吸道疾病，近 10 年来甚至连感冒都没得过。交易完成后第二日，母亲气急败坏地对他说“等着遭报应吧”，他的哮喘发作得愈发严重了。他变得郁郁寡欢，常常觉得自己很无助。在精神科医生的帮助下，他认知到哮喘发作与母亲的“诅咒”之间的联系，病情大为改观。1960 年 8 月 23 日下午 5 点，精神科医生为他做了 30 分钟的治疗，发现他身心状况良好。5 点半，他打电话给母亲，告诉她他打算自己独立投资一家新公司。她又一次诅咒了他，让他等着“倒大霉”。6 点 35 分，他呼吸困难、面色发绀，陷入昏迷，最终于 6 点 55 分去世。

正如第一章介绍过的那位被诅咒活不过 23 岁的女性一样，若一个人相信自己在劫难逃，死亡往往真的会降临。这种死亡广泛见于不同文化之中，美国著名生理学家坎农是第一个对“咒杀”和“巫术死亡”予以重视的科学家。[14] 他收集了众多因心理原因神秘猝死的案例：

> 巴西，一名印第安人被一个所谓的巫师定罪判刑，他对这一判决倍感无助——短短数小时后就毙命了。非洲，一名黑人青年不小心吃掉了神圣不可侵犯的野生母鸡。发现自己犯下“滔天大罪”后

> 他浑身打战，惊慌失色，不出 24 小时就身亡了。新西兰，一名毛利妇女误食禁果，亵渎了部落酋长。翌日中午，她便逝世了。澳大利亚，一名男性受到巫医的诅咒。他深信自己无可救药，精神崩溃，一心等死。最终巫医被迫解除了诅咒，他才捡回一条命。 177
>
> 有个发现自己被敌人诅咒了的男人很是可怜。他目瞪口呆地站在那儿，两眼直勾勾地盯着那凶险的卦象，他抬起手来仿佛想要阻挡那致命的法术钻入他的身体。他脸色煞白，目光呆滞，表情扭曲得可怕。他想放声尖叫，但声音却哽在喉头，人们只看到他嘴角的白沫。他开始浑身打战，不由自主地抽搐起来。他踉跄着向后退去，摔倒在地，很快便晕了过去。最终他好不容易平静下来，回到自己的茅屋，煎熬至死。[15]

南非医学博士伯勒尔目睹了 6 名中年班图男子被人当面下了诅咒[16]，说他们“太阳落山时就会丧命”。6 人无不应验，尸检也查不出死因。

奇闻轶事一旦层出不穷，科学界就无法再置若罔闻。咒杀正是这样一种现象。虽然我们尚不清楚其中的生理原因，但至少它的心理预兆相当清晰。噩耗以诅咒或预言的形式降临，受害者对此深信不疑，并且认为自己已无能为力。他表现得消极、颓丧、屈服，不出几天乃至几小时就会死亡。

这种现象并不仅仅局限于南非的班图人、澳大利亚的土著和母亲专横跋扈的美国中年男人。但凡遭受重创，都有可能导致疾病甚至死亡。恩格尔（G. L. Engel）、施马勒（A. Schmale）、格林（W. A. Greene）和他们罗切斯特大学的同事近 20 年来一直在研究精神损伤对生理疾病的影响。他们发现无助似乎削弱了个体对病原体的抵抗力，致使原先不能侵入体内的病原体乘虚而入。恩格尔花了 6 年时间记录了 170 例心因性猝死的案例。他将这种死亡的心理背景分为八 178
类，前五类均涉及无助感。

（1）亲人病倒或死亡：

一名没有心脏病史的88岁老人，听闻女儿猝死的噩耗后，反复搓揉着双手，难掩悲痛。他没有哭泣，只一遍又一遍地反问："凭什么是我的女儿？"在和儿子通话期间，他突然爆发急性肺水肿，医生赶到时已回天乏术。

（2）极度悲痛：

一名22岁的女孩身患恶性副神经节瘤，病情不断恶化，但她仍可以和母亲一起开车外出。一次外出时，她们出了车祸，母亲被甩出车子不幸身亡，女孩毫发无损。短短几小时后，她突然陷入昏迷，一睡不起。尸检显示她的癌症已广泛转移，但她周身没有一点外伤。

（3）亲人岌岌可危：

一名43岁的男子接到他15岁的儿子自导自演的一通绑架电话，声称："如果你还想看到你儿子，就不要报警。"四小时后，男子突然死亡。

（4）丧祭：

一名70岁老人的故事特别令人心酸，缅怀其妻逝世五周年的追悼音乐会刚刚拉开序幕，老人猝然倒地身亡。她生前是个著名的钢琴教师，他专程创办了一所音乐学院纪念她。这场追悼音乐会就是学院的学生举办的。

（5）丧失地位和自尊：

一名报社记者多年来一直以笔为刀，捍卫一位已故高官的名誉，最终猝死于这位高官 101 岁的冥诞纪念会上。当时，一位来宾借此机会当众抨击这位德高望重的官员的私生活。记者挺身而出，179
极力为自己所钦佩的人辩护，愤愤不平。结果有人称那些指控已为大家所公认，记者得知后伤心地说："自亚当被逐出伊甸园起，我们都背负着原罪。"几分钟后他就死亡了。[17]

还有些猝死发生在面对危险、脱离险境乃至皆大欢喜之际。将这类死亡仅仅归咎为过度紧张或过度兴奋，未免太过简单。某些情况下，尤其是当人身安全受到威胁时，个体的确可能"惊吓过度而亡"。但在大多数情况下，致死的主要情绪并非恐惧，而是抑郁、无助和屈服。恩格尔报告的直接死因通常是心力衰竭。但正如我们所看到的那样，心力衰竭前可能出现屈服或焦躁的情绪。恩格尔提供了一些详细记录个体濒死时的心理状态的案例。从中我们可以看到，无助和无望是最普遍的情绪。

一名 45 岁的男子处境艰难，不得不迁居另一城镇。但就在他准备搬家之际，他在新城镇里遇上了点麻烦，无法搬迁。尽管左右为难，他最终还是硬着头皮搭上了前往新居的火车。中途停站期间，他在月台上走了走。当列车员高喊"全体上车"时，他觉得自己既不能继续前行，又无法折身回去，当场倒地身亡。和他同行的还有一个朋友，是一位专业人士，他曾跟这位朋友说起过自己进退维谷的处境。尸检结果是心肌梗死。[18]

一名 27 岁的女性死于心脏骤停，她生前患有哮喘，但此前从未在采访前后发作过。这次她不情不愿地谈到一些自己的心理问题，包括她耻于自己经不起诱惑，生下私生子，还差点被她哥哥强奸的事。她说自己逐渐遭到家里人排斥，并最终断绝关系，她不得

不从专科辍学，开始打零工，但又因哮喘不断被解雇。她越说越激
180 动，泪流不止，越发喘不过气，最终昏倒在地人事不省。一如她倒下前所说的那样：“我不断被解雇，根本没可能振作起来。这就是为什么我想死，一直都想死，因为我一无是处，一无是处！”[19]

罗切斯特大学的研究资料并不仅限于这些逸事。研究人员还对 51 名定期接受宫颈刮片检查的女性进行了长期跟踪访谈。[20] 这些女性的宫颈中都“疑似”出现癌细胞，但尚不能确诊。研究人员发现，其中 18 人在过去 6 个月内经历过重大创伤，她们全都为此深感无望。其他人则没有经历这样的生活变故。尽管两组被试的病情相差无几，但研究人员预测无望的患者更易患癌。最终，无望的 18 人中有 11 人相继患癌，余下的 33 人中仅有 8 人患癌。

芙洛死后弗林特悲伤过度而亡，人类的这类死亡有相关的统计数据。英国医疗记录中留有 4 500 名 55 岁以上鳏夫的就诊情况，其中 213 人在伴侣亡故的头 6 个月内相继离世 [21]，比该年龄段的预期死亡率高出 40%。丧偶 6 个月后，死亡率恢复如常。死亡率陡增的原因大部分是心脏出了问题。

另有研究深入调查过 26 名柯达公司员工猝死一事。[22] 抑郁似是最主要的发病前兆。这些抑郁患者一旦陷入暴怒或焦虑，致命的心脏病就接踵而至。

克兰茨及其同事采用罗森曼团队开发的量表，研究心脏病易感性和无助反应。[23] 首先对大学生被试进行分组，分组依据是是否表现出**具有冠心病倾向的行为模式**，即是否作风强硬、严谨守时、争强好胜，存在一些强迫性的生活习惯。被试分别接受可逃脱噪声和不可逃
181 脱噪声的预处理，然后采用广户设计的噪声穿梭箱进行测试。噪声强度要么中等，要么嘈杂。两种强度的不可逃脱噪声均能引发无助。但有趣的是，当不可逃脱噪声仅为中等强度时，有冠心病倾向的被试比

普通被试表现得更好。然而当不可逃脱噪声变得异常嘈杂时，有冠心病倾向的被试比普通被试更无助。易患冠心病的个体在高压情境下陷入无助，可能尤为致命。

我认为抑郁与无助密切相关，发现抑郁也能引发猝死并不足为奇。抑郁还能延缓各种感染的恢复。[24] 600 名军事基地的工作人员接受了一套人格测验。几个月后，一场流行性感冒席卷了基地，导致 26 人患上流感，其中 12 人患病 3 周仍未痊愈。这 12 人 6 个月前接受人格测验时，表现得远比其他人更为抑郁。

迄今为止，几乎所有的死亡研究都会遭遇方法论上的困难，尽管目前的研究数据尚莫衷一是，但我们还是应该小心为上。无助似乎使人更容易受到无处不在的病原体的侵害，有些病原体甚至会致命。当我们的父母（或配偶）去世时，我们必须格外保重。我建议在亲人去世的头一年里，每两个月做一次体检。在我看来，**但凡**生活发生重大变故，都有必要采取这种做法。[25]

机构性无助

各种机构体系常常忽略当事人对重大事件的控制需求。寻常的医患关系无意保障患者在治疗过程中的控制感。医生知晓一切信息，但很少透露给患者。而患者只需“平心静气”地待着，仰仗医生妙手回春就好。虽然这种全盘依赖的医患关系，在某些情况下对部分患者很 182
有帮助，但增强治疗过程中的控制感更有益于大多数患者。住院意味着患者连最基本的事都无法掌控——譬如什么时间起床，穿什么衣服就寝——这种做法也许能提高管理效率，但无益于健康。失控可能会进一步摧残病体羸弱的患者，甚至导致死亡。舒尔茨和阿德尔曼（R. Schulz & D. Aderman, 1974）采用两组病情相当的癌症晚期患者为被试，并将所有患者转移至临终关怀病房。其中一组患者从别家医院转院过来，另一组则直接从家里前来住院。从家中过来的患者更快离世。研究人员认为，日常生活突然中断加之离家在外的失控感引发了无助，进而致使患者早逝。[26]

列夫考特（H. M. Lefcourt, 1973）报告了一家医疗机构里发生的一桩不同寻常的猝死案例：

> 笔者在一家精神病院目睹了一例因丧失意志而死亡的案例。一位失语近 10 年的女性患者因病房重新装修，遂与其他病友一道搬至住院大楼的另一层。这位患者之前所在的三楼，主要收治恢复无望的慢性病例。相形之下，住在一楼的患者则有很多特权，他们可以自由进出医院，到周边的街区走走逛逛。一言以蔽之，一楼实际上是出院预备区，收治的患者不日就能出院。暂时搬离三楼的患者在换病房前均接受了体检，这位女性患者虽沉默不语、性情孤僻，但身体状况良好。搬到一楼后不久，这名慢性精神病患者的病情大为改观，令医护人员也大为吃惊。短短两周，她就开始表现出社交反应，不再一言不发，渐渐变得合群起来。然而命运弄人，三楼很
> 183 快翻修好了，之前的患者集体搬了回去。回到“无望”病房区一周后，这个好不容易才像白雪公主一样从昏迷中苏醒过来的患者，猝然倒地而亡。尸检没有发现任何明显的病理变化，于是人们大胆猜测她是死于绝望。

无论是身在医疗机构里的癌症晚期患者、白血病儿童还是养老院里的老人，都应最大限度地掌控自己日常生活的方方面面：早餐吃煎鸡蛋还是炒鸡蛋，窗帘要蓝色的还是红色的，电影是周三去看还是周四去看，平时习惯早起还是晚睡。如果我们提出的无助理论确实有效，这些人可能会活得更久，病情也能自然而然地得到一定程度的缓解，而且他们无疑会活得更快乐。

还有一些不太友善的机构也会助长无助感，引发心因性死亡。最

明显的就是监狱，尤以集中营和战俘营为甚。库什纳少校非同寻常的经历可以为此作证。同理，美军俘虏在日本战俘营中的死亡率之高，也不能完全归咎于俘虏的身体状况。菲律宾战役期间，3 万名美军战俘中有 4 000 人被俘后短短几个月就宣告死亡。纳尔迪尼（J. E. Nardini, 1952）记载：

> 俘虏发现自己一下子被剥夺了姓名、地位、身份、合法审判权以及所有生而为人的权利。虽然被俘期间他们病痛缠身，食物、饮用水和药品都前所未有地短缺，但情感上的打击和反应性抑郁更让他们无力调整身体状况抵抗疾病，这无疑是死亡率居高不下的主要原因。[27]

这种情况下怎样才能生存下去？纳尔迪尼认为，“强烈的生存动机和坚韧不拔的意志力”是求生的主导因素。

发挥意志力主动控制结果积极求生对身心影响之大，再怎么强调都不为过。在所有心理变量中，意志力可能最为强大。放弃求生的俘虏，多半命不久矣。布鲁诺·贝特尔海姆将这类俘虏称为“活死人”，他们一进入纳粹的集中营便迅速放弃求生，找不出任何明显的生理原因就那样死掉了： 184

> 有些俘虏开始相信守卫反复灌输的那些话——他们在劫难逃，不可能离开集中营，除非躺着出去——相信他们无法对眼下的环境产生一丝一毫的影响，这些俘虏成了名副其实的行尸走肉。他们在集中营里被称作“活死人”，因为人们误以为他们是听天由命的宿命论者，理应顺从地接受他们的命运。
>
> ……他们被剥夺了情感、自尊和生活中的所有刺激，身心俱疲，只能全然听凭环境的摆布。[28]

被捕后不久，这些人就停止进食，默默地坐在角落里，动也不动，直至咽气。

老人无助致死

如果人或动物的身体状况已进入暮年，更兼营养不良或心脏病，那么有无控制感可能造就生死之差。有一种身体衰弱始终伴随着每一个人——衰老。老年人最容易失去控制感，尤其是在美国。不论是黑人、印第安人还是墨西哥移民，没有哪个群体的老年人像我们的老年人这般无助。相比其他发达国家，美国人的平均寿命仅属中等水平，这恐怕不是因为我们的医疗水平有限，而是因为我们忽视了老年人的心理健康。我们强迫他们 65 岁退休，住进养老院。我们忽视我们的祖父母，把他们撇在一边不管不顾——我们的国家剥夺了老年人对生
185 活中至关重要的事情的控制权。我们杀害了他们。[29]

费拉里（N. A. Ferrari, 1962）有一篇鲜为人知但意义非凡的博士论文，论述的是老年人在养老院里的选择自由。她最初的关注点是老年人住进养老院后生活态度的转变，但在撰写这篇论文的过程中，她发现了一大重要的生存问题。有 55 名老年女性申请入住中西部的一家养老院，她们每人都年逾 65 岁，平均年龄 82 岁。费拉里在她们入住时，询问她们能在多大程度上自主决定是否进入养老院，如果不去养老院还有多少其他选择，以及家人为了让她们住进养老院给了她们多大压力。17 名女性表示她们除了进养老院别无去处，其中 8 人入院 4 周就去世了，及至第 10 周已有 16 人先后去世。而在还有其他选择的 38 人中仅有 1 人在这一阶段去世。养老院的工作人员将她们的死亡称为“意外”。另有 40 人仅提交了入住申请，就因先行去世而未能入住。还有 22 人由家属代为提交申请，其中 19 人在申请通过后的当月就去世了。而自主申请的 18 人中仅有 4 人当月逝世。

这些数据可能会受各个群体不同的身体健康状况所影响，譬如你

病得越重，你的家人就希望把你送出去。不过，原文并未甄别这些因素。与此同时，这项研究的结果直接反映了无助对老年人造成的致命影响。在我看来，这项研究本该是一声冲锋号，起码也应该引发进一步的深入研究，未料竟石沉大海。

亚历克桑德罗维奇观察到一场火灾对老年住院患者造成的致命心理影响。火灾没造成任何人员伤亡，但病房烧毁殆尽，在修缮完毕之前，患者不得不转院数周。火灾当月，40 名受灾患者中有 5 人去世，之后两个月又有 3 人去世。死亡率上升至 20%，远高于前三月 7.5% 的死亡率。这些死亡大多又被归结于“意外”。下面这个案例就是其 186
中的代表：

> 1957 年，一位形容消瘦的 76 岁老人因疑似患有脊髓痨型麻痹性痴呆而入院，他年轻时曾是一名马贩、赌徒和冒险家。经过治疗，他的身体状况日益好转，但仍然只能靠轮椅或助行器行走。除此他还患有慢性尿路感染，久治不愈。他脾气暴躁、怨天尤人、要求很多，还不时和其他患者发生争执或是有意刁难医护人员，照顾起来非常棘手。然而，仍有几位护理人员对这名不同寻常的患者别有好感。他对护士、护工和医生表现出强烈而又矛盾的依赖。唯有审慎地给他一点特权和控制权才应付得了他。
>
> 火灾后，这名患者被转移至神经科的病房，他以前享有的特权（譬如每天在特定时间单独向他发放盒装牛奶）和控制权化为乌有。患者显得心灰意冷，他不再像往常那样宣泄怒火，问他他也不说。两周后，他去世了，怀疑是心肌梗死，没有进行尸检。
>
> 虽然这名患者营养不良、身体虚弱，但并无性命之虞，他的死亡完全出乎意料，被归结为“意外”。[30]

我认为这类死亡不应再被视同意外。我们应该意识到，当我们剥夺了病弱者对环境仅剩的控制感时，多半会害了他。强制退休就是一个例子。仅仅因为一个人年满 65 岁就剥夺其工作权，与禁止雇用黑人和妇女一样不合情理。这样做不仅歧视性地否定了个人价值，更可能致人死亡——剥夺一个人的工作，很可能就是在剥夺他最重要的工具性控制来源。

187 **婴儿夭亡与依赖性抑郁**

婴儿与老年人一样能感觉到自身的无助。斯皮茨（R. Spitz, 1946）是关注依赖性抑郁（又称医院病）的第一人。如上一章所述（边码第 145 页），有两种情况会诱发此类现象：一是婴儿自小在孤儿院长大，接触的刺激极少，最终变得反应迟缓乃至麻木。二是在监狱里出生的婴儿长到 6 至 18 个月大时会被迫和母亲分离，也会陷入抑郁。[31] 91 名患有医院病的孤儿院儿童中，有 34 人在接下来的两年内先后死亡。死亡原因有呼吸道感染、麻疹和肠道疾病。总体死亡率高达 40%，孤儿院里的客观条件还不至于糟糕到如此地步。但缺乏刺激与母爱会对一个正在发展工具性控制的婴儿造成怎样的影响呢？答案正是无助。看到这里，无助会增加死亡易感性应该已不足为奇了。

结论

本章的论据偏经验性，虽非十分必要，但我仍要为此向学院派的读者致歉。我所引用的大量逸事和部分实验研究中，仅有少数设计精妙、操作严谨。但鉴于这一命题意义重大，存在这等瑕疵或许也可以谅解。如果无助致死确实存在，像这样一个简明扼要的呼吁便必不可少，其意义之重大应当受到科学界的重视。但愿我为控制研究所做的这些案例调查足以服众。

从蟑螂到野鼠、从家鸡到黑猩猩、从婴儿到老人，各式各样的物种似乎都存在无助致死的现象。在这类死亡中，个体失去了对重要事件的控制，行为上表现得抑郁、被动、屈服，主观上感到无助、无 188
望。最终，意想不到的死亡突然降临。

这类死亡的直接死因是什么？个体临终时的身体状况多种多样：心力衰竭、哮喘、肺炎、癌症、感染、营养不良。没有哪种生理原因必不可少，除了与心动过缓存在一定的相关性。医学研究人员认为迷走神经抑制了心脏活动和潜水反射，以及副交感神经过度亢奋可能是致死的部分原因。[32] 我不是这方面的专家，无法评估这些假设，但我怀疑可能根本找不出任何生理基础。尽管生理原因莫衷一是，但我们也不应该因此就对这种现象及其背后普遍的心理原因视若无睹，目前这个阶段我们唯一能确定的原因就是无助，就是失控感。

虽然我们仅能确定一种心理原因，但并不意味着这种现象就属于超自然或者超心理学的范畴。无助致死真实存在。了解其心理基础，有助于重视发展弱势群体的工具性控制，进而挽救一些人的生命。

有些话说来兴许是老生常谈，但狄兰·托马斯的诗句依旧最令我动容：

> 不要温和地走进那个良夜，
> 老年应当在日暮时燃烧咆哮；
> 怒斥，怒斥光明的消逝。
> ……
> 您啊，我的父亲，在那悲哀的高处。
> 现在用您的热泪诅咒我、祝福我吧，我求您。
> 不要温和地走进那个良夜。
> 怒斥，怒斥光明的消逝。

注　释

第一章

1. *New York Times,* Travel Section, January 30; February 19, 1972.
2. Wintrob, 1972.

第二章

1. 对自主性行为与工具性行为（或称结果敏感性行为）之关系的探讨，参见 Irwin, 1971; Teitelbaum, 1964。
2. 究竟哪些行为是自主反应，相关文献层出不穷、趣味十足。自主反应的范畴仍在不断扩大，有证据证明通过特殊训练，我们可以自主控制心率、尿流率、α 脑电波等生理指标，参见 Miller, 1969。这些证据可能令**自主性**与**非自主性**之间的界线变得模糊不清，但在我的定义中，判断反应自主与否，只看能否通过奖惩机制塑造该反应。
3. Humphreys, 1939a, b, c; Skinner, 1938。
4. 实验中的鸽子只有在未啄击按键的情况下，才能获得食丸。有机体是否真能学会不做反应，学术界尚存争议。异议者认为有机体总是处于行动之中，即便没有奖励，这些行为也会得到某种强化。虽然这种先验性的观点看似有理，但我将在本书中列出大量与之相左的证据。

5. 细致的读者可能会好奇，为何我坚持要在这个例子中画蛇添足地加一个 30 秒的时限。直接说按了按钮或者没按按钮不就行了吗？因为严格说来，按按钮是一个瞬间动作，不按按钮则不然。为保证 $p(O/\overline{R})$ 和 $p(O/\overline{R})$（反应关联区的 x 和 y 轴）耗时相当，R 代表的是 30 秒内做出反应，$\overline{R}$ 代表的是 30 秒内不出现 R。舍恩费尔德等（Schoenfeld, Cole, Lang, & Mankoff, 1973）对这一程式进行了广泛应用。本章提出的概念框架也适用于没有时限的情况，感兴趣的读者可以参看塞利格曼等（Seligman, Maier, & Solomon, 1971）的详细演绎，或者吉本等（Gibbon, Berryman, & Thompson, 1974）对反应关联区的科学探讨。
6. Seligman & Hager, 1972.
7. Staddon & Simmelhag, 1971. 有关无助感的物种特异性分析，另见 Staddon, 1974。

第三章

1. Overmier & Seligman, 1967; Seligman & Maier, 1967.
2. Overmier, 1968; Overmier & Seligman, 1967; Seligman & Groves, 1970; Seligman & Maier, 1967; Seligman, Maier, & Geer, 1968.
3. Maier, 1970; Maier, Albin, & Testa, 1973; Seligman & Beagley, 1974; Seligman & Maier, 1967. 值得一提的是，丘奇（Church, 1964）反对将共轭组作为工具性学习实验的对照组。但这个观点并不适用于无助实验，因为在我们的实验中共轭组才是实验组，其余两组都是对照组。
4. Seligman & Maier, 1967.
5. 可参阅塞利格曼和海格尔（Seligman & Hager, 1972）合编的相关读物。
6. Thomas & Balter, 1974. 其他用不可逃脱电击致使猫虚弱无助的研究报告，另见 Masserman, 1943, 1971; Seward & Humphrey, 1967; Zielinski & Soltysik, 1964。
7. Padilla, Padilla, Ketterer, & Giacalone, 1970. 相关金鱼实验，参见 Bintz, 1971; Behrend & Bitterman, 1963; Frumkin & Brookshire, 1969; Padilla, 1973。
8. 相关文献综述，参见 Maier, Seligman, & Solomon, 1969; Seligman et al., 1971（感兴趣的读者可进一步查阅）。相关代表性研究，另见 Anderson, Cole, & MeVaugh, 1968; DeToledo & Black, 1967; Dinsmoor & Campbell, 1956a, b; Looney & Cohen,

1972; Mullin & Mogenson, 1963; Weiss, Krieckhaus, & Conte, 1968。

9. Maier et al., 1973; Seligman & Beagley, 1974; Seligman, Rosellini, & Kozak, 1974b. 顺带一提，小鼠（Braud, Wepman, & Russo, 1969）乃至低等级的蟑螂（Horridge, 1962）经受不可逃脱电击后，也出现反应不足的现象。
10. Hiroto, 1974; Hiroto & Seligman, 1974; Krantz, Glass, & snyder, 1974. 其他结果一致的人类习得性无助研究，参见 Fosco & Geer, 1971; Miller & Seligman, 1974a; Racinskas, 1971; Roth & Kubal, 1974; Thornton & Jacobs, 1971。
11. 实际的人格测试数据与大量争议性文献综述，参见 James, 1963; Lefcourt, 1966; Rotter, 1966。
12. Braud et al., 1969. 类似的大鼠实验，另见 McCulloch & Bruner, 1939; 这也是最早研究无助感的文献。
13. Rosellini & Seligman, 1974; A. Amsel, 1974, 个人交流。
14. 受挫大鼠的实验发现，参见 Amsel, Rashotte, & MacKinnon, 1966。
15. 布鲁克谢尔等（Brookshire, Litman, & Stewart, 1961）令 30 天大的大鼠接受不可逃脱电击，并设有一个对照组。100 天后大鼠均已成年，开始在一条尽头放有食物的跑道里接受测试。饥饿感较轻时，无助组大鼠实际上比对照组表现更好。中度饥饿时，两组被试找到食物的成功率相当。而在极度饥饿的情况下（强迫断食 96 小时），对照组大鼠照例直奔跑道尽头，但接受过电击预处理的大鼠则放弃了觅食，消极地待在起点。
16. Maier, Anderson, & Lieberman, 1972. 类似实验结果，参见 Powell & Creer, 1969。无助感在厌恶事件间发生迁移的深入研究，参见 Anderson & Paden, 1966。
17. Hiroto & Seligman, 1974. 与之平行的抑郁实验，另见 Miller & Seligman, 1974b。
18. Hiroto & Seligman, 1974.
19. 迈尔（Maier, 1949）用这一实验设计测试了众多大鼠，造成大鼠虚弱无助，详见本书第七章。
20. Hiroto & Seligman, 1974.
21. Seligman, Meyer, & Testa, 1971a. 另见 Hulse, 1974。
22. 参见 Engberg, Hansen, Welker, & Thomas, 1973; 发表时题为 “Acquisition of keypecking via autoshaping as a function of prior experience: ‘Learned laziness?’”。类似的鸽子实验，参见 Gamzu & Williams, 1971; Gamzu, Williams, & Schwartz,

1973; Welker, Hansen, Engberg, & Thomas, 1973; 他们对如何解释这类研究的实验结果进行了激烈的辩论。

23. Kurlander, Miller, & Seligman, 1974.
24. Miller & Seligman, 1974b.
25. Hiroto & Seligman, 1974.
26. Thomas, Freeman, Svinicki, Burr, & Lyons, 1970.
27. Wallace, 1956a.
28. Overmier, 1968; Overmier & Seligman, 1967; Seligman & Groves, 1970.
29. Seligman et al., 1974b. 自幼生养在饲养笼中的大鼠与圈养的狗（边码第 58 页）一样，没有表现出时间进程。圈养严重限制了可控性体验发挥免疫效力的可能。
30. Brady, Sorter, Conrad, & Mason, 1958. 研究详情见本书第六章（边码第 117 页）。
31. Sines, Cleeland, & Adkins, 1963.
32. Weiss, 1968, 1971a, b, c. 关于胃溃疡、焦虑和不可预测性的其他研究，另见本书第六章以及 Moot, Cebulla, & Crabtree, 1970。
33. 有关该实验数据的持续性争议，参见 Brimer & Kamin, 1963; Lindner, 1968; Desiderato & Newman, 1971; Payne, 1972。
34. Hokanson, DeGood, Forrest, & Brittain, 1971. 使用其他焦虑测量法的相关人类研究，参见 Averill & Rosenn, 1972; Bandler, Madaras, & Bem, 1968; Corah & Boffa, 1970; Elliot, 1969。相关文献错综复杂而莫衷一是，艾夫里尔（Averill, 1973）以及宾尼科和塞利格曼（Binik & Seligman, 1974）从不同角度做过文献综述。
35. Pavlov, 1927, 1928.
36. Liddell, James, & Anderson, 1934.

第四章

1. 如今这一代学习理论家的观点和研究证据具有很高的一致性，均认为有机体能够学习和储存反应关联区中的关联性信息，包括那条至关重要的 45° 线，参见 Catania, 1971; Church, 1969; Gibbon et al., 1974; Maier et al., 1969; Porefsky, 1970; Premack, 1965; Rescorla, 1967, 1968; Seligman et al., 1971; Wagner, 1969; Watson, 1967; Weiss, 1968, 1971a。
2. 有兴趣详细了解关联性信息及其认知表征之间的关系的读者，可参阅凯利

（Kelley, 1967）及维纳等（Weiner, Frieze, Kukla, Reed, Rest, & Rosenbaum, 1971）的归因理论、欧文（Irwin, 1971）及塞利格曼和约翰斯顿（Seligman & Johnston, 1973）的认知学习理论，以及拉扎勒斯（Lazarus, 1966）和斯托兰（Stotland, 1969）的相关理论。

3. 引发控制错觉的因素，另见 Langer, 1974。她发现在纯凭运气的游戏中，当对手落于下风、被试能自主选择彩券或是长时间参与游戏时，被试就会产生控制错觉。

4. 值得一提的是，出于本能的挣扎是创伤情境下的另一反应来源，但我们关注的是**自主**反应的出现与消退。当然，我们并不否认先天反应可以转化成自主反应（Schwartz & Williams, 1972）。

5. 所罗门（Solomon, 1948）归纳整理了大量相关文献后发现，降低投入并非有效的强化刺激，除非在最极端的情境下。

6. 反应-结果预期的操作性定义，参见 Irwin, 1971; Seligman & Johnston, 1973。

7. Thornton & Jacobs, 1971.

8. Hiroto & Seligman, 1974; Mackintosh, 1973; Maier, 1949; Mellgren & Ost, 1972; Miller & Seligman, 1974a; Thomas et al., 1970.

9. 从反抗到绝望的心理过程研究，参见 Bowlby, 1973; Hinde, Spencer-Booth, & Bruce, 1966; Kaufman & Rosenblum, 1967; Sackett, 1970。该心理过程的普遍视野，另见 Selye, 1956。

10. 所罗门和科比特（Solomon & Corbit, 1974）提出的理论认为，情绪会相互对抗，就像视觉系统中红色和绿色会相互对抗一样。在他们看来，恐惧和抑郁可能正是两种相互对抗的心理过程：反复经历不可控事件滋生了恐惧，恐惧催生了抑郁。抑郁的出现抑制了恐惧的蔓延，将恐惧控制在可承受的范围内。不可控事件一旦结束，恐惧亦随之消散，但与之对抗的抑郁却消散得比较慢，依然存在。

11. 并非所有玩耍和锻炼胜任力的行为，都是为了避免恐惧和抑郁的厌恶状态。因为玩耍和探索行为常发生在有机体较为放松的时候，而且会为恐惧所抑制（White, 1959）。另外，还有一点值得注意，自由玩耍或探索一旦受到限制或被迫终止，哭泣或挣扎一类的厌恶状态就会接踵而至。

12. 这是宾夕法尼亚州费城和纽约州伊萨卡最热销的狗食，由费城的凯利和科恩提供。

13. 参见 Seligman et al., 1968。“强迫完成”训练方法的相关研究，另见 Black, 1958; Maier, 1949; Tolman & Gleitman, 1948。对大鼠无助感的治疗，详见 Seligman et al., 1974b。
14. Seligman & Maier, 1967. 大鼠的同类免疫实验及实验结果，参见 Seligman et al., 1974b。
15. Seligman & Groves, 1970.
16. Lessac & Solomon, 1969.
17. 无助理论的批评和新解，参见 Anderson et al., 1968; Bracewell & Black, 1974; Gamzud et al., 1973; Hineline, 1973; Maier et al., 1969; Miller & Weiss, 1969; Staddon, 1974; Weiss, Stone, & Harrell, 1970; Weiss, Glazer, & Pohorecky, 1974。
18. **僵直**（freezing）是对大鼠恐惧时的种种表现的一个粗略概括：它们爪子紧抓着栅栏，躬身战栗。许多研究都证明大鼠害怕时会出现僵直现象，以至于有人认为习得性无助无非就是僵直而已（Anisman & Waller, 1973）。譬如，强电击比弱电击更易引发僵直，而强电击也比弱电击更有损大鼠在穿梭箱回避测试中的表现（Anisman & Waller, 1972）。东莨菪碱能改善大鼠的回避表现，而东莨菪碱同时也有缓解僵直的疗效（Anisman, 1973）。但是，这些证据与无助感并不相干。我承认干扰逃脱或回避反应的方法多种多样，譬如可以直接截掉动物的双腿。引发僵直，也只是其中一种方法而已。但僵直会干扰被试回避电击，并不能证明不可逃脱电击就是**通过**造成僵直来干扰被试的回避反应的，正如截肢也会阻碍被试回避电击，但并不意味着不可逃脱电击就是借由截肢阻碍了被试的回避反应。再者，受试狗没有出现僵直，接受无解辨别问题测试的人类没有出现僵直，无法控制食物获取的大鼠也没有出现僵直，但这些情境都引发了无助。最后，这些支持僵直理论的心理学家还忽略了一个问题：为什么不可逃脱电击能使大鼠出现僵直，而可逃脱电击不会？不论怎么解释都绕不开大鼠认识到了电击不可逃脱，而这正是无助理论的核心。
19. Maier et al., 1973; Seligman & Beagley, 1974. 仅从执行难度的角度很难解释迈尔和特斯塔（Maier & Testa, 1974）的实验数据，电击延迟后的 FR1 训练、部分强化和 FR2 训练中的关联性都必须从学习缺陷上加以解释。
20. 韦斯等（Miller & Weiss, 1969; Weiss et al., 1970, 1974）均如此推测。
21. 前摄抑制对人和动物的影响研究，参见 Maier & Gleitman, 1967; Underwood, 1948。

22. Miller & Weiss, 1969; Weiss, 1968, 1970, 1971a, b, c; Weiss et al., 1970, 1974.
23. Abramson & Seligman, 1974.
24. 详细理论，参见 Stein, 1964。
25. Thomas & Balter, 1974.
26. Abramson & Seligman, 1974.

第五章

1. Williams, Friedman, & Secunda, 1970.
2. 对内源性-反应性二分法的探讨，参见 Carney, Roth, & Garside, 1965; Kiloh & Garside, 1963; Mendels, 1970; Schuyler, 1975。
3. 假设母亲抑郁、父亲酗酒，那么孩子将来很可能抑郁（参见 Winokur, 1973）。顺带一提，有观点认为酗酒对男性的影响等同于抑郁对女性的影响。
4. 有一个重要的例外，参见 Wolpe, 1967; 他探讨了如何为动物和人类神经症之间的对应关系确立一个标准。
5. “游戏”或“抑郁”一类的术语直接取自日常用语，没有必要的特征，参见 Wittgenstein, 1953, para. 66−77。
6. Grinker, Miller, Sabshin, Nunn, & Nunnally, 1961.
7. Beck, 1967, p. 28.
8. 相关代表性研究，参见 Friedman, 1964; Martin & Rees, 1966; Shapiro & Nelson, 1955。文献综述，参见 Seligman, Klein, & Miller, 1974a。
9. 参见 Lewinsohn & Libet, 1972。
10. 相关代表性研究，参见 Payne, 1961; Walton, White, Black, & Young, 1959。
11. Lewinsohn, 1974.
12. 参见贝克（Beck, 1967）的著作，该书全面而系统地描绘了抑郁患者的心理。
13. Miller & Seligman, 1973, 1974a, b; Miller, Seligman, & Kurlander, 1974.
14. Miller et al., 1974.
15. 我们用无解辨别问题替代不可逃脱噪声，得到了相同的实验结果（Klein, Fencil-Morse, & Seligman, 1975）。此外，我们还发现如果解答无解问题的抑郁患者将失败归咎于问题太难，而不是自己无能的话，他们解字谜时的表现会有所改善。克莱因（Klein, 1975）也证实未经任何预处理的抑郁患者，同经受过不可逃脱噪声的非抑郁患者一样无法回避噪声。

16. Wallace, 1956b.
17. 对时间对抑郁之影响的探讨，参见 Kraines, 1957; Lundquist, 1945; Paskind, 1929, 1930。
18. 例如，参见 Szasz, 1963。虽然我基本赞同萨斯对非自愿监管制度的批判，但我不认同他看待自杀的观点。
19. 对抑郁的精神分析理论的代表性论述，参见 Abraham, 1911, 1916; Freud, 1917; Jacobson, 1971; Klein, 1968; Rado, 1928。
20. Beck & Hurvich, 1959; Beck & Ward, 1961.
21. Suomi & Harlow, 1972. 灵长类动物的分离实验与人类抑郁的关系，另见 Akiskal & McKinney, 1973。
22. Schildkraut, 1965. 最新的生物胺研究综述与结合行为数据的分析研究，另见 Akiskal & McKinney, 1973。他们的结论是，目前没有证据证明抑郁与哪一种生物胺有关。
23. 这些药物治疗抑郁的疗效，参见 Cole, 1964; Davis, 1965; Klerman & Cole, 1965。
24. Redmond, Maas, Kling, & DeKirmenjian, 1971; Abramson & Seligman, 1974.
25. Janowsky, El-Yousef, Davis, Hubbard, & Sekerke, 1972.
26. Weiss, 1968, 1971a, b , c.
27. 抑郁主观感受的因子分析研究，参见 Grinker et al., 1961。
28. 一项十分严谨的抑郁前的既往生活史研究，参见 Paykel, Myers, Dienelt, Klerman, Lindenthal, & Pepper, 1969。
29. 版权归美国医学会所有（1969）。
30. Ferster, 1966, 1973; Kaufman & Rosenblum, 1967; Lewinsohn, 1974; Liberman & Raskin, 1971; McKimngy & Bunney, 1969.
31. 不论是在欲求性情境下（如 Rescorla & Skucy, 1969），还是在厌恶性情境下（如 Kadden, 1973），此前习得的反应均遵循这一衰减过程。
32. Carder & Berkowitz, 1970; Jensen, 1963; Neuringer, 1969; Singh, 1970; Stolz & Lott, 1964.
33. Watson, 1971.
34. Dorworth, 1971.

35. Bibring, 1953, p. 43.
36. 另见 Dorworth, 1973; Ellis, 1962。
37. 版权归美国医学会所有（1969）。
38. Taulbee & Wright, 1971.
39. Fagan, 1974; Lazarus, 1968.
40. Deck, Seligman, Binik, Schuyler, & Brill, 未发表。
41. 克莱因（Klein, 1975）发现解开辨别问题能完全消除不可逃脱的噪声和自然抑郁的不良症状。接受过不可逃脱噪声的非抑郁学生与抑郁学生均被要求解开一系列有解辨别问题，以此作为治疗。与未经治疗的对照组不同，他们后来很快就学会了摆脱噪声，而且认为测试的成败取决于自身的行动。据我所知，这是最早研究抑郁治疗的控制实验，该实验证明缓解习得性无助的方法也能缓解抑郁。
42. 相关文献卷帙浩繁，庞杂而矛盾。具有代表性的正面发现，参见 Beck, Sethi, & Tuthill, 1963; Birtchnell, 1970a, b, c, d。负面观点，参见 Granville-Grossman, 1967。

第六章

1. 参见 Wittgenstein, 1953, para. 66–77。
2. 对该假说的详细论述，参见 Seligman, 1966; Seligman & Binik, 1974; Seligman et al., 1971。
3. 10 年来，我们已经证实巴甫洛夫条件反射实验中的动物不仅学会了刺激预示着 US（激励）即将出现，而且还学会了刺激与 US 的缺乏配对呈现，预示着 US 不会出现。巴甫洛夫（Pavlov, 1927）称之为**分化抑制**（differential inhibition）。参见 Boakes & Halliday, 1972; Bolles, 1970; Denny, 1971; Maier et al., 1969; Rescorla, 1967。刺激与无电击情境（如安全信号）配对呈现能抑制电击回避反应（Rescorla & Lolordo, 1965），也能用作正强化（Weisman & Litner, 1969）。
4. Azrin, 1956; Brimer & Kamin, 1963; Byrum & Jackson, 1971; Davis & McIntire, 1969; Imada & Soga, 1971; Seligman, 1968; Seligman & Meyer, 1970; Shimoff, Schoenfeld, & Snapper, 1969; Weiss & Strongman, 1969.
5. Averill & Rosenn, 1972; Geer, 1968; Glass & Singer, 1972; Glass, Snyder, & Singer, 1974; Price & Geer, 1972. 能反映不可预测创伤所造成的焦虑的其他因变量，另见 Badia & Culbertson, 1970; Paré & Livingston, 1973。

6. Brady, 1958; Brady et al., 1958; Porter, Brady, Conrad, Mason, Galambos, & Rioch, 1958.
7. Sines et al., 1963.
8. Weiss, 1968, 1970, 1971a, b, c.
9. Caul, Buchanan, & Hays, 1972; Mezinskis, Gliner, & Shemberg, 1971; Price, 1970; Seligman, 1968; Seligman & Meyer, 1970; Weiss, 1970.
10. 巴迪亚和卡特伯森（Badia & Culbertson, 1970）为这一观点提供了有力证据：经受不可预测的电击时，大鼠始终抓着栅栏，直至安全信号出现才肯松开。
11. 大鼠：Lockard, 1963, 1965。人类：Badia, Suter, & Lewis, 1967; Jones, Bentler, & Petry, 1966; Lanzetta & Driscoll, 1966; Pervin, 1963。相反结论，另见 Averill & Rosenn, 1972; Furedy & Doob, 1971, 1972。
12. 巴迪亚和卡伯特森还对比检验了安全信号假说与**预备反应**假说，预备反应假说是另一种用以解释被试对有信号电击的偏好的假说。该假说认为，若事件可以预测，被试就能在预示着 US 强度即将转变的信号呈现时做出工具性反应。[由珀金斯（Perkins, 1955）提出。两种假设的详细区别，参见 Seligman et al., 1971; Seligman & Binik, 1974。] 据称，预备反应能缓解厌恶性 US 带来的痛苦，增加欲求性 US 带来的快乐。例如，被试可能会为承受电击预做准备，以减轻电击的疼痛，抑或在食物信号出现时就开始分泌唾液，以使食物更加美味。支持预备反应假说的主要论据有：（1）部分研究报告称，若 US 呈现前配有信号，被试所感受到的 US 强度将随之降低（Hare & Petrusic, 1967）。一如有电击信号时，电击所引发的GSR参数较低（Kimmel, 1965; Lykken, 1962; Kimmel & Pennypacker, 1962; Morrow, 1966）。不同解释参见 Seligman et al., 1971。（2）有信号的正性事件比无信号的正性事件更受偏好（如 Cantor & LoLordo, 1970; Prokasy, 1956）。不同解释参见 Hershisher & Trapold, 1971。安全信号假说无法直接解释这两组研究数据。但值得注意的是，安全信号假说与预备反应假说逻辑上并不矛盾，二者可以同时成立：实验动物既能在经受不可预测的电击时处于慢性恐惧之中，也能在有信号的电击中提前做好接受电击的准备。预备反应假说与安全信号假说一样，推断有机体更偏好可预测的厌恶事件。不过，与安全信号假说不同的是，预备反应假说需要格外附加一个假设，才能解释为何不可预测的电击更易引发恐惧。不可预测的电击之所以更恐怖，是因为这种电击感觉起来更强烈。但仅凭预备反应不大可能使大鼠对可预测电击产生数倍于不可预测电击的偏好：大鼠对可预测电击的偏好在时长上是不可预测电击的4倍，在强度上是不可预测电击的3倍（Badia, Culbertson, & Harsh, 1973）。二者的偏好差异非常明显，而目前尚未发现预备反应有如此强大的影响力（Perkins, Seymann, Levis, & Spencer, 1966）。此外，预备反应假说也无法解释用CER和GSR监测到的焦虑情绪为何经久不衰。

巴迪亚和卡伯特森借由三种消退法区分了这两种假说。在第一种消退法中，控制杆不再起作用，不论大鼠做什么都无法再触发信号。所有大鼠均不再按压控制杆。第二种消退法最引人入胜，此前压杆产生的刺激（关灯）本与有信号的电击配对呈现，现在却改为与无信号的电击配对呈现。如此一来，安全信号仍然存在，但因取消了提示音，大鼠无法为承受电击预做准备。这一设计比较了安全信号与预备反应二者的效力。即便没有了提示音，大鼠依旧对业已熟悉的安全信号表现出强烈偏好。这种偏好肯定不是预备反应所致，因为没有提示音大鼠根本无法做出预备反应。在第三种消退法中，按压控制杆产生电击前会播放提示音，但不会熄灭灯光。如此一来，安全信号（关灯）没有了，但电击前会呈现危险刺激。此种设计再次比较了预备反应与安全信号的效力，因为大鼠按压控制杆后虽看不到安全信号，但可以在听到提示音时为电击预做准备。这一次大鼠均未按压控制杆。可见，获得安全信号是个必要（消退法3）且充分（消退法2）的偏好，而获得做出预备反应的机会则既不必要（消退法2）也不充分（消退法3）。

13. Badia, McBane, Suter, & Lewis, 1966; Badia et al., 1967; Cook & Barnes, 1964; D'Amato & Gumenik, 1960.
14. 非常感谢伊扎克·宾尼科在这一节和本章余下内容中为我提供的帮助。
15. 另见 Staub, Tursky, & Schwartz, 1971。
16. 对控制感在危险情境中的作用的探讨，参见 Lazarus, 1966。拉扎勒斯列举的研究表明，当被试面临危险时，他会对危险做出两种评价。他首要考虑的是“这有多危险”，其次是“我能做些什么”。
17. 控制感的积极影响，另见 Bowers, 1968; Corah & Boffa, 1970; Houston, 1972。
18. Geer, Davison, & Gatchel, 1970.
19. 另见 Champion, 1950。

20. 系统脱敏疗法，详见 Wolpe & Lazarus, 1969。
21. 批评的详细内容，参见 Davison, 1966; Goldfried, 1971; Jacobs & Wolpin, 1971; Wilkins, 1971。
22. Masters & Johnson, 1966.

第七章

1. Watson, 1924, p.104.
2. Seligman & Hager, 1972.
3. 参见 Lipsitt, Kaye, & Bosack, 1966; Sameroff, 1968, 1971.
4. Siqueland, 1968; Siqueland & Lipsitt, 1968.
5. 沃森（Watson, 1967）认为新生儿成长到两三个月大才具备分析关联性的能力。
6. Watson, 1971. 另见 Hunt & Uzgiris, 1964; Rovee & Rovee, 1969; Vietze, Watson, & Dorman, 1973。皮亚杰也建立了一个分析关联性的结构，类似于发展之舞。最初的阶段被他称为**效能感**（efficacy），指的是婴儿对自身行为改变了外部环境的一种模糊的感觉。随着婴儿的成长，效能感逐渐转化为成熟的**心理因果关系**（psychological causality），婴儿开始做出有意识的行为（Flavell, 1963, pp.142–147）。
7. Hein & Held, 1967; Held, 1965; Held & Bauer, 1967; Held & Bossom, 1961; Held & Hein, 1963.
8. 另见 Bowlby, 1969, 1973; Goldfarb, 1945。这种观察法虽然遭到有理有据的批评（Pinneau, 1955; Casler, 1961），但福利机构的抚养方式不利于孩子成长却是不争的事实。
9. 灵长类动物的幼崽与母亲分离的相关情形，参见 Hinde et al., 1966; Kaufman, 1973; Kaufman & Rosenblum, 1967a, b。
10. Harlow & Zimmerman, 1959.
11. Redmond, Maas, DeKirmenjian, & Schlemmer, 1973.
12. Rapaport & Seligman, 1974.
13. Thompson, 1957. 相关发现，另见 Denenberg & Rosenberg, 1967; Denenberg & Whimbey, 1963; Gauron, 1966; Joffe, 1965; Ressler & Anderson, 1973a, b; Thompson, Watson, & Charlesworth, 1962。

14. 科罗拉多大学的雷蒙德·迈尔斯（Raymond Miles）与乔治·皮博迪学院的哈迪·威尔科克森（Hardy Wilcoxon）为大鼠和猴子的幼崽设计了这样的实验环境。
15. Kozol, 1967.
16. 哈洛（Harlow, 1949）进行了心理学上首例鉴别学习定势的实验。
17. 列文（Levine, 1966）详细阐释了这种“输则改之，赢则加勉”的学习定势理论。
18. Rozin, Poritsky, & Sotsky, 1971.
19. 社会化差异的不良影响，另见 Higgins, 1968。
20. Banfield, 1958, p.109.
21. 研究拥挤的文献极具争议性。继卡尔霍恩（Calhoun, 1962）最早发现环境过于拥挤时大鼠的社会体系会土崩瓦解后，人们就尝试运用统计学方法找出拥挤与人类社会动荡之间的关系。一旦贫困、种族和教育问题得到控制，人口密度似乎与社会病态并不相关（Freedman, Klevansky, & Erlich, 1971）。然而，若将单位土地面积上的人口数这一变量，细化成单位住宅面积上的人口数，也许能更好地表明不可控的程度（Galle, Gove, & McPherson, 1972）。
22. Goeckner, Greenough, & Mead, 1973.
23. Miller & Seligman, 1974b.
24. Jensen, 1973.
25. 如 Brinton, 1965。
26. 穷人参与社会活动的治疗作用，参见 Ryan, 1967。

第八章

1. Richter, 1957.
2. Thomas & Balter, 1974; Janowsky et al., 1972.
3. Galef & Seligman, 1967, 未发表的数据。
4. 通过实验我们在蟑螂这样的“低等”动物身上也观察到了这类死亡。蟑螂社群存在明显的统治层级。地位低下的蟑螂靠近位于统治地位的蟑螂时，会将自己的触须低伏于地。这种“敬礼”的姿势能避免上级蟑螂的攻击。若上级蟑螂不断攻击下级蟑螂，下级蟑螂就会死去（Ewing, 1967）。这种死亡的特点是没有任何外伤，生理死因依旧成谜。但下级蟑螂居于劣势反复受挫，很可能导致无助，进而死亡。

5. 相关综述，参见 Ratner, 1967。
6. Maser & Gallup, 1974.
7. 参见美国石油学会《营救行动》(*Operation rescue*) 中介绍的如何清洗被石油污染的鸟类。
8. 罗曼尼斯 (Romanes, 1886) 报告了大象和其他物种在配偶死后，因伤心过度而猝死的逸事。
9. 参见 Mathis, 1964。
10. *Washington Post*, December 9, 1973.
11. 私人交流。
12. Scarf, 1973. 古道尔报告称，她已观察到 5 例不足 5 岁的黑猩猩在母亲去世后猝死的案例 (Psychosomatic Society meeting, Philadelphia, April 1974)。
13. 马修斯 (Mathis, 1964) 报告了这一案例。
14. Cannon, 1942. 另见 Wintrob, 1973。
15. 里希特 (Richter, 1957) 引自 Cannon, 1942。
16. Burrell, 1963.
17. Engel, 1971.
18. 恩格尔引自 Saul, 1966。
19. 恩格尔引自 Bauer, 1957。
20. Schmale & Iker, 1966.
21. Parkes, Benjamin, & Fitzgerald, 1969. 心脏病发作前的生活变故研究，另见 Rahe & Lind, 1971。
22. Greene, Goldstein, & Moss, 1972.
23. Rosenman, Friedman, Straus, Wurm, Kositchek, Hahn, & Werthessen, 1964; Rosenman, Friedman, Straus, Wurm, Jenkins, & Messinger, 1966. Krantz et al., 1974.
24. Imboden, Cantor, & Cluff, 1961.
25. 生活变故对各类疾病易感性的影响，参见 Rahe, 1969。
26. 心理因素在癌症死亡中的作用评估，另见 Davies, Quinlan, McKegney, & Kimbel, 1973; Kubler-Ross, 1969; Stavraky, Buck, Lott, & Wanklin, 1968。
27. 美军俘虏在朝鲜战争中无助致死的现象，另见 Strassman, Thaler, & Schein, 1956。

监禁促使大学生志愿被试变得无助的惊人记载，另见 Zimbardo, Haney, Banks, & Jaffe, 1974。

28. Bettelheim, 1960.
29. 对老年人生存与求生意志的探讨，参见 Kastenbaum & Schaberg, 1971。另见 Weisman & Kastenbaum, 1968。
30. Aleksandrowicz, 1961.
31. 相关结论与探讨，参见 Bowlby, 1969, 1973; Kaufman & Rosenblum, 1967a, b; Suomi & Harlow, 1972。
32. 生理推测，参见 Cannon, 1942; Engel, 1971; Richter, 1957; Wolf, 1967。

参考文献

Abraham, K. The first pregenital stage of the libido (1916). In *Selected papers on psychoanalysis*. New York: Basic Books, 1960. Pp. 243–279.

———. Notes on the psychoanalytic investigation and treatment of manic-depressive insanity and allied conditions (1911). In *Selected papers on psychoanalysis*. New York: Basic Books, 1960. Pp. 137–156.

Abramson, L. and Seligman, M. E. P. The effects of AMPT on learned helplessness in the rat. Submitted, 1974.

Akiskal, H. S. and McKinney, W. T. Depressive disorders: Toward a unified hypothesis. *Science*, 1973, *182*, 20–28.

Aleksandrowicz, D. R. Fire and its aftermath on a geriatric ward. *Bulletin of the Menninger Clinic*, 1961, *25*, 23–32.

American Petroleum Institute. *Operation rescue: Cleaning and care of oiled water fowl*. Washington, 1972.

Amsel, A., Rashotte, N. E., and MacKinnon, J. R. Partial reinforcement effects within subject and between subjects. *Psychological Monographs*, 1966, *80* (20, whole number 628).

Anderson, D. C. and Paden, P. Passive avoidance response learning as a function of prior tumbling trauma. *Psychonomic Science*, 1966, 4, 129–130.

Anderson, D. C., Cole, J., and McVaugh, W. Variations in unsignaled inescapable preshock as determinants of responses to punishment. *Journal of Comparative and Physiological Psychology*, 1968, 65 (Monogr. Suppl. 1–17).

Anderson, L. T. and Ressler, R. H. Response to a conditioned aversive event in mice as a function of frequency of premating maternal shock. *Developmental Psychobiology*, 1973, 6, 113–121.

Anisman, H. Effects of pretraining compatible and incompatible responses on subsequent one-way and shuttle-avoidance performance in rats. *Journal of Comparative Physiological Psychology*, 1973, 82, 95–104.

Anisman, H. and Waller, T. G. Facilitative and disruptive effect of prior exposure to shock on subsequent avoidance performance. *Journal of Comparative Physiological Psychology*, 1972, 78, 113–122.

———. Effects of inescapable shock on subsequent avoidance performance: Role of response repertoire changes. *Behavioral Biology*, 1973, 9, 331–335.

Averill, J. R. Personal control over aversive stimuli and its relationship to stress. *Psychological Bulletin*, 1973, 80, 286–303.

Averill, J. R. and Rosenn, M. Vigilant and nonvigilant coping strategies and psychophysiological stress reactions during the anticipation of electric shock. *Journal of Personality and Social Psychology*, 1972, 23, 123–141.

Azrin, N. H. Some effects of two intermittent schedules of immediate and non-immediate punishment. *Journal of Psychology*, 1956, 42, 3–21.

Badia, P. and Culbertson, S. Behavioral effects of signalled vs. unsignalled shock during escape training in the rat. *Journal of Comparative and Physiological Psychology*, 1970, 72 (2), 216–222.

———. The relative aversiveness of signalled vs. unsignalled escapable and inescapable shock. *Journal of the Experimental Analysis of Behavior*, 1972, 17, 463–471.

Badia, P., McBane, B., Suter, S., and Lewis, P. Preference behavior in an immediate versus variably delayed shock situation with and without a warning signal. *Journal of Experimental Psychology*, 1966, 72, 847–852.

Badia, P., Suter, S., and Lewis, P. Preference for warned shock: Information and/or preparation. *Psychological Reports*, 1967, *20*, 271–274.

Badia, P., Culbertson, S., and Harsh, J. Choice of longer or stronger signalled shock over shorter or weaker unsignalled shock. *Journal of the Experimental Analysis of Behavior*, 1973, *19*, 25–33.

Bainbridge, P. L. Learning in the rat: Effect of early experience with an unsolvable problem. *Journal of Comparative and Physiological Psychology*, 1973, *82*, 301–307.

Bandler, R. J., Jr., Madaras, G. R., and Bem, D. J. Self-observation as a source of pain perception. *Journal of Personality and Social Psychology*, 1968, *9*, 205–209.

Banfield, E. C. *The moral basis of a backward society*. New York: The Free Press, 1958.

Bauer, J. Sudden, unexpected death. *Postgraduate Medicine*, 1957, *22*, A34–A45.

Beck, A. T. *Depression: Clinical, experimental, and theoretical aspects*. New York: Hoeber, 1967.

———. Cognitive therapy: Nature and relation to behavior therapy. *Behavior Therapy*, 1970, *1*, 184–200.

———. Cognition, affect, and psychopathology. *Archives of General Psychiatry*, 1971, *24*, 495–500.

Beck, A. T. and Hurvich, M. S. Psychological correlates of depression. 1. Frequency of "masochistic" dream content in a private practice sample. *Psychosomatic Medicine*, 1959, *21*, 50–55.

Beck, A. T. and Ward, C. H. Dreams of depressed patients: Characteristic themes in manifest content. *Archives of General Psychiatry*, 1961, *5*, 462–467.

Beck, A. T., Sethi, B., and Tuthill, R. W. Childhood bereavement and adult depression. *Archieves of General Psychiatry*, 1963, *9*, 295–302.

Behrend, E. R. and Bitterman, M. E. Sidman avoidance in the fish. *Journal of the Experimental Analysis of Behavior*, 1963, *13*, 229–242.

Bettelheim, B. *The informed heart—autonomy in a mass age*. New York: Free Press, 1960.

Bibring, E. The mechanism of depression. In P. Greenacre (Ed.), *Affective disorders*. New York: International Universities Press, 1953. Pp. 13–48.

Binik, Y. and Seligman, M. E. P. Controllability and stress. Unpublished manuscript, 1974.

Bintz, J. Between- and within-subject effect of shock intensity on avoidance in goldfish (*Carassius auratus*). *Journal of Comparative and Physiological Psychology*, 1971, *75*, 92–97.

Birtchnell, J. Depression in relation to early and recent parent death. *British Journal of Psychiatry*, 1970a, *116*, 299–306.

———. Early parent death and mental illness. *British Journal of Psychiatry*, 1970b, *116*, 281–287.

———. Recent parent death and mental illness. *British Journal of Psychiatry*, 1970c, *116*, 287–289.

———. The relationship between attempted suicide, depression and parent death. *British Journal of Psychiatry*, 1970d, *116*, 307–313.

Black, A. H. The extinction of avoidance responses under curare. *Journal of Comparative and Physiological Psychology*, 1958, *51*, 519–524.

Boakes, R. A. and Halliday, M. S. (Eds.). *Inhibition and learning*. New York: Academic Press, 1972.

Bolles, R. C. Species-specific defense reactions in avoidance learning. *Psychological Review*, 1970, 77, 32–48.

Bowers, K. S. Pain, anxiety, and perceived control. *Journal of Consulting and Clinical Psychology*, 1968, *32*, 596–602.

Bowlby, J. *Attachment*, vol. 1. New York: Basic Books, 1969.

———. *Attachment and loss*, vol. 2, *Separation; Anxiety and anger*. New York: Basic Books, 1973.

Bracewell, R. J. and Black, A. H. The effects of restraint and noncontingent pre-shock on subsequent escape learning in the rat. *Learning and Motivation*, 1974, *5*, 53–69.

Brady, J. P. Comments on methohexitone-aided systematic desensitization. *Behavior Research and Therapy*, 1967, *5*, 259–260.

Brady, J. V. Ulcers in "executive" monkeys. *Scientific American*, 1958, *199*, 95–100.

Brady, J. V., Porter, R. W., Conrad, D. G., and Mason, J. W. Avoidance behavior and the development of gastroduodenal ulcers. *Journal of the Experimental Analysis of Behavior*, 1958, *1*, 69–72.

Braud, W., Wepman, B., and Russo, D. Task and species generality of the "helplessness" phenomenon. *Psychonomic Science*, 1969, *16*, 154–155.

Brimer, C. J. and Kamin, L. J. Disinhibition, habituation, sensitzation and the conditioned emotional response. *Journal of Comparative and Physiological Psychology*, 1963, *56*, 508–516.

Brinton, C. C. *The anatomy of revolution*. New York: Prentice-Hall, 1952.

Bronfenbrenner, U. Psychological costs of quality and equality in education. In V. L. Allan (Ed.), *Psychological factors in poverty*. Chicago: Markham, 1970.

Brookshire, K. H., Littman, R. A., and Stewart, C. N. Residua of shock-trauma in the white rat: A three factor theory. *Psychological Monographs*, 1961, *75*, no. 10 (whole no. 514).

Burgess, E. P. The modification of depressive behaviors. In R. D. Rubin and C. M. Franks (Eds.), *Advances in behavior therapy*. New York: Academic Press, 1968. Pp. 193–199.

Burrell, R. J. W. The possible bearing of curse death and other factors in Bantu culture on the etiology of myocardial infarction. In T. N. James and J. W. Keyes (Eds.), *The etiology of myocardial infarction*. Boston, Mass.: Little, Brown and Co., 1963. Pp. 95–97.

Byrum, R. P. and Jackson, D. E. Response availability and second-order conditioned suppression. *Psychonomic Science*, 1971, *23*, 106–108.

Calhoun, J. B. Population density and social pathology. *Scientific American*, 1962, 206, 139–148.

Cannon, W. B. "Voodoo" death. *American Anthropologist*, 1942, *44*, 169–181.

———. "Voodoo" death. *Psychosomatic Medicine*, 1957, *19*, 182–190.

Cantor, M. B. and LoLordo, V. M. Rats prefer signalled reinforcing brain stimulation to unsignalled ESB. *Journal of Comparative and Physiological Psychology*, 1970, *71*, 183–191.

Carder, B. and Berkowitz, K. Rats' preference for earned in comparison with free food. *Science*, 1970, *167*, 1273–1274.

Carney, M. W. P., Roth, M., and Garside, R. F. The diagnosis of depressive syndromes and the prediction of E. C. T. response. *British Journal of Psychiatry*, 1965, *111*, 659–674.

Casler, L. Maternal deprivation: A critical review of the literature. *Monographs of the Society for Research in Child Development*, 1961, 26, 1–64.

Catania, A. C. Elicitation, reinforcement, and stimulus control. In

R. Glaser (Ed.), *The nature of reinforcement*. New York: Academic Press, 1971. Pp. 196–220.

Caul, W. F., Buchanan, D. C., and Hayes, R. C. Effects of unpredictability of shock on incidence of gastric lesions and heart rate in immobilized rats. *Physiology and Behavior,* 1972, *8*(4), 669–672.

Champion, R. A. Studies of experimentally induced disturbance. *Australian Journal of Psychology,* 1950, *2*, 90–99.

Church, R. M. Systematic effect of random error in the yoked control design. *Psychological Bulletin,* 1964, *62*, 122–131.

Church, R. M. Response suppression. In B. A. Campbell and R. M. Church (Eds.), *Punishment and aversive behavior*. New York: Appleton-Century-Crofts, 1969. Pp. 111–156.

Clark, K. A. *Youth in the ghetto: A study of the consequences of powerlessness and a blueprint for change*. New York: Haryou, 1964.

Cole, J. O. Therapeutic efficacy of antidepressant drugs. *Journal of the American Medical Association,* 1964, *190*, 448–455.

Cook, J. and Barnes, L. W. Choice of delay of inevitable shock. *Journal of Abnormal and Social Psychology,* 1964, 68, 669–672.

Cook, L. and Seligman, M. E. P. Learned helplessness, depression, and apparent horizon. Unpublished manuscript, 1974.

Coopersmith, S. *The antecedents of self esteem*. San Francisco: W. H. Freeman, 1967.

Corah, N. L. and Boffa, J. Perceived control, self-observation, and response to aversive stimulation. *Journal of Personality and Social Psychology,* 1970, *16*, 1–4.

D'Amato, M. R. and Gumenik, W. E. Some effects of immediate versus randomly delayed shock on an instrumental response and cognitive processes. *Journal of Abnormal and Social Psychology,* 1960, 60, 64–67.

Davies, R. K., Quinlan, D. M., McKegney, F. P., and Kimbel, C. P. Organic factors in psychological adjustment in advanced cancer patients. *Psychosomatic Medicine,* 1973, *35*, 464–471.

Davis, H. and McIntire, R. W. Conditioned suppression under positive, negative, and no contingency between conditioned and unconditioned stimuli. *Journal of the Experimental Analysis of Behavior,* 1969, *12*, 633–640.

Davis, J. Efficacy of tranquilizing and antidepressant drugs. *Archives of General Psychiatry,* 1965, *13*, 552–572.

Davison, G. C. Anxiety under total curarization: Implications for the role of muscular relaxation in the desensitization of neurotic fears. *Journal of Nervous and Mental Diseases*, 1966, *143*, 443–448.

———. Systematic desensitization as a counter-conditioning process. *Journal of Abnormal Psychology*, 1968, *73*, 91–99.

Denenberg, V. H. and Rosenberg, K. M. Nongenetic transmission of information. *Nature*, 1967, *216*, 549-550.

Denenberg, V. H. and Whimbey, A. E. Behavior of adult rats is modified by the experiences their mothers had as infants. *Science*, 1963, *142*, 1192–1193.

Denny, M. R. Relaxation theory and experiments. In F. R. Brush (Ed.), *Aversive conditioning and learning*. New York: Academic Press, 1971. Pp. 235–295.

Desiderato, O. and Newman, A. Conditioned suppression produced in rats by tones paired with escapable or inescapable shock. *Journal of Comparative and Physiological Psychology*, 1971, *77*, 427–435.

De Toledo, L. and Black, A. H. Effects of preshock on subsequent avoidance conditioning. *Journal of Comparative and Physiological Psychology*, 1967, *63*, 493–499.

Deutsch, M. Minority group and class status as related to social and personality factors in scholastic achievement. *Monograph of the Society for Applied Anthropology*, 1960, *2*, 1–32.

Dinsmoor, J. A. Pulse duration and food deprivation in escape from shock training. *Psychological Reports*, 1958, *4*, 531–534.

Dinsmoor, J. A. and Campbell, S. L. Escape-from-shock training following exposure to inescapable shock. *Psychological Reports*, 1956a, *2*, 43–49.

———. Level of current and time between sessions as factors in adaptation to shock. *Psychological Reports*, 1956b, *2*, 441–444.

Dorworth, T. R. The effect of electroconvulsive shock on "helplessness" in dogs. Unpublished doctoral dissertation, University of Minnesota, 1971.

———. Learned helplessness and RET. *Rational Living*, 1973, *3*, 27–30.

Dweck, C. S. The role of expectations and attributions in the alleviation of learned helplessness. Unpublished doctoral dissertation, Yale University, 1972.

Dweck, C. S. and Reppucci, N. D. Learned helplessness and reinforcement responsibility in children. *Journal of Personality and Social Psychology*, 1973, *25*, 109–116.

Ekman, P. and Friesen, W. V. Non-verbal behavior in psychopathology. In R. J. Friedman and M. M. Katz (Eds.), *The psychology of depression: Contemporary theory and research*. Washington: Winston-Wiley, 1974.

Elliot, R. Tonic heart rate: Experiments on the effects of collative variables lead to an hypothesis about its motivational significance. *Journal of Personality and Social Psychology*, 1969, *12*, 211–228.

Ellis, A. *Reason and emotion in psychotherapy*. New York: Lyle Stuart, 1962.

Engberg, L. A., Hansen, G., Welker, R. L., and Thomas, D. R. Acquisition of key-pecking via autoshaping as a function of prior experience: "Learned laziness?" *Science*, 1973, *178*, 1002–1004.

Engel, G. L. Sudden and rapid death during psychological stress, folklore or folkwisdom? *Annals of Internal Medicine*, 1971, *74*, 771–782.

Estes, W. K. and Skinner, B. F. Some quantitative properties of anxiety. *Journal of Experimental Psychology*, 1941, *29*, 390–400.

Ewing, L. S. Fighting and death from stress in the cockroach. *Science*, 1967, *155*, 1035–1036.

Fagan, M. M. The efficacy of group psychotherapy and group assertive training in alleviating depression. Unpublished master's essay, John Carroll University, 1974.

Ferrari, N. A. Institutionalization and attitude change in an aged population: A field study and dissidence theory. Unpublished doctoral dissertation, Western Reserve University, 1962.

Ferster, C. B. Animal behavior and mental illness. *Psychological Record*, 1966, *16*, 345–356.

———. A functional analysis of depression. *American Psychologist*, 1973, *28*, 857–870.

Fisher, S. Depressive affect and perception of up-down. *Journal of Psychiatric Research*, 1964, *2*, 201–208.

Flavell, J. H. *The developmental psychology of Jean Piaget*. Princeton: Van Nostrand, 1963.

Fosco, E. and Geer, J. Effects of gaining control over aversive stimuli after differing amounts of no control. *Psychological Reports*, 1971, *29*, 1153–1154.

Freedman, J., Klevansky, S. and Erlich, P. The effect of crowding on human task performance. *Journal of Applied Social Psychology*, 1971, *1*, 7–25.

Freedman, J., Levy, A., Buchanan, R. and Price, J. Crowding and human aggressiveness. *Journal of Experimental Social Psychology*, 1972, *18*, 528–548.

Freud, S. Mourning and melancholia (1917). In *Collected works*. London: Hogarth Press. Pp. 243–258.

Friedman, A. S. Minimal effects of severe depression on cognitive functioning. *Journal of Abnormal and Social Psychology*, 1964, 69, 237–243.

Frumkin, K. and Brookshire, K. H. Conditioned fear training and later avoidance learning in goldfish. *Psychonomic Science*, 1969, *16*, 159–160.

Furedy, J. J. and Doob, A. N. Autonomic responses and verbal reports in further tests of the preparatory-adaptive-response interpretation of reinforcement. *Journal of Experimental Psychology*, 1971, *89*, 258–264.

———. Signalling unmodifiable shock limits on human informational cognitive control. *Journal of Personality and Social Psychology*, 1972, *21*, 111–115.

Galle, O. R., Gove, W. R., and McPherson, J. M. Population density in pathology: What are the relations for man? *Science*, 1972, *176*, 23–30.

Gamzu, E. and Williams, D. A. Classical conditioning of a complex skeletal response. *Science*, 1971, *171*, 923–925.

Gamzu, E., Williams, D. A., and Schwartz, B. Pitfalls of organismic concepts: "Learned laziness?" *Science*, 1973, *101*, 367–368.

Gauron, E. F. Effects of mother's shock traumatization in infancy upon offspring behavior. *Journal of Genetic Psychology*, 1966, *108*, 221–224.

Geer, J. A test of the classical conditioning model of emotion: The use of non-painful aversive stimuli as UCSs in a conditioning procedure. *Journal of Personality and Social Psychology*, 1968, *10*, 148–156.

Geer, J. and Maisel, E. Evaluating the effects of the prediction-control confound. *Journal of Personality and Social Psychology*, 1972, *23*, 314–319.

Geer, J., Davison, G. C., and Gatchel, R. I. Reduction of stress in humans through nonveridical perceived control of aversive stimulation. *Journal of Personality and Social Psychology,* 1970, *16,* 731–738.

Gellhorn, E. Interruption of behavior, inescapable shock, and experimental neurosis: A neurophysiologic analysis. *Conditional Reflex,* 1967, *2,* 285–293.

Gibbon, J. Contingency spaces and random controls in classical and instrumental conditioning. Paper presented at meeting of the Eastern Psychological Association, Atlantic City, April 1970.

Gibbon, J., Berryman, R., and Thompson, R. L. Contingency spaces and measures in classical and instrumental conditioning. *Journal of the Experimental Analysis of Behavior,* 1974, *21,* 585–605.

Ginsberg, H. J. Controlled vs. noncontrolled termination of the immobility reaction in domestic fowl (*Gallus gallus*): Parallels with the learned helplessness phenomenon. Unpublished manuscript, 1974.

Glass, D. C. and Singer, J. E. *Urban stress: Experiments on noise and social stressors.* New York: Academic Press, 1972.

Glass, D. C., Snyder, M. L., and Singer, J. E. Periodic and aperiodic noise: The safety signal hypothesis and noise aftereffects. *Psychonomic Science,* 1974, in press.

Goeckner, D. J., Greenough, W. T., and Mead, W. R. Deficits in learning tasks following chronic overcrowding in rats. *Journal of Personality and Social Psychology,* 1973, *28,* 256–261.

Goldfarb, W. Psychological privation in infancy and subsequent adjustment. *American Journal of Orthopsychiatry,* 1945, *15,* 247–255.

Goldfried, M. R. Systematic desensitization as training in self control. *Journal of Consulting and Clinical Psychology,* 1971, *37,* 228–234.

Granville-Grossman, K. L. The early environment in affective disorders. In A. Coppen and A. Walk (Eds.), *Recent developments in affective disorders: A symposium.* Special publication No. 2, *British Journal of Psychiatry,* 1967. Pp. 65–79.

Greene, W. A., Goldstein, S., and Moss, A. J. Psychosocial aspects of sudden death. *Archives of Internal Medicine,* 1972, *129,* 725–731.

Grinker, R., Miller, J., Sabshin, M., Nunn, R., and Nunnally, J. *The phenomena of depression.* New York: Hoeber, 1961.

Gurin, G. and Gurin, P. Expectancy theory in the study of poverty. *Journal of Social Issues,* 1970, *26,* 83–104.

Hannum, R. D., Rosellini, R., and Seligman, M. E. P. Development of learned helplessness in the rat. Submitted, 1974.

Hare, R. D. and Petrusic, W. M. Subjective intensity of electric shock as a function of delay in administration. Paper read at meeting of Western Psychological Association, San Francisco, May 1967.

Harlow, H. F. The formation of learning sets. *Psychological Review,* 1949, *56*, 51–65.

———. The heterosexual affectional system in monkeys. *American Psychologist,* 1962, *17*, 1–9.

Harlow, H. F. and Zimmerman, R. R. Affectional responses in the infant monkey. *Science,* 1959, *130*, 421–432.

Hearst, E. Stress induced breakdown of an appetitive discrimination. *Journal of the Experimental Analysis of Behavior,* 1965, *8*, 135–146.

Hein, A. and Held, R. Dissociation of the visual placing response into elicited and guided components. *Science,* 1967, *158*, 390–392.

Held, R. Plasticity in sensory-motor systems. *Scientific American,* 1965, *213*, 84–94.

Held, R. and Bauer, J. A. Visually guided reaching in infant monkeys after restricted rearing. *Science,* 1967, *155*, 718–720.

Held, R. and Bossom, J. Neonatal deprivation and adult rearrangement: Complimentary techniques for analyzing plastic sensory-motor coordinations. *Journal of Comparative and Physiological Psychology,* 1961, *54*, 33–37.

Held, R. and Hein, A. Movement produced stimulation in the development of visually guided behavior. *Journal of Comparative and Physiological Psychology,* 1963, *56*, 872–876.

Hershisher, D. and Trapold, M. A. Preference for unsignalled over signalled direct reinforcement in the rat. *Journal of Comparative and Physiological Psychology,* 1971, 77, 323–332.

Higgins, J. Inconsistent socialization. *Psychological Reports,* 1968, *23*, 303-336.

Hinde, R. A., Spencer-Booth, Y., and Bruce, M. Effects of six day maternal deprivation on rhesus monkey infants. *Nature,* 1966, *210*, 1021–1023.

Hineline, P. N. Varied approaches to aversion: A review of "Aversive conditioning and learning." *Journal of Experimental Analysis of Behavior,* 1973, *19*, 531–540.

Hiroto, D. S. Locus of control and learned helplessness. *Journal of Experimental Psychology,* 1974, *102,* 187–193.

Hiroto, D. S. and Seligman, M. E. P. Generality of learned helplessness in man. *Journal of Personality and Social Psychology,* 1974, in press.

Hofer, M. A. Cardiac and respiratory function during sudden prolonged immobility in wild rodents. *Psychosomatic Medicine,* 1970, *32,* 633–647.

Hokanson, J. E., DeGood, D. E., Forrest, M. S., and Brittain, T. M. Availability of avoidance behaviors in modulating vascular-stress responses. *Journal of Personality and Social Psychology,* 1971, *19,* 60–68.

Horridge, G. A. Learning of leg position by headless insects. *Nature,* 1962, *193,* 697–698.

Houston, B. K. Control over stress, locus of control, and response to stress. *Journal of Personality and Social Psychology,* 1972, *21,* 249–255.

Hulse, S. H. Patterned reinforcement. In G. H. Bower and J. T. Spence (Eds.), *The Psychology of learning and motivation,* vol. 7. New York: Academic Press, 1974.

Humphreys, L. G. Aquisition and extinction of verbal expectations in a situation analogous to conditioning. *Journal of Experimental Psychology,* 1939a, *25,* 294–301.

———. Generalization as a function of method of reinforcement. *Journal of Experimental Psychology,* 1939b, *25,* 361–372.

———. The effect of random alternation of reinforcement on the aquisition and extinction of conditioned eyelid reactions. *Journal of Experimental Psychology,* 1939c, *25,* 141–158.

Hunt, J. McV. and Uzgiris, I. C. Cathexis for recognitive familiarity: An exploratory study. Paper presented at the convention of the American Psychological Association, Los Angeles, September 1964.

Imada, H. and Soga, M. The CER and BEL as a function of the predictability and escapability of an electric shock. *Japanese Psychological Research,* 1971, *13,* 116–123.

Imboden, J. B., Cantor, A., and Cluff, L. E. Convalescence from influenza: The study of the psychological and clinical determinants. *Archives of Internal Medicine,* 1961, *108,* 393–399.

Irwin, F. W. *Intentional behavior and motivation: A cognitive theory.* Philadelphia: Lippincott, 1971.

Jacobs, A. and Wolpin, M. A second look at systematic desensitization. In A. Jacobs and L. B. Sachs (Eds.), *The psychology of private events.* New York: Academic Press, 1971. Pp. 77–108.

Jacobson, E. *Depression: Comparative studies of normal, neurotic, and psychotic conditions.* New York: International Universities Press, 1971.

James, W. H. *DeKalb survey tests: Student opinion survey from I-E, I.* DeKalb, Ill.: Author, 1963.

Janowsky, D. S., El-Yousef, M. K., Davis, J. M., Hubbard, B., and Sekerke, H. J. Cholinergic reversal of manic symptoms. *Lancet,* 1972, *1,* 1236–1237.

Jensen, A. R. How much can we boost I.Q. and scholastic achievement? *Harvard Educational Review,* 1969, *39,* 1–123.

———. *Educability and group differences.* New York: Harper and Row, 1973.

Jensen, G. D. Preference for bar-pressing over "free loading" as a function of the number of rewarded presses. *Journal of Experimental Psychology,* 1963, *65,* 451–454.

Joffe, J. M. Genotype and prenatal and premating stress interact to affect adult behavior in rats. *Science,* 1965, *150,* 1844–1845.

Joffe, J. M., Rawson, R. A., and Mulick, J. A. Control of their environment reduces emotionality in rats. *Science,* 1973, *180,* 1383 1384.

Jones, A., Bentler, P. M., and Petry, G. The reduction of uncertainty concerning future pain. *Journal of Abnormal Psychology,* 1966, *71,* 87–94.

Kadden, R. M. Facilitation and suppression of responding under temporally defined schedules of negative reinforcement. *Journal of Experimental Analysis of Behavior,* 1973, *19,* 469–480.

Kahn, N. W. The effect of severe defeat at various age levels on the aggressive behavior of mice. *Journal of Genetic Psychology,* 1951, 79, 117–130.

Kastenbaum, R. and Schaberg, B. K. Hope and survival in the caring environment. In F. C. Jeffers and E. Palmore (Eds.), *Prediction of life span.* New York: Heath, 1971. Pp. 249–271.

Kaufman, I. C. Mother-infant separation in monkeys: An experimental model. In J. P. Scott and E. Senay (Eds.), *Separation and depression: clinical and research aspects.* Washington: American Association for the Advancement of Science, 1973.

Kaufman, I. C. and Rosenblum, L. A. Depression in infant monkeys separated from their mothers. *Science*, 1967a, *155*, 1030–1031.

———. The reaction to separation in infant monkeys: Anaclitic depression and conservation-withdrawal. *Psychosomatic Medicine*, 1967b, 29, 648–675.

Kavanau, J. L. Behavior of captive white-footed mice. *Science*, 1967, *155*, 1523–1539.

Kelley, H. H. Attribution theory in social psychology. In David Levine (Ed.), *Nebraska symposium on motivation*. Lincoln: University of Nebraska Press, 1967. Pp. 192–238.

———. *Causal schemata and the attribution process*. Morristown, N. J.: General Learning Press, 1972.

Kemler, D. and Shepp, B. The learning and transfer of dimensional relevance and irrelevance in children. *Journal of Experimental Psychology*, 1971, 90, 120–127.

Kiloh, L. G. and Garside, R. F. The independence of neurotic depression and endogenous depression. *British Journal of Psychiatry*, 1963, *109*, 451–463.

Kimmel, H. D. Instrumental inhibitory factors in classical conditioning. In W. Prokasy (Ed.), *Classical conditioning*. New York: Appleton, 1965. Pp. 148–171.

Kimmel, H. D. and Pennypacker, H. Conditioned diminution of the unconditioned response as a function of the numbers of reinforcements. *Journal of Experimental Psychology*, 1962, *64*, 20–23.

Klein, D. Alleviation of depression and learned helplessness in man. Unpublished doctoral dissertation, University of Pennsylvania, 1975.

Klein, D., Fencil-Morse, E., and Seligman, M. E. P. Depression, learned helplessness, and the attribution of failure. Submitted, 1975.

Klein, M. A contribution to the psychogenesis of manic-depressive states. In W. Gaylin (Ed.), *The Meaning of Despair*. New York: Science House, 1968.

Klerman, G. L. and Cole, J. O. Clinical pharmacology of imipramine and related antidepressant compounds. *Pharmacological Review*, 1965, *17*, 101–141.

Knapp, R. K., Kause, R. H., and Perkins, C. C., Jr. Immediate vs.

delayed shock in T-maze performance. *Journal of Experimental Psychology,* 1959, *58,* 357–362.

Kozol, J. *Death at an early age.* Boston: Houghton-Mifflin, 1967.

Kraines, S. H. *Mental depressions and their treatment.* New York: Macmillan, 1957.

Krantz, D. S., Glass, D. C., and Snyder, M. L. Helplessness, stress level, and the coronary prone behavior pattern. *Journal of Experimental Social Psychology,* 1974, in press.

Kubler-Ross, E. *On death and dying.* New York: Macmillan, 1969.

Kurlander, H., Miller, W., and Seligman, M. E. P., Learned helplessness, depression, and prisoner's dilemma. Submitted, 1974.

Lang, P. J. The mechanics of desensitization and the laboratory study of human fear. In. C. M. Franks (Ed.), *Behavior therapy: Appraisal and status.* New York: McGraw-Hill, 1969. Pp. 160–191.

Langer, E. J. The illusion of control. Unpublished doctoral dissertation, Yale University, 1974.

Lanzetta, J. T. and Driscoll, J. M. Preference for information about an uncertain but unavoidable outcome. *Journal of Personality and Social Psychology,* 1966, *3,* 96–102.

Lazarus, A. A. Learning theory and the treatment of depression. *Behavior Research and Therapy,* 1968, *6,* 83–89.

Lazarus, R. S. *Psychological stress and the coping process.* New York: McGraw-Hill, 1966.

Lefcourt, H. M. Internal versus external control of reinforcement: A review. *Psychological Bulletin,* 1966, *65,* 206–220.

———. The function of the illusions of control and freedom. *American Psychologist,* 1973, 28, 417–425.

Lessac, M. and Solomon, R. L. Effects of early isolation on the later adaptive behavior of beagles: A methodological demonstration. *Developmental Psychology,* 1969, *1,* 14–25.

Levine, M. Cue neutralization: The effects of random reinforcements upon discrimination learning. *Journal of Experimental Psychology,* 1962, *63,* 438–443.

———. Hypothesis behavior by humans during discrimination learning. *Journal of Experimental Psychology,* 1966, *71,* 331–338.

Lewinsohn, P. A behavioral approach to depression. In R. J. Friedman and M. N. Katz (Eds.), *The psychology of depression: Contemporary theory and research.* Washington: Winston-Wiley, 1974.

Lewinsohn, P. and Libet, J. Pleasant events, activity schedules, and depressions. *Journal of Abnormal Psychology*, 1972, 79, 291–295.

Liberman, R. P. and Raskin, D. E. Depression: A behavioral formulation. *Archives of General Psychiatry*, 1971, *24*, 515–523.

Lichtenberg, P. A definition and analysis of depression. *Archives of Neurology and Psychiatry*, 1957, 77, 519–527.

Liddell, H. S. *Emotional hazards in animals and man*. Springfield, Illinois: The Free Press of Glencoe, 1953.

Liddell, H. S., James, W. T., and Anderson, O. D. The comparative physiology of the conditioned motor reflex: Based on experiments with the pig, dog, sheep, goat and rabbit. *Comparative Psychology Monograph*, 1934, *11*, 89.

Lindner, M. Hereditary and environmental influences upon resistance to stress. Unpublished doctoral dissertation, University of Pennsylvania, 1968.

Lipsitt, L. P., Kaye, E. H., and Bosack, T. N. Enhancement of neonatal sucking through reinforcement. *Journal of Experimental Child Psychology*, 1966, *4*, 163–168.

Lockard, J. S. Choice of a warning signal or no warning signal in an unavoidable shock situation. *Journal of Comparative and Physiological Psychology*, 1963, *56*, 526–530.

———. Choice of a warning signal or none in several unavoidable-shock situations. *Psychonomic Science*, 1965, *3*, 5–6.

Looney, T. A. and Cohen, P. S. Retardation of jump-up escape responding in rats pretreated with different frequencies of noncontingent electric shock. *Journal of Comparative and Physiological Psychology*, 1972, 78, 317–322.

Lundholm, H. Reaction time as an indicator of emotional disturbances in manic-depressive psychoses. *Journal of Abnormal Psychology*, 1922, *17*, 292–318.

Lundquist, G. Prognosis and course in manic-depressive psychosis; a follow-up study of 319 first admissions. *Acta Psychiatrica et Neurologica*, Copenhagen, 1945, *35*, 95.

Lykken, D. Preception in the rat: Autonomic response to shock as a function of length of warning interval. *Science*, 1962, *137*, 665–666.

MacKintosh, N. J. Stimulus selection: learning to ignore stimuli that predict no change in reinforcement. In R. A. Hinde and J.

Stevenson-Hinde (Eds.), *Constraints on learning*. New York: Academic Press, 1973. Pp. 75–100.

Maier, N. R. F. *Frustration*. Ann Arbor: University of Michigan Press, 1949.

Maier, S. F. Failure to escape traumatic shock: Incompatible skeletal motor responses or learned helplessness? *Learning and Motivation*, 1970, *1*, 157–170.

Maier, S. F., and Gleitman, H. Proactive interference in rats. *Psychonomic Science*, 1967, *36*, 1–12.

Maier, S. F. and Testa, T. Failure to learn to escape by rats previously exposed to inescapable shock is partly produced by associative interference. *Journal of Comparative and Physiological Psychology*, 1974, in press.

Maier, S. F., Seligman, M. E. P., and Solomon, R. L. Pavlovian fear conditioning and learned helplessness. In B. A. Campbell and R. M. Church (Eds.), *Punishment*. New York: Appleton-Century-Crofts, 1969. Pp. 299–343.

Maier, S. F., Anderson, C., and Lieberman, D. A. Influence of control of shock on subsequent shock-elicited aggression. *Journal of Comparative and Physiological Psychology*, 1972, *81*, 94–100.

Maier, S. F. Albin, R. W., and Testa, T. J. Failure to learn to escape in rats previously exposed to inescapable shock depends on the nature of the escape response. *Journal of Comparative and Physiological Psychology*, 1973, *85*, 581–592.

Martin, I. and Rees, L. Reaction times and somatic reactivity in depressed patients. *Journal of Psychosomatic Research*, 1966, 9, 375–382.

Maser, J. D. and Gallup, G. G. Tonic immobility in chickens: Catalepsy potentiation by uncontrollable shock and alleviation by imipramine. *Psychosomatic Medicine*, 1974, *36*, 199–205.

Masserman, J. H. *Behavior and neurosis*. Chicago: University of Chicago Press, 1943.

———. The principle of uncertainty in neurotigenesis. In H. D. Kimmel (Ed.), *Experimental psychopathology*. New York: Academic Press, 1971. Pp. 13–32.

Masters, V. H. and Johnson, V. E. *Human sexual response*. London: Churchill, 1966.

Mathis, J. L. A sophisticated version of voodoo death: Report of a case. *Psychosomatic Medicine*, 1964, 26, 104–107.

McCulloch, T. L. and Bruner, J. S. The effect of electric shock upon subsequent learning in the rat. *Journal of Psychology*, 1939, *7*, 333–336.

McKinney, W. T. and Bunney, W. E., Jr. Animal model of depression. *Archives of General Psychiatry*, 1969, *21*, 240–248.

Melges, F. T. and Bowlby, J. Types of hopelessness in psychopathological process. *Archives of General Psychiatry*, 1969, *20*, 690–699.

Mellgren, R. L. and Ost, J. W. P. Discriminative stimulus preexposure and learning of an operant discrimination in the rat. *Journal of Comparative and Physiological Psychology*, 1971, *77*, 179–187.

Mendels, J. Depression: The distinction between symptom and syndrome. *British Journal of Psychiatry*, 1968, *114*, 1549–1554.

———. *Concepts of depression*. New York: Wiley, 1970.

Mezinskis, J., Gliner, J., and Shemberg, K. Somatic response as a function of no signal, random signal, or signalled shock with variable or constant durations of shock. *Psychonomic Science*, 1971, *25*, 271–272.

Miller, N. E. Learning of visceral and glandular responses. *Science*, 1969, *163*, 434–445.

Miller, N. E. and Weiss, J. M. Effects of somatic or visceral responses to punishment. In B. A. Campbell and R. M. Church (Ed.), *Punishment and aversive behavior*. New York: Appleton-Century-Crofts, 1969. Pp. 343–372.

Miller, W. and Seligman, M. E. P. Depression and the perception of reinforcement. *Journal of Abnormal Psychology*, 1973, *82*, 62–73.

———. Depression, learned helplessness and the perception of reinforcement. Submitted, 1974a.

———. Depression and learned helplessness in man. *Journal of Abnormal Psychology*, 1974b, in press.

Miller, W., Seligman, M. E. P., and Kurlander, H. Learned helplessness, depression, and anxiety. Submitted, 1974.

Moot, S. A., Cebulla, R. P., and Crabtree, J. M. Instrumental control and ulceration in rats. *Journal of Comparative and Physiological Psychology*, 1970, *71*, 405–410.

Morrow, M. C. Recovery of conditioned UCR diminution following extinction. *Journal of Experimental Psychology*, 1966, *71*, 884–888.

Mowrer, O. H. and Viek, P. An experimental analogue of fear from a sense of helplessness. *Journal of Abnormal and Social Psychology*, 1948, *43*, 193–200.

Mullin, A. D. and Mogenson, G. J. Effects of fear conditioning on avoidance learning. *Psychological Reports*, 1963, *13*, 707–710.

Murphy, L. B. Infants' play and cognitive development. In M. W. Piers (Ed.), *Play and development*. New York: Norton, 1972. Pp. 119–126.

Nardini, J. E. Survival factors in the American prisoners of war of the Japanese. *The American Journal of Psychiatry*, 1952, *109*, 241–247.

Neuringer, A. Animals respond for food in the presence of free food. *Science*, 1969, *166*, 399–401.

———. Pigeons respond to produce periods in which rewards are independent of responding. *Journal of the Experimental Analysis of Behavior*, 1970, *19*, 39–54.

O'Brien, R. A. Positive and negative sets in two choice discrimination learning by children. Unpublished master's thesis, University of Illinois, Champaign-Urbana, 1967.

Overmier, J. B. Interference with avoidance behavior: Failure to avoid traumatic shock. *Journal of Experimental Psychology*, 1968, *78*, 340–343.

Overmier, J. B. and Seligman, M. E. P. Effects of inescapable shock upon subsequent escape and avoidance learning. *Journal of Comparative and Physiological Psychology*, 1967, *63*, 23–33.

Padilla, A. M. Effects of prior and interpolated shock exposures on subsequent avoidance learning by goldfish. *Psychological Reports*, 1973, *32*, 451–456.

Padilla, A. M., Padilla, C., Ketterer, T., and Giacalone, D. Inescapable shocks and subsequent avoidance conditioning in goldfish (*Carrasius auratus*). *Psychonomic Science*, 1970, 20, 295–296.

Paré, W. P. and Livingston, A. Shock predictability and gastric secretion in chronically gastric fistulated rats. *Physiology and Behavior*, 1973, *11*, 521–526.

Parkes, M. C., Benjamin, B., and Fitzgerald, R. G. Broken heart: A statistical study of increased mortality among widowers. *British Medical Journal*, 1969, *1*, 740–743.

Paskind, H. A. Brief attacks of manic-depressive depression. *Archives of Neurology and Psychiatry*, 1929, *22*, 123–134.

———. Manic-depressive psychosis in private practice: Length of attack and length of interval. *Archives of Neurology and Psychiatry*, 1930, *23*, 789–794.

Pavlov, I. P. *Conditioned reflexes*. New York: Dover, 1927.

———. *Lectures on conditional reflexes: The higher nervous activity (behaviour) of animals*, vol. 1, trans. H. Gant. London: Lawrence and Wishart, 1928.

———. *Conditioned reflexes and psychiatry*. New York: International Publishers, 1941.

Paykel, E. S., Myers, J. K., Dienelt, M. N., Klerman, G. L., Lindenthal, J. J., and Pepper, M. N. Life events and depression: A controlled study. *Archives of General Psychiatry*, 1969, *21*, 753–760.

Payne, R. J. Alterations of Sidman avoidance baselines by CSs paired with avoidable or unavoidable shock. *Psychological Reports*, 1972, *31*, 291–294.

Payne, R. W. Cognitive abnormalities. In H. J. Eysenck (Ed.), *Handbook of abnormal psychology*. New York: Basic Books, 1961. Pp. 193–261.

Perkins, C. C. The stimulus conditions which follow learned responses. *Psychological Review*, 1955, 62, 341–348.

Perkins, C. C., Seymann, R., Levis, D. J., and Spencer, R. Factors affecting preference for signal-shock over shock-signal. *Journal of Experimental Psychology*, 1966, 72, 190–196.

Pervin, L. A. The need to predict and control under conditions of threat. *Journal of Personality*, 1963, *31*, 570–585.

Pettigrew, T. F. *A profile of the Negro American*. Princeton, N. J.: Van Nostrand, 1964.

Pinneau, S. The infantile disorders of hospitalism and anaclitic depression. *Psychological Bulletin*, 1955, *52*, 429–452.

Porefsky, R. Noncontingency detection and its effects. Paper presented at meeting of Eastern Psychological Association, Atlantic City, April 1970.

Porter, R. W., Brady, J. V., Conrad, D., Mason, J. W., Galambos, R., and Rioch, D. Some experimental observations on gastrointestinal lesions in behaviorally conditioned monkeys. *Psychosomatic Medicine*, 1958, 20, 379–394.

Powell, D. A. and Creer, T. L. Interaction of developmental and environmental variables in shock-elicited aggression. *Journal of Comparative and Physiological Psychology*, 1969, *69*, 219–225.

Premack, D. Reinforcement theory. In M. Jones (Ed.), *Nebraska symposium on motivation*. Lincoln: University of Nebraska Press, 1965. Pp. 123–180.

Price, K. P. The pathological effects in rats of predictable and unpredictable shock. Unpublished bachelor's thesis, Brandeis University, 1970.

Price, K. P. and Geer, J. H. Predictable and unpredictable aversive events: Evidence for the safety signal hypothesis. *Psychonomic Science*, 1972, *26*, 215–216.

Prokasy, W. F. The acquisition of observing responses in the absence of differential external reinforcement. *Journal of Comparative and Physiological Psychology*, 1956, *49*, 131–134.

Racinskas, J. R. Maladaptive consequences of loss or lack of control over aversive events. Unpublished doctoral dissertation, Waterloo University, Ontario, Canada, 1971.

Rado, S. The problem of melancholia. *International Journal of Psychoanalysis*, 1928, *9*, 420–438.

Rahe, R. H. Life crisis and health change. In Philip R. A. May and J. R. Wittenborn (Eds.), *Psychotropic drug response: Advances in prediction*. Springfield, Illinois: Charles C. Thomas, 1969. Pp. 92–125.

Rahe, R. H. and Lind, E. Psychosocial factors and sudden cardiac death: A pilot study. *Journal of Psychosomatic Research*, 1971, *15*, 19–24.

Rapaport, P. and Seligman, M. E. P. Uncontrollable trauma: Transmission of fear from mother to offspring. 1974.

Ratner, S. C. Comparative aspects of hypnosis. In J. Gordon (Ed.), *Handbook of clinical and experimental hypnosis*. New York: Macmillan, 1967, Pp. 550–587.

Redmond, D. E., Maas, J. W., Kling, D., and DeKirmenjian, H. Changes in primate social behavior after treatment with alpha-methyl-para-tyrosine. *Psychosomatic Medicine*, 1971, *33*, 97–113.

Redmond, D. E., Maas, J. W., DeKirmenjian, H., and Schlemmer, R. F. Changes in social behavior in monkeys after inescapable shock. *Psychosomatic Medicine*, 1973, *35*, 448–449.

Reed, J. L. Comments on the use of methohexitone sodium as a means of inducing relaxation. *Behavior Research and Therapy*, 1966, *4*, 323.

Renner, K. E. and Houlihan, J. Conditions affecting the relative aversiveness of immediate and delayed punishment. *Journal of Experimental Psychology*, 1969, *81*, 411–420.

Rescorla, R. A. Pavlovian conditioning and its proper control procedures. *Psychological Review*, 1967, *74*, 71–79.

———. Probability of shock in the presence and absence of the CS in fear conditioning: *Journal of Comparative and Physiological Psychology*, 1968, 66, 1–5.

Rescorla, R. A. and LoLordo, V. M. Inhibition of avoidance behavior. *Journal of Comparative and Physiological Psychology*, 1965, *59*, 406–410.

Rescorla, R. A. and Skucy, J. Effect of response independent reinforcers during extinction. *Journal of Comparative and Physiological Psychology*, 1969, 67, 381–389.

Ressler, R. H. and Anderson, L. T. Avoidance conditioning in mice as a function of their mothers' training. *Developmental Psychobiology*, 1973a, 6, 97–103.

———. Avoidance conditioning in mice as a function of their mothers' exposure to shock. *Developmental Psychobiology*, 1973b, 6, 105–111.

Richter, C. P. On the phenomenon of sudden death in animals and man. *Psychosomatic Medicine*, 1957, *19*, 191–198.

———. The phenomenon of unexplained sudden death in animals and man. In W. H. Gant (Ed.), *Physiological basis of psychiatry*. Springfield, Illinois: Charles C. Thomas, 1958. Pp. 148–171.

Rodin, J. Crowding, perceived choice and response to controllable and uncontrollable outcomes. *Journal of Experimental Social Psychology*, 1974, in press.

Romanes, G. J. *Animal intelligence* (4th edition). London: Kegan Paul, Trench, 1886.

Rosellini, R. and Seligman, M. E. P. Learned helplessness and escape from frustration. *Journal of Experimental Psychology: Animal Behavior Processes*, 1974, in press.

Rosenman, R. H., Friedman, M., Straus, R., Wurm, M. Kositchek, R., Hahn, W., and Werthessen, N. T. Predictive study of coronary heart disease: The western collaborative group study. *Journal of the American Medical Association*, 1964, *189*, 15–26.

Rosenman, R. H., Friedman, M., Straus, R., Wurm, M., Jenkins, C. D., and Messinger, H. B. Coronary heart disease in the western collaborative group study: A follow-up of two years. *Journal of the American Medical Association,* 1966, *196*, 130–136.

Roth, S. The effects of experimentally induced expectancies of control: Facilitation of controlling behavior or learned helplessness? Unpublished doctoral dissertation, Northwestern University, 1973.

Roth, S. and Bootzin, R. R. Effects of experimentally induced expectancies of external control: An investigation of learned helplessness. *Journal of Personality and Social Psychology*, 1974, 29, 253–264.

Roth, S. and Kubal, L. The effects of noncontingent reinforcement on tasks of differing importance: Facilitation and learned helplessness effects. Submitted, 1974.

Rotter, J. B. Generalized expectancies for internal vs. external control of reinforcements. *Psychological Monographs,* 1966, *80*(whole no. 609).

Rovee, K. H. and Rovee, D. T. Conjugate reinforcement of infant exploratory behavior. *Journal of Experimental Child Psychology*, 1969, *8*, 33–39.

Rozin, P., Poritsky, S., and Sotsky, R. American children with reading problems can easily learn to read English represented by Chinese characters. *Science,* 1971, *171*, 1264–1267.

Ryan, W. Preventive services in the social context: Power, pathology, and prevention. In B. C. Bloom and D. P. Buck (Eds.), *Proceedings of mental health institute.* Salt Lake City, 1967.

Sackett, G. P. Innate mechanisms, rearing conditions, and a theory of early experience effects in primates. In N. R. Jones (Ed.), *Miami symposium on prediction of behavior: Early experience.* Coral Gables: University of Miami Press, 1970. Pp. 11–53.

Sameroff, A. J. The components of sucking in the human newborn. *Journal of Experimental Child Psychology*, 1968, 6, 607–623.

———. Can conditioned responses be established in the newborn infant: 1971? *Developmental Psychology*, 1971, *5*, 411–442.

Saul, I. J. Sudden death at impasse. *Psychoanalytic Forum,* 1966, *1*, 88–89.

Scarf, M. Goodall and chimpanzees at Yale. *New York Times Magazine,* Feb. 18, 1973.

Schildkraut, J. J. The catecholamine hypothesis of affective disorders: A review of supporting evidence. *American Journal of Psychiatry,* 1965, *112,* 509–522.

Schmale, A. and Iker, H. The psychological setting of uterine cervical cancer. *Annals of the New York Academy of Sciences,* 1966, *125,* 807–813.

Schoenfeld, W. N., Cole, B. K., Lang, J., and Mankoff, R. "Contingency" in behavior theory. In F. J. McGuigan and D. B. Lumsden (Eds.), *Contemporary approaches to conditioning and learning.* Washington: Winston-Wiley, 1973. Pp. 151–172.

Schulz, R. and Aderman, D. Effect of residential change on the temporal distance to death of terminal cancer patients. *Omega: Journal of Death and Dying,* 1973, 2, 157–162.

Schuyler, D. *The depressive spectrum.* New York: Jason Aronson, 1975.

Schwartz, B. and Williams, D. R. Two different kinds of key peck in the pigeon: Some properties of responses maintained by negative and positive response-reinforcer contingencies. *Journal of the Experimental Analysis of Behavior,* 1972, *18,* 201–216.

Scott, J. P. and Senay, E. C. *Separation and depression: Clinical and research aspects.* Washington: American Association for the Advancement of Science, 1973.

Seligman, M. E. P. Chronic fear produced by unpredictable shock. *Journal of Comparative and Physiological Psychology,* 1968, 66, 402–411.

———. Control group and conditioning: A comment on operationism. *Psychological Review,* 1969, 76, 484–491.

Seligman, M. E. P. and Beagley, G. Learned helplessness in the rat. *Journal of Comparative and Physiological Psychology,* 1974, in press.

Seligman, M. E. P. and Binik, Y. The safety signal hypothesis. Submitted, 1974.

Seligman, M. E. P. and Groves, D. Non-transient learned helplessness. *Psychonomic Science,* 1970, *19,* 191–192.

Seligman, M. E. P. and Hager, J. L. (Eds.). *Biological boundaries of learning.* New York: Appleton-Century-Crofts, 1972.

Seligman, M. E. P. and Johnston, J. C. In F. J. McGuigan and D. B. Lumsden (Eds.), *Contemporary approaches to conditioning and learning.* Washington: Winston-Wiley, 1973. Pp. 69–110.

Seligman, M. E. P., and Maier, S. F. Failure to escape traumatic shock. *Journal of Experimental Psychology*, 1967, 74, 1–9.

Seligman, M. E. P. and Meyer, B. Chronic fear and ulcers as a function of the unpredictability of safety. *Journal of Comparative and Physiological Psychology*, 1970, 73, 202–207.

Seligman, M. E. P., Maier, S. F., and Geer, J. The alleviation of learned helplessness in the dog. *Journal of Abnormal and Social Psychology*, 1968, 73, 256–262.

Seligman, M. E. P., Meyer, B., and Testa, T. Appetitive helplessness: Noncontingent reinforcement retards instrumental learning. Unpublished manuscript, University of Pennsylvania, 1971a.

Seligman, M. E. P., Maier, S. F., and Solomon, R. L. Unpredictable and uncontrollable aversive events. In F. R. Brush (Ed.), *Aversive conditioning and learning*. New York: Academic Press, 1971b. Pp. 347–400.

Seligman, M. E. P., Klein, D. C., and Miller, W. Depression. In H. Leitenberg (Ed.), *Handbook of behavior therapy*. Englewood Cliffs, N.J.: Prentice-Hall, 1974a, in press.

Seligman, M. E. P., Rosellini, R. A., and Kozak, M. Learned helplessness in the rat: Reversibility, time course, and immunization. *Journal of Comparative and Physiological Psychology*, 1974b, in press.

Selye, H. *The stress of life*. New York: McGraw-Hill, 1956.

Seward, J. and Humphrey, G. L. Avoidance learning as a function of pretraining in the cat. *Journal of Comparative and Physiological Psychology*, 1967, 63, 338–341.

Shapiro, M. B. and Nelson, E. H. An investigation of the nature of cognitive impairment in co-operative psychiatric patients. *British Journal of Medical Psychology*, 1955, 28, 239–256.

Shimoff, E. H., Schoenfeld, W. N., and Snapper, A. G. Effects of CS presence and duration on suppression of positively reinforced responding in the rat. *Psychological Reports*, 1971, 25, 111–114.

Sidowski, J. B. Psychopathological consequences of induced social helplessness during infancy. In H. D. Kimmel (Ed.), *Experimental psychopathology: Recent research and theory*. New York: Academic Press, 1971. Pp. 231–248.

Sines, J. O., Cleeland, C., and Adkins, J. The behavior of normal and stomach lesion susceptible rats in several learning situations. *Journal of Genetic Psychology*, 1963, 102, 91–94.

Singh, D. Preference for bar pressing to obtain reward over free-loading in rats and children. *Journal of Comparative and Physiological Psychology*, 1970, *73*, 320–327.

Siqueland, E. R. Reinforcement patterns and extinction in human newborns. *Journal of Experimental Child Psychology*, 1968, *6*, 431–432.

Siqueland, E. R. and Lipsitt, L. P. Conditioned head turning behavior in newborns. *Journal of Experimental Child Psychology*, 1966, *3*, 356–376.

Skinner, B. F. "Superstition" in the pigeon. *Journal of Experimental Psychology*, 1948, *38*, 168–172.

———. *The behavior of organisms*. New York: Appleton-Century-Crofts, 1938.

Solomon, R. L. The influence of work on behavior. *Psychological Bulletin*, 1948, *45*, 1–40.

Solomon, R. L. and Corbit, J. D. An opponent-process theory of motivation: I. Temporal dynamics of affect. *Psychological Review*, 1974, *81*, 119–145.

Sowell, T. *Black education: Myths and tragedies*. New York: McKay, 1972.

Spitz, R. Anaclitic depression. *The Psychoanalytic Study of the Child*, 1946, *2*, 313–342.

Staddon, J. E. R. Maladaptive behavior and the concept of linkage. Unpublished manuscript, Duke University, Durham, N.C., 1974.

Staddon, J. E. R. and Simmelhag, V. L. The "superstition" experiment: A reexamination of its implications for the principles of adaptive behavior. *Psychological Review*, 1971, *78*, 3–43.

Staub, E., Tursky, B., and Schwartz, G. E. Self-control and predictability: Their effects on reactions to aversive stimulation. *Journal of Personality and Social Psychology*, 1971, *18*, 157–162.

Stavraky, K. M., Buck, C. N., Lott, J. S., and Wanklin, J. Psychological factors in the outcome of human cancer. *Journal of Psychosomatic Research*, 1968, *12*, 251–259.

Stein, L. Reciprocal action of reward and punishment mechanisms. In R. G. Heath (Ed.), *The role of pleasure in behavior*. New York: Hoeber Medical Division, Harper and Row, 1964. Pp. 113–139.

Steiner, S. S., Beer, B., and Shaffer, M. M. Escape from self produced rates of brain stimulation. *Science*, 1969, *163*, 90–91.

Stolz, S. B. and Lott, D. F. Establishment in rats of a persistent response producing a net loss of reinforcement. *Journal of Comparative and Physiological Psychology*, 1964, *57*, 147–149.

Stotland, E. *The psychology of hope*. San Francisco: Jossey-Bass, 1969.

Stotland, E. and Blumenthal, A. The reduction of anxiety as a result of the expectation of making a choice. *Canadian Journal of Psychology*, 1964, *18*, 139–145.

Strassman, H. D., Thaler, M., and Schein, E. H. A prisoner of war syndrome: Apathy as a reaction to severe stress. *American Journal of Psychiatry*, 1956, *112*, 998–1003.

Stroebel, C. F. Biologic rhythm correlates of disturbed behavior in the rhesus monkey. *Bibliotheca Primatologica*, 1969, 9, 91–105.

Suomi, S. J. and Harlow, H. F. Depressive behavior in young monkeys subjected to vertical chamber confinement. *Journal of Comparative and Physiological Psychology*, 1972, *80*, 11–18.

Szasz, T. S. *Law, liberty, and psychiatry*. Englewood Cliffs, N.J.: Prentice-Hall, 1963.

Taulbee, E. S. and Wright, H. W. A psycho-social-behavioral model for therapeutic intervention. In C. D. Spielberger (Ed.), *Current topics in clinical and community psychology*, III. New York: Academic Press, 1971. Pp. 92–125.

Teitelbaum, P. Appetite. *Proceedings of the American Philosophical Society*, 1964, *108*, 464–472.

Thomas, D. R., Freeman, F., Svinicki, J. G., Burr, D. E., and Lyons, J. Effects of extradimensional training on stimulus generalization. *Journal of Experimental Psychology*, 1970, *83*, 1–22.

Thomas, E. and Balter, A. Learned helplessness: Amelioration of symptoms by cholinergic blockade of the septum. Submitted, 1974.

Thompson, W. R. Influence of prenatal maternal anxiety on emotionality in young rats. *Science*, 1957, *125*, 698–699.

Thompson, W. R., Watson, J., and Charlesworth, W. R. The effects of prenatal maternal stress on offspring behavior in rats. *Psychological Monographs*, 1962, 76(whole number 557).

Thorndike, E. L. *Animal intelligence: An experimental study of the associative processes in animals*. New York: Columbia University Press, 1898.

Thornton, J. W. and Jacobs, P. D. Learned helplessness in human subjects. *Journal of Experimental Psychology*, 1971, *87*, 369–372.

Tolman, E. C. and Gleitman, H. Studies in learning and motivation: I. Equal reinforcements in both end-boxes, followed by shock in one end-box. *Journal of Experimental Psychology*, 1949, *39*, 810–819.

Underwood, B. J. Retroactive and proactive inhibition after five and forty-eight hours. *Journal of Experimental Psychology*, 1948, *38*, 29–38.

Vietze, P., Watson, J. S., and Dorman, L. Extended infant learning: A comparison of two responses and two visual reinforcers. Paper presented at the meeting of the Society for Research and Child Development, Philadelphia, April 1973.

Wagner, A. R. Stimulus selection and a "modified continuity theory." In G. H. Bower and J. T. Spence (Eds.), *The psychology of learning and motivation*, Vol. 3. New York: Academic Press, 1969. Pp. 1–41.

Wallace, A. F. C. Mazeway disintegration: The individual's perception of socio-cultural disorganization. *Human Organization*, 1956a, *16*, 23–27.

———. *Tornado in Worchester: An exploratory study of individual and community behavior in an extreme situation*. Washington: National Academy of Sciences—National Research Council, Publication 392, Disaster Study No. 3, 1956b.

Walton, D., White, J. G., Black, D. A. and Young, A. J. The modified word-learning test: A cross-validation study. *British Journal of Medical Psychology*, 1959, *32*, 213–220.

Wapner, S., Werner, H., and Kraus, D. M. The effect of success and failure on space localization. *Journal of Personality*, 1957, *25*, 752–756.

Watson, J. B. *Behaviorism*. Chicago: University of Chicago Press, 1924.

Watson, J. S. Memory and "contingency analysis" in infant learning. *Merrill-Palmer Quarterly*, 1967, *13*, 55–76.

———. Cognitive perceptual development in infancy: Setting for the Seventies. *Merrill-Palmer Quarterly*, 1971, *17*, 139–152.

Watson, J. S. and Ramey, C. G. Reactions to response-contingent stimulation in early infancy. *Merrill-Palmer Quarterly*, 1972, *18*, 219–228.

Weiner, B., Frieze, I., Kukla, A., Reed, L., Rest, S., and Rosenbaum, R. M. *Perceiving the causes of success and failure.* Morristown, N.J.: General Learning Press, 1971.

Weisman, A. D. and Kastenbaum, R. The psychological autopsy: A study of the terminal phase of life. *Community Mental Health Journal,* Monograph No. 4. New York: Behavioral Publications, 1968.

Weisman, R. G. and Litner, J. S. Positive conditioned reinforcement and avoidance behavior in rats. *Journal of Comparative and Physiological Psychology,* 1969, *68,* 597–603.

Weiss, J. M. Effects of coping response on stress. *Journal of Comparative and Physiological Psychology,* 1968, *65,* 251–260.

———. Somatic effects of predictable and unpredictable shock. *Psychosomatic Medicine,* 1970, *32,* 397–409.

———. Effects of coping behavior in different warning signal conditions on stress pathology in rats. *Journal of Comparative and Physiological Psychology,* 1971a, *77,* 1–13.

———. Effects of punishing the coping response (conflict) on stress pathology in rats. *Journal of Comparative and Physiological Psychology,* 1971b, *77,* 14–21.

———. Effects of coping behavior with and without a feedback signal on stress pathology in rats. *Journal of Comparative and Physiological Psychology,* 1971c, *77,* 22–30.

Weiss, J. M., Krieckhaus, E. E., and Conte, R. Effects of fear conditioning on subsequent avoidance behavior. *Journal of Comparative and Physiological Psychology,* 1968, *65,* 413–421.

Weiss, J. M., Stone, E. A., and Harrell, N. Coping behavior and brain norepinephrine in rats. *Journal of Comparative and Physiological Psychology,* 1970, *72,* 153–160.

Weiss, J. M., Glazer, H., and Pohorecky, L. Coping behavior and neurochemical changes in rats. Paper presented at the Kittay Scientific Foundation Conference, New York, March 1974.

Weiss, K. M. and Strongman, K. T. Shock-induced response bursts and suppression. *Psychonomic Science,* 1969, *15,* 238–240.

Welker, R. L., Hansen, G., Engberg, L. A., and Thomas, D. R. Reply to Gamzu, Williams, and Schwartz. *Science,* 1973, *181,* 368–369.

White, B. L. *Human infants: Experience and psychological development.* Englewood Cliffs, New Jersey: Prentice-Hall, 1971.

White, R. W. Motivation reconsidered: The concept of competence. *Psychological Review,* 1959, 66, 297–333.

Wilkins, W. Desensitization: Social and cognitive factors underlying the effectiveness of Wolpe's procedure. *Psychological Bulletin,* 1971, 76, 311–317.

Williams, T. A., Friedman, R. J., and Secunda, S. K. *Special report: The depressive illnesses.* Washington: National Institute of Mental Health, November 1970.

Winokur, G. The types of affective disorders. *Journal of Nervous and Mental Disease,* 1973, *156,* 82–96.

Wintrob, R. M. Hexes, roots, snake eggs? MD vs. occult. *Medical Opinion,* 1972, *1,* No. 7, 54–57.

Wittgenstein, L. *Philosophical investigations.* New York: Macmillan, 1953.

Wolf, S. The bradycardia of the dive reflex—a possible mechanism of sudden death. *Conditional Reflex,* 1967, 2, 192–200.

Wolpe, J. Parallels between animal and human neuroses. In J. Zubin and H. Hunt (Eds.), *Comparative Psychopathology,* New York: Grune and Stratton, 1967. Pp. 305–313.

Wolpe, J. and Lazarus, A. A. *The practice of behavior therapy.* New York: Pergamon, 1969.

Zielinski, K. and Soltysik, S. The effect of pretraining on the acquisition and extinction of the avoidance reflex. *Acta Biologicae Experimentalis,* 1964, 24, 73–87.

Zimbardo, P. G., Haney, C., Banks, W. C., and Jaffe, D. The psychology of imprisonment: Privation, power, and pathology. *Scientific American,* 1974, in press.

人名索引

说明：索引中的页码为英文原书页码，见于正文边栏处。

主题索引

说明：索引中的页码为英文原书页码，见于正文边栏处。

西方心理学大师经典译丛

001	自卑与超越	[奥] 阿尔弗雷德·阿德勒
002	我们时代的神经症人格	[美] 卡伦·霍妮
003	动机与人格（第三版）	[美] 亚伯拉罕·马斯洛
004	当事人中心治疗：实践、运用和理论	[美] 卡尔·罗杰斯 等
005	人的自我寻求	[美] 罗洛·梅
006	社会学习理论	[美] 阿尔伯特·班杜拉
007	精神病学的人际关系理论	[美] 哈里·沙利文
008	追求意义的意志	[奥] 维克多·弗兰克尔
009	心理物理学纲要	[德] 古斯塔夫·费希纳
010	教育心理学简编	[美] 爱德华·桑代克
011	寻找灵魂的现代人	[瑞士] 卡尔·荣格
012	理解人性	[奥] 阿尔弗雷德·阿德勒
013	动力心理学	[美] 罗伯特·伍德沃斯
014	性学三论与爱情心理学	[奥] 西格蒙德·弗洛伊德
015	人类的遗产："文明社会"的演化与未来	[美] 利昂·费斯汀格
016	挫折与攻击	[美] 约翰·多拉德 等
017	实现自我：神经症与人的成长	[美] 卡伦·霍妮
018	压力：评价与应对	[美] 理查德·拉扎勒斯等
019	心理学与灵魂	[奥] 奥托·兰克
020	**习得性无助**	**[美] 马丁·塞利格曼**
021	思维风格	[美] 罗伯特·斯滕伯格
022	偏见的本质	[美] 戈登·奥尔波特
023	理智、疯狂与家庭	[英] R. D. 莱因 等
024	整合与完满：埃里克森论老年	[美] 埃里克·埃里克森等
025	目击者证词	[美] 伊丽莎白·洛夫特斯
026	超越自由与尊严	[美] B. F. 斯金纳
027	科学与人类行为	[美] B. F. 斯金纳
028	爱情关系	[美] 奥托·克恩伯格

* * * *

Helplessness: On Depression, Development, and Death

by Martin E. P. Seligman

Published by arrangement with Henry Holt and Company, New York.

图书在版编目（CIP）数据

习得性无助 /（美）马丁·塞利格曼（Martin E. P. Seligman）著；李倩译 . — 北京：中国人民大学出版社，2020.6

（西方心理学大师经典译丛 / 郭本禹主编）

书名原文：Helplessness: On Development, Depression, and Death

ISBN 978-7-300-28167-4

Ⅰ. ①习… Ⅱ. ①马… ②李… Ⅲ. ①普通心理学 Ⅳ. ① B84

中国版本图书馆 CIP 数据核字（2020）第 097221 号

西方心理学大师经典译丛

主编　郭本禹

习得性无助

［美］马丁·塞利格曼　著

李倩　译

Xidexing Wuzhu

出版发行	中国人民大学出版社		
社　　址	北京中关村大街31号	**邮政编码**	100080
电　　话	010-62511242（总编室）		010-62511770（质管部）
	010-82501766（邮购部）		010-62514148（门市部）
	010-62515195（发行公司）		010-62515275（盗版举报）
网　　址	http: //www.crup.com.cn		
经　　销	新华书店		
印　　刷	涿州市星河印刷有限公司		
开　　本	720 mm × 1000 mm　1/16	**版　　次**	2020 年 6 月第 1 版
印　　张	16.25　插页 3	**印　　次**	2025 年 5 月第 8 次印刷
字　　数	193 000	**定　　价**	58.00 元